四川职业技术学院文库·百年校庆丛书

四川省教育厅社科重点课题
"基于现代职教视野下的高职分层分类教学与管理研究"
成果（编号：15SA0159）

高职院校分类分层
人才培养创新研究

Gaozhi Yuanxiao Fenlei Fenceng
Rencai Peiyang Chuangxin Yanjiu

刘代友 廖策权 著

西南交通大学出版社
·成都·

图书在版编目（CIP）数据

高职院校分类分层人才培养创新研究 / 刘代友，廖策权著. —成都：西南交通大学出版社，2018.10
（四川职业技术学院文库. 百年校庆丛书）
ISBN 978-7-5643-6500-4

Ⅰ. ①高… Ⅱ. ①刘… ②廖… Ⅲ. ①高等职业教育–人才培养–研究–中国 Ⅳ. ①G718.5

中国版本图书馆 CIP 数据核字（2018）第 240045 号

四川职业技术学院文库·百年校庆丛书

高职院校分类分层人才培养创新研究

刘代友　廖策权　著

责 任 编 辑	郭发仔
助 理 编 辑	赵永铭
封 面 设 计	曹天擎
出 版 发 行	西南交通大学出版社 （四川省成都市二环路北一段 111 号 西南交通大学创新大厦 21 楼）
发行部电话	028-87600564　028-87600533
邮 政 编 码	610031
网　　　址	http://www.xnjdcbs.com
印　　　刷	四川煤田地质制图印刷厂
成 品 尺 寸	170 mm × 240 mm
印　　　张	13
字　　　数	233 千
版　　　次	2018 年 10 月第 1 版
印　　　次	2018 年 10 月第 1 次
书　　　号	ISBN 978-7-5643-6500-4
定　　　价	66.00 元

图书如有印装质量问题　本社负责退换
版权所有　盗版必究　举报电话：028-87600562

前　言

高职教育经过政府强力推进、各行各业协调沟通，走向了"工学结合"之路，又特别是经过自身努力，从不招人待见的尴尬地位，一跃成为头顶高等教育半边天、脚踏高等教育和职业教育两只船、联结政行企校和国际合作的八面玲珑的一种类型的高等教育。

高职在自身发展过程中，规模的扩张给了人们第一印象，短短20年左右，几乎是从无到有，再到今天学校数量远超普通本科院校；在校生人数与本科院校几乎持平，占据了我国高等教育半边天。高职给人们的第二印象是办学效益越来越显著。连续7年来，由教育部高职高专校长联席会、上海市教育科学研究院、麦可思数据有限公司研究院发布的高职年度质量报告显示了高职的全面发展，办学规模、办学条件、办学质量、办学效益、就业水平都呈现稳步增长的态势；在深化产教融合、校企合作方面也取得了长足的进步；而且，在利用云计算、互联网+、大数据、智能制造等领域快速发展。目前，高职教育已经走上了优质发展、特色发展之路。

但是，随着高考制度的改革、高校扩招的展开，各种考试、各种考生对职业教育的需求就多起来了。高职自主招考的"知识+技能"考试，民族地区考生的优缺点特色鲜明的表现，中高职衔接生的一体化人才培养格局等，使得高职院校招生的类别、层次多样化。有必要在力所能及的前提下，实现习近平总书记的职业教育理念：让人人都有人生出彩的机会。所以，关注全体高职学生的全面发展就是高职未来最重要的事业。

本书力图完成不同类别高职生分类和特征甄别；完成高职院校毕业学生的现状和原因分析；建立现代新视野下的高职分类分层教育与管理模式研究；在按学科分类教学、按能力分组教学，针对性人才培养方案和学案制订，教育评价标准等方面建立起新的高等职业教育模型。本书共分三部分、六章来阐述高职的分类分层人才培养的问题。第一部分是高职分类分层人才培养的依据，由绪论和第一章高职生生源构成及其特征组成，重点介绍高职生在当今招考制度改革背景下的构成情况。第二部分是高职分类分层人才培养的实施部分，由第二、三、四、五章构成，第二章主要阐述高职分类分层人才培养的理论基础；第三章主要阐述高职的分类分层人才培养体系的建设；第四章主要阐述高职分类分层人才培养中存在的问题，包括理论问题、实践问题、学业困难分析等；第五章主要阐述高职分类分层人才培养的管理与服务。第三部分主要是高职分类分层人才培养的案例解析，由第六章高职院校分类分层人才培养实践探索组成。

  本书由四川职业技术学院刘代友同志设计提纲，并撰写第一、四、五章；由四川职业技术学院廖策权同志撰写第二、三、六章。

  本研究得到了四川职业技术学院党委行政的大力支持，在各位领导、专家的支持下，作为百年校庆文库立项建设。学院人文与科技训育中心、机械工程系、网电教学部为本书的写作提供了部分材料。在出版编辑过程中，得到了西南交通大学出版社领导、编辑们的宝贵意见。本研究还引用了大量业界先贤、专家、同行的研究成果，在此一并表示最衷心的感谢！

  由于高等教育规模、资源配置、教学和管理服务能力等多种原因，高职要实施个性化、个案化的分类分层人才培养还有很长的路要走；又由于作者水平有限，书中难免有不当之处，恭请各位业界领导、专家、同行、广大读者不吝赐教，批评指正！

作　者
2018 年 8 月

目 录

第一部分　高职分类分层人才培养的依据

绪　论… / 002

第一章　高职生生源构成及其特征… / 013
 第一节　高考招生制度及其改革… / 013
 第二节　高职生的构成成分… / 016
 第三节　高职生学业水平分析… / 020

第二部分　高职分类分层人才培养的实施

第二章　高职分类分层人才培养的理论基础… / 026
 第一节　因材施教的教育思想… / 026
 第二节　"最近发展区"理论… / 037
 第三节　多元智能理论… / 046

第三章　高职分类分层人才培养体系的构建… / 060
 第一节　基于分类分层教学的高职人才培养方案建设… / 060
 第二节　基于分层分类人才培养的高职课程体系建设… / 070
 第三节　基于分类分层人才培养的高职素质教育… / 086

第四章　高职分类分层人才培养中的问题… / 098
 第一节　高职分类分层教学实践中的问题… / 098
 第二节　高职学生学业困难分析… / 112
 第三节　高职学生学习困难的原因和对策分析… / 118
 第四节　高职教育教学的质量监控与评价… / 131

第五章　高职分类分层人才培养的管理与服务… / 140

 第一节　高职分类分层人才培养管理研究… / 140
 第二节　高职分类分层人才培养的管理实施… / 158
 第三节　高职分类分层人才培养的服务体系建设… / 164

第三部分　高职分类分层人才培养的案例解析

第六章　高职院校分类分层人才培养实践探索… / 172

 第一节　公共英语分类分层教学的实践
    ——以四川职业技术学院为例… / 172
 第二节　基于中高职一体化的数控技术专业人才培养总体设计
    ——以四川职业技术学院为例… / 179
 第三节　高职学生综合素质训育的实践
    ——以四川职业技术学院为例… / 191

参考文献… / 198

第一部分

高职分类分层人才培养的实施依据

绪　论

从人类有分工以来，就有了职业的萌芽。从原始社会末期的自然分工，到奴隶社会的社会分工，再到社会机构的内部分工，职业伴随着不同的社会、环境、人群。而职业教育是何时开始的呢？它是伴随着人类劳动的特殊需要开始的。

大家都知道，职业教育的发展历史悠久，虽然没有明显的、直接的逻辑起点，但是，它是与人类生产、生活等共同活动分不开的，与教育的起源同属一个本质范畴。关于教育的起源，国际国内的主张很多，较为经典的有：沛西·能和利托尔诺主张的"教育扎根于人类本能的不可避免的行为"的"生物学起源论"；孟禄主张的"教育起源于儿童对成人的无意识的模仿"的"心理学起源论"；恩格斯和凯诺夫主张的"教育起源于劳动"的"劳动起源论"；我国桑新民等主张的"教育起源于教育适应并促进社会发展和人的发展的需要"的"劳动深化论"。沛西·能和利托尔诺的主张及孟禄的主张同属抹杀人类活动目的性的低层次的起源论；恩格斯和凯诺夫虽然看到了教育起源的实质，但没有看到根源；桑新民等虽然看到了教育起源的实质，但是没有看到直接原因或者说直接诱因。

其实，教育的起源既要满足"劳动起源论"和"劳动深化论"的诸多要求，又要取决于引起教育活动的直接诱因，这个直接诱因就是教育起源于人类在生产劳动过程中所产生的知识经验的"授受"。先人的知识经验既可以传授下来，也可以不传授下来；但是，即或是有知识传授环节，也可能没有接受环节，或者接受不力，构不成完整的教育教学过程。所以，"知识经验的授受"过程才是教育真正的起源。在教劳结合时代，职业教育紧紧与生产生活联系。

那么，职业教育是什么呢？要明确"什么是职业教育"与"职业教育是什么"，这两个追问的着眼点是有差异的。"职业教育是什么"的回答要求揭示职业教育的内涵，即揭示所有职业教育区别于其他事物的质的规定性。

"什么是职业教育"的回答要求列举职业教育的外延,即列举具有职业教育质的规定性的具体对象。

回答"职业教育是什么",也就是要给职业教育下定义,最基本、最常用的方法是"属+种差"定义法。根据前面所述职业教育与非职业教育的分类依据和标准可以得出:职业教育的"属"是"教育","种差"是"直接为从事职业服务",职业教育就是直接为就业从业服务的教育。黄炎培先生说:"职业教育,以教育为方法而以职业为目的者也。""职业教育之定义,是为'用教育方法,使人人依其个性,获得生活的供给和乐趣,同时尽其对群之义务。'而其目的:谋个性之发展;为个人谋生之准备;为个人服务社会之准备;为国家及世界增进生产力之准备。"

回答"什么是职业教育?"也就是要给职业教育找外延,相当于回答"职业教育有哪些"的问题。它要求的是列举职业教育的外延,这种列举可以是单个或者部分,也可以是全部。作为语义表达,单个或部分列举和全部列举都是成立的。但如果要对"职业教育"这个类事物加以分析、研究以及指导,那就应力求做到全部列举,即弄清楚"职业教育有哪些",这样才能减少片面性、盲目性。凡是具有"直接为从业服务"这一特性的教育都是职业教育。根据这一原则可以认定,目前我国设置的中等职业学校、技工学校(或技师学院)以及高等职业院校和高等专科学校所从事的教育都是职业教育;此外,还有大量的成人教育的办学形式也属于职业教育范畴,包括开放大学、网络大学、干部管理学院、教育学院、独立设置的函授学院、普通高等学校举办的成人教育函授部、夜大学、教师进修班、卫星电视教育、高等教育自学考试等成人高等教育,成人中专学校、成人中学、成人技术培训学校、农民文化技术学校、农业广播电视学校和中专自学考试等成人中、初等教育。这些教育的专业设置和人才培养目标都有比较明确的就业面向,目前我国社会普遍认同将这些教育都归属为职业教育。那么我国现有的职业教育仅仅就是如上这些吗?我国现有的本科教育乃至研究生教育中有没有职业教育呢?如果有,它们要不要按照职业教育的规律去培养学生呢?

事实上,我国本科院校的医学类专业、师范类专业就是直接为从事医师职业或教师职业服务的,这些专业的设置和人才培养目标具有明确的职业指向,在人才培养的实际过程中,这些专业的就业和用人单位的联系和合作也尤为密切。应该说,这些医学类和师范类的本科专业教育是最典型的职业教育。

此外,我国目前本科教育中的工科专业、农林专业、财经专业、艺术专业和应用文科专业等专业,即除了纯理科(数、理、化、天、地、生)和纯文科（文、史、哲）专业之外的专业，其人才培养目标也都具有比较明确的职业倾向。布鲁贝克在《高等教育哲学》中说："历史上，人们把高等教育看作是使个人生活（从一般意义上说）及为某种职业或专业（从特殊意义上说）做好准备的一种机会。"这段话道出了分专业实施的高等教育的职业教育性。至于研究生阶段的教育，培养的人在更大程度上要走向社会从事职业工作，尽管专业设置是按学科设置的，但从本质上讲也是要直接为从业服务的。所以，需要从理论上理清和管理决策上明白，才能真正做到实现高职教育的腾飞。

理论是办好高职教育的源泉，良好的管理和决策是办好高职的关键。高职教育在我国是新生事物，其基本概念在20世纪末才成形，虽然起步晚，但是进展很快。一些高职院校领导，特别是新办院校，仍然凭经验、想当然在办学。这些学校在办学上面往往是忽视理论，凭满腔热血，干一些急于求成的事情。仓促上马，贪大求全，结果往往事与愿违，发展难以为继。所以，理顺理论和决策的关系，强化顶层设计与规划，才是高职教育内涵发展的当务之急。首先，理论是拿来尊重的。理论与顶层设计、决策的关系，本质上是理论和实践的关系。理论来自实践，要高于实践，用来指导实践，推动社会实践进程滚滚向前，人类的认识才会螺旋式上升，这是马克思主义认识论的基本观点。整个高职教育也好，实现高职教育内涵发展也罢，须臾也离不开科学理论的指导。

关于理论研究和指导实践问题，首先是分析、判断当前形势，然后就是开展广泛深入的调查研究。我国高职教育发展不到30年，学校数量却远超本科院校，在校生规模占据了半壁江山，为实现高等教育大众化、职业教育现代化发挥了决定性作用。近年来的内涵发展指导思想的出现，是一次教育观念和理论的转轨，从讲数量到讲质量，由比规模到比效益，是产业结构调整的外部环境和高职井喷式增长的纠偏要求使然。因此，如何适应新形势，研究新情况，探讨新思路？只有展开正确的调查研究才有发言权。其次，认识和把握高等职业教育的规律，亦即必须了解高教潮流和大趋势。教育规律教人敬畏。规律是事物之间存在的、本质的、内在的、有机的、必然的联系，不以时间、地点和人的因素为转移。高职教育的规律就是要有明确的办学宗旨和鲜明的人才培养目标、专业设置、课程配备、师资结构、实践教学条件、社会服务、教学评估、校企合作、国际交流等等。除了高等教育的普遍规律外，高职教育也有职业教育的特殊规律，是高等教育和职业教育的融合。高职教育姓"高"名"职"，是跨界的，必须有高等教育的本质，又要有职业教育的类属。只有认识规律、把握规律才能循序渐进、步步为营。第三，是回应、担负人民的重托,即顺应民心所向,赢得社会承认。高职学生是高考录取的最后批次,生源成分的"兜底"和生源成分的复杂性等特点决定了履行高职教育的职责是艰难的。"幸福的家庭总是相似的,不幸的家庭各有各的不幸",优秀学生也是相似的,后进生各有各的弱点、不足。而且,教育实现的目标中,大众化、个性化和自然人、社会人是两对不容易调和好的社会矛盾,要办人民满意的高职教育,就是要把大众化和个性化有机融合,培养对社会有用的人。名牌大学是"高进高出",高职教育是"低进高出"。"低进高出"责任重,需要更大的投入(情感)、更多的支持(道义)和更艰辛的付出。形势、规律、民意,如立体坐标的三大维度,决定高职教育的定位,是每所高职院校决策时必须遵循的依据。当然,理论研究也不是理论指导的全部,理论为了要指导决策、推动发展,除了搞好研究,还要加强理论学习,读些经典原著,做到精而管用,做到用理论知识武装大脑,做到立场坚定,观点鲜明,方法灵活,让读懂经典成风气,运用理论成习惯。

职业教育尽管与大众的生活、工作息息相关,却是最容易被忽视的一个教育领域。而且,在其发展进程中,人们重视的是学历的职业教育,不重视非学历的职业教育。职业教育由于教育对象、培养体系、社会需求等方面的差别,其发展历程也呈现差异化趋势。更受全社会重视的学历职业教育主要是政府主导管理、政策法律驱动;不受重视的非学历职教则更加灵活,不规则、非体系化地自由发展,或是企业驱动发展(赞助比赛、推销软件或产品)。随着经济社会的发展状况,非学历职业教育呈现出高需求、高增长、高层次、高融合等发展趋势。

学历的职业教育发展:改革开放以来,提高人民受教育水平、促进经济发展成为社会主旋律,我国逐步建立起现代职业教育制度,我们根据政府政策思路以及职业教育发展趋势,将最近四十年的职业发展历史分为五个主要阶段(见图0-1):

一是恢复阶段(1976—1984年):这个阶段主要政策目标是恢复被破坏的职业教育制度,扭转中等教育结构单一化等问题,建立新的职业教育体系。为此政府主要采取了三项措施:① 扩大农业中学及各种中专技校的学校比例和招生比例;② 逐步形成了多部门、多行业齐抓共管、共办职业教育的新格局;③ 疏通办学主体渠道,允许社会力量办学。1980年,教育部、国家劳动总局出台了《关于中等教育结构改革的报告》,对推动这些目标的实现起了重要的作用。到1985年,高中阶段的中等专业学校、技工学校和农业职业高中的在校生分别比1980年增长了26.4%、9.1%和480%,总人数达到415.6万人。

二是发展阶段（1985—1996 年）：从 1985 年 5 月的《中共中央关于教育体制改革的决定》颁布至 1996 年《中华人民共和国职业教育法》的颁布与实施，职业教育发展呈现出政府推动、外部驱动、规模发展迅速等新特点。主要成就包括：① 我国职业教育发展的基本思路确立；② 职业教育规模发展和质量提升并重；③ 职业教育引入市场机制；④ 职业教育立法，开始走上依法建设的轨道。这一阶段，由于计划经济惯性，职业教育就业前景良好，城市服务业快速发展增加需求，政府鼓励政策刺激等内外部因素作用，职业教育呈现了繁荣发展的局面，到 1996 年中职学生占高中阶段在校生总数比例已经提升至 56.77%，达到历史性新高。

三是滑坡阶段（1997—2001 年）：本阶段是职业教育从计划经济体制转向引入市场驱动机制的转型期，以中等职业教育为代表的职教行业陷入发展瓶颈。自 1997 年起，中职教育占高中阶段招生的比例持续下降，招生人数大量减少。1997—2001 年，中等职业学校招生数从 520.77 万人减至 397.63 万人，中职学校与普通高中的招生比从 1.64∶1 降至 0.71∶1。这些是社会经济环境变化、高等院校扩招、职教自身改革滞后等因素导致的。所谓高校扩招，指的是 1999 年开始的，基于解决经济和就业问题的扩大普通高校本、专科院校招生人数的教育改革政策。1998 年经济学家汤敏以个人名义建议中央扩大招生数量；1999 年教育部出台的《面向 21 世纪教育振兴行动计划》提出到 2010 年，高等教育毛入学率将达到 15%。各高等院校招生规模快速扩张，强化了"普通高中—本科—研究生"的升学路径，挤占了更多职业教育的优质生源，对职业学校的发展造成一定的影响。

四是重振阶段（2002—2010 年）：在经历了职业教育发展低谷期后，政府和教育界重新认识职业教育，确立了大力发展职业教育的战略重点。2002—2005 年，国务院连续三次召开全国职教工作会议，体现了政府对发展职业教育的决心和意志。政策重点主要集中在三个方面：① 扩大职业教育的发展规模，使中职、高职的在校生数分别达到高中教育阶段和高等教育阶段在校生数的一半；② 加大财政投入和硬件升级，坚持就业导向，大力推行工学结合、校企合作、半工半读的人才培养模式；③ 建立中等职业教育贫困家庭学生资助体系，促进教育公平的实现。

五是革新阶段（2010 年至今）：随着我国经济改革的深化发展，产业升级、中国制造 2025、大众创业万众创新等战略目标的实施，对我国人才和劳动力市场提出了更高要求，职业教育改革需求更加迫切。2014 年教育部等六部门联合出台《现代职业教育体系建设规划（2014—2020 年）》，对建立现代职业教育体系做出了具体部署，职教行业发展提速。此外，随着互联网和智能硬件普及，职业教育搭乘信息化、网联化快车，迎来模式创新、技术创新的机遇。

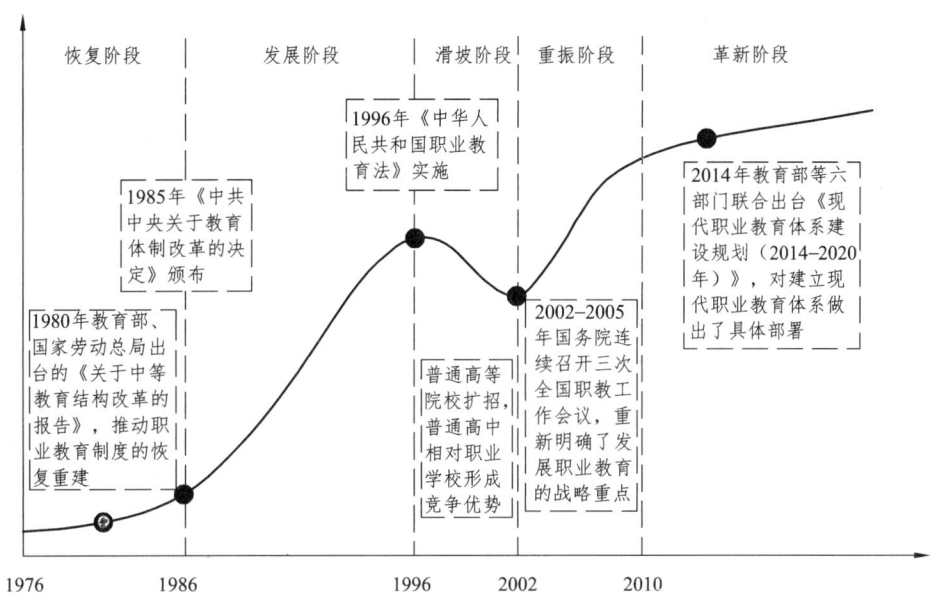

图 0-1 中国现代职教体系发展的五个阶段

（资料来源：华泰证券研究所）

非学历职业职教：非职业教育是间接为从业（从事职业）服务的教育。非学历职业教育，主要是指职业技能培训，在国内的起步要晚于学历职教。改革开放以后的 1980—2000 年期间，职业培训行业处于小而分散的特点，学习模式以传统的"学徒制"为主。随着经济市场化转型，职业培训开始呈现百花齐放的繁荣发展局面，语言培训、资格考试培训、职业技术培训、管理培训等形式的职业培训纷纷涌现。从培训层次来看，传统的中等职业培训走向衰落，而高等教育进修和培训快速崛起，这一趋势与我国教育层次水平提升、产业发展升级有密切关联。现代职业教育体系已经成为国家竞争力的重要支撑。21 世纪的竞争，归根结底是人才的竞争，职业教育在促进就业和改善民生，创造高质量的人口红利方面意义重大。2016 年 11 月 7 日，《中华人民共和国民办教育促进法》修法获得全国人大常委会通过，民办教育机构的营利性和非营利性的分类管理点燃了资本热情，作为民办教育前沿阵地的职业教育迎来发展契机。尽管我国现代职教体系起步晚、发展坎坷，大幅落后教育先进的国家，但从需求端、政策端、资本端和技术端来看，职业教育产业即将迎来黄金发展期。

它的发展特点是：① 以适应社会需要为目标、以培养技术应用能力为主线，设计学生的知识、能力、素质结构和培养方案，毕业生应具有基础理论知识适度、技术应用能力强、知识面较宽、素质高；② 以"应用"为主旨和特征构建课程和教学内容体系；③ 以实践教学的主要形式，目的是培养学生的技术应用能力；④ 以"双师型"教师队伍建设来提高高职高专教育教学质量；⑤ 以校与社会用人部门结合、师生与实际劳动者结合、理论与实践相结合等工学结合模式作为基本途径；⑥ 以人为本的教育理念。

在促进高等职业教育发展进程中，我国从1999年开始大规模举办高等职业教育。教育部先后出台了比较重要的相关的文件9部：《教育部关于加强高职高专人才培养工作的意见》（教高〔2000〕2号）；《教育部关于以就业为导向，深化高等职业教育改革的若干意见》（教高〔2004〕1号）；《教育部等七部门关于进一步加强职业教育工作的若干意见》（教职成〔2004〕12号）；《教育部，财政部关于实施国家示范性高等职业院校建设计划，加快高等职业教育改革与发展的意见》（教高〔2006〕14号）；《教育部关于全面提高高等职业教育教学质量的若干意见》（教高〔2006〕16号）；《国家中长期教育改革和发展规划纲要（2010—2020年）》；《国家中长期人才发展规划纲要（2010—2020年）》；《现代职业教育体系建设规划（2014—2020年）》；《国务院关于加快发展现代职业教育的决定》（国发〔2014〕19号）。这九个文件的先后颁发，反映了国家对高等职业教育认识的变化，反映了国家对高等职业教育发展要求的变化。特别是从《关于全面提高高等职业教育教学质量的若干意见》（教高〔2006〕16号文件）颁发以来，高等职业教育的工作重心发生了由规模扩张向内涵建设根本性的转变，重点在提高教学质量上。教育界普遍认为，16号文件的实施，反映国家要求把高等职业教育办成真正意义的职业教育的决心。

到了2015年教育部职成司发布了《高等职业教育创新发展行动计划（2015—2018年）》（教职成〔2015〕9号），标志着高职教育要向更高的目标迈进。该计划是在邓小平理论、"三个代表"重要思想、科学发展观、习近平总书记重要指示精神指引下，在坚持适应需求、面向人人，坚持产教融合、校企合作，坚持工学结合、知行合一的基础上，推动高等职业教育与经济社会协同发展，加强技术技能积累、提升人才培养质量，为实现"两个一百年"奋斗目标和中华民族伟大复兴的中国梦提供坚实的人才基础。

从教育部2016年的统计年报中可以看出高等职业教育的基本发展状况，其几乎已经占据高等教育的半壁江山（见表0-1），构成了独特的教育体系。

表 0-1　中国高等教育年统计（2016 年）

类别	毕业生数/人	占总比/%	招生数/人	占总比/%	在校生数/人	占总比/%
普通本专科	7 041 800	100	7 486 110	100	26 958 433	100
本科	3 743 680	53.16	4 054 007	54.15	16 129 535	59.83
专科	3 298 120	46.84	3 432 103	45.85	10 828 898	40.17

（资料来源：中华人民共和国教育部门户网站 http://www.moe.edu.cn/s78/A03/moe_560/jytjsj_2016/2016_qg/201708/t20170823_311668.html）

但是，这个构成了庞大体系的教育，在其教育教学及其管理等方面都还存在较大差异。据教育部高职高专年度质量报告显示，各地、各学校办学水平差异很大，特别是国家示范院校、国家骨干院校等与一般高职院校、民办院校等的差异特别大，东部和西部差异大。一个最明显的差异就是东部处于一个同水平的高原平台，而西部院校的办学水平处于参差不齐状态。主要差异在办学条件上面表现为生均拨款、生师比、生均实验实训经费、生均教学用房、专业建设水平、师资水平等多方面的差异。西部又由于民族政策问题，有各类民族生需要参与高职招生，比如四川省的藏区"9+3"、彝区"9+3"、藏区"1+2"等民族政策性支持招生。全国都存在的初中起点的五年一贯制大专生也是高职教育教学的一个难题。同时，各高职院校的办学过程、质量考核、体制机制创新、专业建设、教育教学改革等等遇到了许多问题。其中，质量考评中就遇到了棘手的问题，主要是生源的复杂性与教育教学、管理、毕业等方面存在一系列矛盾，如何解决这种矛盾，成为高职人关注的重要课题。

在 2013 全国职业院校宣传部部长联席会议年会上，来自全国 100 多所高职院校的 180 多名院校领导和宣传部部长共聚一堂，纵论高职教育办学问题。其中的一个议题是高考生源数逐年下降，高职院校在生源、毕业质量等方面受到冲击的问题。江苏建筑职业技术学院党委书记袁洪志感叹：从 2008 年开始，江苏省生源急剧下降，近几年来，出现很多民办院校招不满，甚至公办院校只能招到 50%省控线上学生的情况。无奈之下，有的学校只能拿出大量的名额进行注册招生，只要学生愿意来就可以入学，但是注册招生又收到了冷遇。生源多样化是高职院校面临的现实问题。除了普通高考招来的学生，学校里还有大量的单招生，加上企业青年、复转军人构成了复杂的学生结构。甚至出乎意料地有"985"本科生为了继承家族产业而"回炉"到高职学技术的例子。生源来源不同，学生基础不同，学生的就业、创业和升学等发展需求不同，这些学生如果混在一起，用传统的教学模式去教，就会使一些学生"吃不饱"，一些学生"吃不了"，大一统的教学方式使好学生、差学生都不满意，教师教学无所适从。

除了作为办学入口的生源结构发生重大变化，作为办学出口的就业问题也对高职院校的人才培养模式提出了新的挑战。尽管在史上最难就业年出现高职学生就业率仅次于"985"院校、高于"211"院校的喜人局面，但高就业率能说明高职院校的人才培养质量高吗？为了弄清问题实质，苏州职业技术学院院长单强特意邀请企业的人事经理到学校进行反馈，企业对学校的意见主要集中在 3 个方面：到你这儿来，招不到合格的学生；招到合格的学生后，工作不安心，跳槽率高；如果没跳槽，工作三五年后缺乏发展后劲。而毕业生的看法有些针锋相对：毕业后找不到合适的岗位；找到岗位后，对岗位满意度低，没什么技术含量，整天在那打杂；如果这个岗位还不错，可三五年后就到天花板了，没有发展空间。重庆信息职业技术学院徐九庆的教育随笔《中国教育怎么了》是反思和批判中国教育问题的又一力作。他指出：翻开书卷，满目忧患：就业之忧、能力之忧、品格之忧、师道之忧、价值之忧、公平之忧、礼仪之忧、留守之忧……学校培养的是白天睡觉、晚上游戏，既无知识技能，又无身体素质的死尸一样的从业者。

其实，各方讲的都是同一个问题，即高职院校学生的毕业质量与企业对人才的需求不匹配，其中更深层的问题是，我们的人才培养方式不能满足学生职业的可持续发展。

第二个问题是分类培养、分层教学问题。在本次年会上，引发大家共鸣的一个问题是，高职院校往往容易出现一个教育偏向，就是只见森林，不见树木——只看到学校上万名学生中 95%的学生怎么样了，80%的怎么样了，而没有看到这上万名学生是由里面一个个具体的人组成的。把不同差异的学生放在一起，老师用同样的办法教，考试也是一样的卷子，最后的结果往往是有些基础薄弱的学生多次补考也通不过，实在没办法了，老师就对这些学生降低要求，让他们通过考试毕业。这些都成了高职教育和研究的重要课题。一是这些人该不该毕业？应该坚持什么标准下的毕业模式？二是如果启用不同毕业标准，是否教育不公平？要弄清这两个问题，首先是对高职教育的质量定位问题，学历的职业教育该坚持什么标准？其实，无论学历的高职教育还是非学历的高职教育，都是一种就业培训和准备，学生来了，学有所长就行了，不一定非得完成所有专业知识、技能等的学习，今后的生活和工作也用不上所有的知识技能，今后的社会生活更多的是靠学习的经历，品德、习惯的养成，规矩意识的遵守等。因此，毕业标准应是多层次的。亚里士多德说"教育必须基于三个原则——中庸、可能和适当"。所以，任何高职学生，只要有可供检测的毕业条件和标准，包括显性的特长、品德品行等都可以毕业。

在国家的《现代职业教育体系建设规划（2014—2020 年）》中，提出了坚持以立德树人为根本，以服务发展为宗旨，以促进就业为导向，深化体制机制改革，统筹发挥好政府和市场的作用，系统设计现代职业教育的体系框架、结构布局和运行机制，推动教育制度创新和结构调整，培养数以亿计的工程师、高级技工和高素质职业人才，传承技术技能，促进就业创业，为建设人力资源强国和创新型国家提供人才支撑的指导思想，并进一步提出了建设的总体目标是：牢固确立职业教育在国家人才培养体系中的重要位置，到 2020 年，形成适应发展需求、产教深度融合、中职高职衔接、职业教育与普通教育相互沟通，体现终身教育理念，具有中国特色、世界水平的现代职业教育体系，建立人才培养立交桥，形成合理教育结构，推动现代教育体系基本建立、教育现代化基本实现。具体分两步走：

——2015 年，初步形成现代职业教育体系框架。现代职业教育的理念得到广泛宣传，职业教育体系建设的重大政策更加完备，人才培养层次更加完善，专业结构更加符合市场需求，中高等职业教育全面衔接，产教融合、校企合作的体制基本建立，现代职业院校制度基本形成，职业教育服务国家发展战略的能力进一步提升，职业教育吸引力进一步增强。

——2020 年，基本建成中国特色现代职业教育体系。现代职业教育理念深入人心，行业企业和职业院校（中等职业学校和高等职业学校的统称，下同）共同推进的技术技能积累创新机制基本形成，职业教育体系的层次、结构更加科学，院校布局和专业设置适应经济社会需求，现代职业教育的基本制度、运行机制、重大政策更加完善，社会力量广泛参与，建成一批高水平职业院校，各类职业人才培养水平大幅提升。其体系结构图 0-2 所示。

在此目标体系指引下，高职教育如何适应新形势的发展，办出自己的特色，提高高职办学质量，就必须从每一个毕业个体出发，精心设计人才培养方案、搞好分类分层教育教学与管理，确保人才培养质量。

在党的十九大报告中，对于事关国计民生的优先发展教育事业内容上，对职业教育提出了一句话："完善职业教育和培训体系，深化产教融合、校企合作。"这一句话主要有两方面的意思，一是建立起完善的职业教育体系和职业教育的培训体系，这一指示切中要害，目前的职业教育虽然体系基本建立，但是并不完善。职业教育的本科体系、研究生体系与普通教育、继续教育等的融通体系等都未建立和完善。培训体系更是没有制度，还处在项目申报、个人申请水平上面，没有科学合理的制度、经费、队伍、体制机制等保障。另一方面的内容就是职业教育该怎么发展的问题，报告直接指出职业教育发展的道路就是"产教融合、校企合作"。

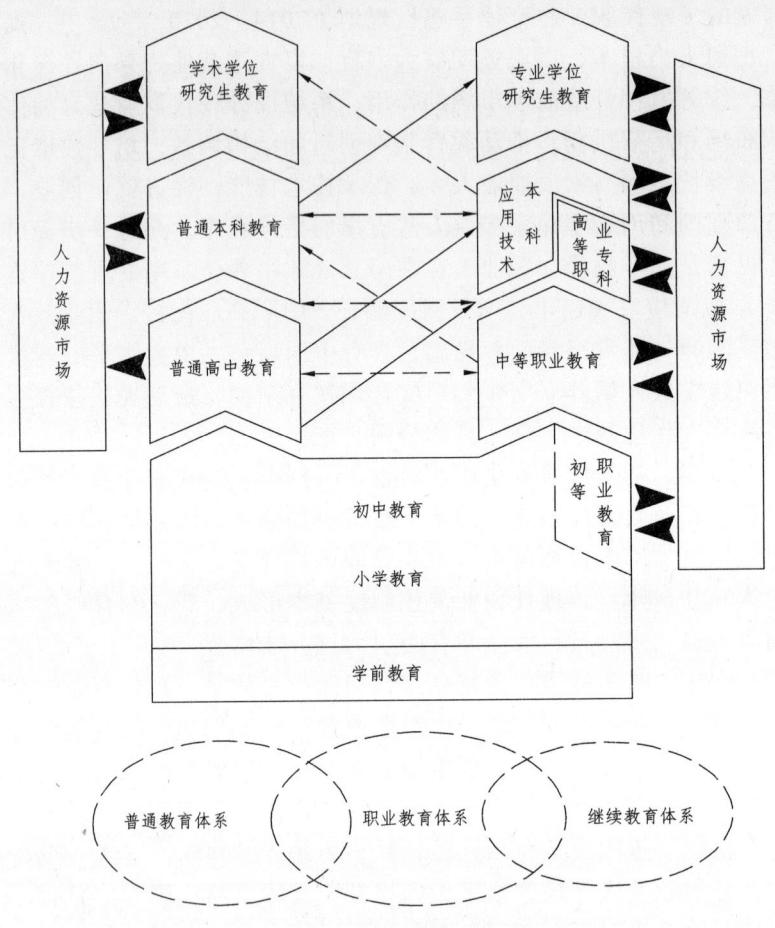

图 0-2 教育体系基本框架示意图

(资料来源:《现代职业教育体系建设规划(2014—2020 年)》)

第一章
高职生生源构成及其特征

如绪论所述,要使高职教育有更好的办学效果,从根本上解决教育教学、管理、就业等问题,就得从高职生本身特点分析入手。要分析高职生生源构成就得从分析高职招生制度的改革、高职生构成成分、高职生学业水平等入手。

第一节 高考招生制度及其改革

中华人民共和国成立以后,我国的教育经历了起起伏伏的跌宕式发展。中华人民共和国成立初期,恢复秩序、全面办学、全面育人,为接管全国和发展经济培养了大批人才。再后来就是"怀疑一切、打倒一切"等过左运动,颠覆了一切秩序,包括学校秩序。直到粉碎"四人帮"后,从1977年恢复高考制度以来,教育事业才逐步走上正轨,稳步发展,招生数量逐年上升,教育质量逐步提高。自从1985年推出教育体制改革以来,推出了校长负责制等一系列教育体制机制改革的新举措,教育管理的变革促使教育事业在质量上有了长足的进步。我国的职业教育发展从1986年开始。1996年国家颁布了《职业教育法》,从法律角度规范了职业教育的发展性质、方向、途径和保障等。到了党的十四大推出社会主义市场经济以来,学校规模成倍增长,办学主体日趋丰富,也良莠不齐。

至目前,我国的教育已经有了翻天覆地的变化,无论从规模上、结构上,还是从质量上都已经有了极大的提升,其地位与刚开始恢复高考时,已经不可同日而语。其中,职业教育发展迅猛,尤其是高等职业教育发展更为迅猛,他们有灵活的招生机制、有广阔的招生范围、有自己独特的人才培养模式、专业建设特色,体制机制创新等,这些都得益于高职人的不断探索创新、国家高考制度的改革。

一、高考制度及其改革

教育部提出，高考要体现一点四面的基本原则。一点就是要在高考当中体现立德树人，四面是指要在高考当中体现核心价值、传统文化、依法治国、创新精神四个方向。具体来说，北京的试题在体现一点四面的落脚点有三个：一是传统文化，二是民族自信，三是红色经典。"社会主义核心价值观"有三个层面，十二个关键词，二十四个字。第一个层面是国家层面上的价值取向，即富强、民主、文明、和谐。第二个层面是社会层面上的价值取向，即自由、平等、公正、法制。第三个层面是公民个人层面上的价值取向，即全社会倡导爱国、敬业、诚信、友善。这三个层面，十二个关键词就是在教育教学中以及各学科考试中体现社会主义核心价值观，不只是在语文、政治、历史等学科。

长期以来，我国实行的是普通高考、成人高考、自学考试等相结合的考试选拔人才的制度。普通高考是对中国学生高中三年学业水平的一次总结，以此次成绩为依据，国家按照学习能力的差异将学生分进与其自身学习能力相当的学府。是中华人民共和国最重要的考试之一。高考是考生选择大学和进入大学的资格标准之一，也是国家教育学历考试之一。

自从高考进入大众化教育阶段以来，无论是政府还是专家学者、考生、企事业单位等都对高考有了不同的认识和见解，为了维护教育考试的公平、公正、公开性，都特别强调高考制度的改革。党的十八届三中全会审议通过了《中共中央关于全面深化改革若干重大问题的决定》，其中着重提出了推进考试招生制度改革，主要包括探索招生和考试的相对分离、学生考试可以多次选择、学校依法自主招生、专业机构组织实施、政府宏观管理、社会参与监督的运行机制，从根本上解决一考定终身的弊端。义务教育免试就近入学，试行学区制和九年一贯制对口招生。推行初高中学业水平考试和综合素质评价。这是教育考试改革的总指针。总的目标是2014年启动考试招生制度改革试点，2017年全面推进，到2020年基本建立中国特色现代教育考试招生制度，形成分类考试、综合评价、多元录取的考试招生模式，健全促进公平、科学选才、监督有力的体制机制，构建衔接沟通各级各类教育、认可多种学习成果的终身学习"立交桥"。

二、职业技术教育及其高考

我国职业教育是在改革教育结构的基础上发展起来的中等职业学校，职业高级中学或高级职业中学的大部分由普通中学改建而成，一般招收初中毕业生，学制基本以3年为主。其培养目标与中等专业学校类似，毕业后可以参加对口高考继续升学。《中共中央关于全面深化改革若干重大问题的决定》中对高职教育高考改革、教育教学改革提出了如下要求：加快推进职业院校分类招考或注册入学；逐步推行普通高校基于统一高考和高中学业水平考试成绩的综合评价多元录取机制；探索全国统考减少科目、不分文理科、外语等科目社会化考试、一年多考等制度。基于此，全国各省在号召组织高职院校进行招生制度方面的改革。

三、高职招生制度的改革与实践

在国家教育、考试改革大背景下，各省也组织了大胆的高职招生制度改革。其基本理念就是：探索并形成多元化招生录取的体制机制，确保不同基础、不同类别、不同水平的学生有毕业就业的机会，体现出习近平总书记在全国职教会上号召的"让人人都有人生出彩的机会"的精神。四川省提出了高等教育发展的"十三五"规划："把握大局、结构优化、分类分层、活动提升"的发展方针。具体路径就是优化结构、发展应用技术型大学；大力发展高职教育，解决产业急需人才；稳步发展本科教育，在高职体系下适当提高"专升本"比例、五年一贯制教育；中高职衔接教育；大力发展研究生教育。提高高职接受有实践经验的人来学习的比例，也就是本科生"回炉"、社会人员需要学历或提高、社会培训等终身学习平台，构建人才培养的"中、高、本、社"等相互衔接的终身教育"立交桥"。同时，还要兼顾民族地区人才培养，做好藏区"9+3"、彝区"9+3"的培养工作，落实好藏区"1+2"人才录取与培养政策等。

在高职院校单独招生方面，首先从提高认识入手，既不能看低单招，认为生源质量不行，也不能高看单招，以此来解决生源等。其次是实行严格的单招管理。一是逐步扩大高职院校单招的范围。从最初的国家示范院校到国家骨干院校、省示范院校、省示范培育院校、办学水平评估合格院校、现代学徒制试点院校等；从最初的2所学校、2个专业、200个名额到现在的占高职院校招生总计划的60%的规定出台。二是强化单招管理。从提高认识出发，提高对单招重要性、必要性的认识，提高中职生对参加考试、提升学历的认识；严格单独招生章程的制定和审批，招生宣传的把控；严格考试程序、考试内容、考试形式等政策与程序的执行，实现"阳光招生"，坚决反对"无底线、无节操"招生，反对超计划、超能力招生。三是确定就业好的专业才准进入单招,就业率低于全省平均水平的专业不得进入单招。四是重视技能高考。各高职院校在单招过程中,充分依据自己的办学优势与特色,招收不同类别的高技能、高特长类考生。技能考试分数占考试总分数的一半左右。比如陕西省高职院校分类考试招生分四种形式进行:一是国家级示范高职院校和省级示范高职院校均实施单独考试招生;二是除单独考试招生的高职院校外,省内其他高职院校均实行综合评价招生;三是实施技能拔尖人才免试招生;四是实施面向"三校生"单独组织的普通高等职业教育省级统考及录取工作,进一步推进中高职衔接。①

第二节　高职生的构成成分

目前的全国高职院校的高职生来源主要是通过高考方式进入。随着考试制度的改革,各省情况有所不同,生源成分越来越复杂。目前的高职院校大致有如下种类的学生:

一、普通高中毕业考生和职业高中毕业考生

这部分人从每年的普通高考(含职业高考)或单独招生而来,是高职的主要生源,考试录取分数大致是专科段的二专考生。对于单独招生,一般的招生章程采取的是"知识+技能"考试的方式,是为"技能高考",其命题方式如下:

1. 综合素质测试题

(1)普通类:主要考查考生的表达能力、心理素质、思辨能力、礼仪、职业倾向和社会适应能力等基本素质。

(2)技能类、特长类职高考生:由招考院校制订的各专业技能测试方案命题,主要考查考生的表达能力、心理素质、思辨能力、礼仪、职业倾向和社会适应能力等基本素质。采用现场考核、答问、无领导小组讨论等方式进行。

2. 藏区"9+3"考生考试题

(1)笔试题:笔试参照《2013年藏区乡镇事业单位招录(聘)2010级应

---

① 冯丽:《陕西高职四种形式实施分类考试招生》,载《中国教育报》2015年第3期23页。

届"9+3"毕业生笔试考试大纲》命题。考试内容为德育、语文、数学三部分合卷考试。

（2）技能测试题：采用现场考核的方式进行，主要考查考生在中职阶段所学专业应该掌握的专业技能。

3. 对口高职技能测试题

根据对口高职考试大纲的命题标准，制定出技能测试题及评分标准、综合素质观察等试题。

中职生主要指普通中专、职业高中、成人高中、成人中专、技工学校学生，主要通过对口高职高考或单独招生考试而来。职高生也可参加普通高考可以直接考应用型本科大学，主要考试文化课，语文、数学、英语，专业基础课和专业课，达到一定分数线后，由本省自行选录，有专科、本科两种选择。对口升学招生考试一般由省教育招生考试院组织，在本省院校中实施招生。

4. 特长生技能测试题

根据报名情况命制所需特长生技能测试题及评分标准、细则来实施考试。

二、五年一贯制学生

五年一贯制学生主要是前三年读中职，经过转录考试，后两年读高职，毕业拿专科文凭。

三、藏区"1+2"学生

为了配合民族地区培养各类人员，对普通高中毕业生在高考当年的专科建档线上直接降80分录取。第一年为中职生，第二三年为高职生，毕业拿高职专科文凭。

四、为民族地区培养各类专业人才的藏区"9+3"、彝区"9+3"学生

这类学生属于民族地区初中毕业生中的一部分，即完成了九年义务教育后，进入内地中职校读书三年，毕业后可以参加工作（参照《2013年藏区乡

镇事业单位招录（聘）2010级应届"9+3"毕业生笔试考试大纲》参加公务员公招考试），也可以参加高职的单独招生升学考试，是为"9+3"考生。他们的单招不与一般单招相同：招生章程不同、考试大纲不同、考题不同、录取分数不同（按一定的比例录取），入校后待遇一样，都是高职生。

五、中高职衔接生

目前，中职生参加高考的比例越来越大，录取率也越来越高，在中高职衔接的体制机制创新中，出现了许多人才培养一体化的中高职衔接教育，为中职生学习、考试、升学创造了条件，他们中有相当多的人能够通过单招考入高职学习，这类学生严格讲算是中职生，但是，他们进入中职就参与了中高职人才培养立交桥的一体化衔接教育，学习的只是、技能、职业操守、创新创业等更为全面和系统。

六、注册生

注册入学，是江苏省2011年推出的一种录取制度。从2011年起，在省内部分高职院校中试行面向高级中等教育学校(含普通高中和中等职业学校）省内部分高职院校录取模式。具体是指考生根据院校提出的报考条件和录取要求，结合自身条件，向1~2所试点院校提交注册申请；院校根据考生高考成绩、学业水平测试等级、综合素质评价结果（职业中学对口单招成绩、专业技能要求），以及中等教育阶段的学习成绩等方面的情况，在一定计划范围内，根据院校招生章程，择优确定拟录考生；考生在拟录院校中，根据实际，最终选择确定一所就读学校。注册入学计划与统一录取计划的性质完全相同，其招收的考生，除录取方式不同外，在校待遇、毕业生就业政策以及毕业文凭等均与统一录取的考生相同。

七、专本导读学生

在国家级示范高职院校的示范专业中招收二本学生，属于应用型本科教育的试点，其模式有"2+2""1+3""3+1"以及四年一贯制等，由专科院校和本科院校联合培养，毕业后发放本科院校的毕业文凭，现在已成为地方性本科院校办学转型的探路者。

八、"回炉生"

前面所述的江苏建院招收的本科院校毕业生为了继承家族企业而到高职学习的，也有如从北京大学退学入北京工业技师学院的周浩同学，从众人艳羡的高才生到普通的技校学生，从北大生命科学研究院的人才储备军到如今还未就业的技术工人，这种局面今后还会不断涌现。

九、来自社会的各类需求人员

有为了学历参加成人高考进入高职学习的。也有非学历的各种形式的国家培训、省级培训、校级培训，还有社会机构、企事业单位、无业人员、农民工培训等构成复杂、庞大的高职院校生源结构。

以四川某高职院校为例，其在校全日制学生的结构见表1-2：

表1-2　四川某高职院校在校生结构

年级	普高生数（含单招）	占总数的比例/%	职高生数（含单招）	占总数的比例/%	藏区9+3学生数	占总数的比例/%	藏区1+2学生数	占总数的比例/%	五年一贯制学生数	占总数的比例/%
2014	3580（394）	76.09	688（355）	14.62	43	0.91	303	6.44	91	1.93
2015	3370（760）	69.77	742（528）	15.36	144	2.98	373	7.72	201	4.16
2016	3185（529）	71.27	767（562）	17.16	215	4.81	131	2.93	171	3.83
平均	3378.33（561）	72.38	732.33（481.67）	15.71	134	2.9	269	5.70	154.33	3.31

（数据来源：四川某高职院校教务管理平台）

从表1-2数据可知，单招生总数在逐年增加，尤其是对口高职考生在显著增加。四川省规定的单招计划从最初的两所学校、2个专业、200个计划的试点，逐步到单招院校当年录取计划的20%~30%，2016年安排的单招比例是当年招生计划的50%，而2017年的比例是各校2017年招生计划的60%。现在的总体趋势是普通文理考生呈下降趋势，对口高职考生呈上升趋势，且中职生的升学比例越来越大。

总之，现代高职教育生源成分会越来越复杂，还会包括专升本学生、专本连读学生、应用型本科生、本科套读学生等等学生成分出现，需要高职教育做好相应的针对性，做好人生铺路教育，让"人人都有人生出彩的机会"，而不是淘汰式的高职教育。而高职生正常毕业水平为92%左右，就业率近90%左右。所以，需要适应性更高的高职教育。

第三节　高职生学业水平分析

高职生这一群体由于是高考录取的最后批次，又由于构成成分的复杂性，他们入校后的表现可以说千差万别，学业方面的差异更为显著。以某高职院校学生毕业状况统计分析，有如下不同因素。

高职不能毕业学生的原因很多，我们集中考察：成绩合格与否，英语、计算机等级证书获得否、实习考核表合格规范否、处分解除与否、职业资格证书具备否等，本节集中从学生构成情况、不能毕业状况、成绩方面的原因等方面揭示高职人才培养的困境。

一、现有高职学生的基本构成

以某高职院校为例，其在读的高职学生的主要构成见表1-3：

表1-3　高职学生成分构成

序号	学生构成成分	占该年级比例/%	备注（统计2008级—2014级）
1	普通文理学生（含单招生）	94.86	
2	对口高职学生（含单招生）		
3	五年一贯制学生	2.20	
4	藏区"1+2"学生	2.65	2010年才有首届
5	藏区"9+3"学生	0.28	2012年才有首届
6	中高职衔接生	/	2015年才有首届

（资料来源：四川某高职院校教务管理在册学生统计）

未来可能还会有应用型高职本科生、研究生、注册生等，构成相对复杂的学生群体。且他们之间存在学业水平、智力水平、心理水平、兴趣爱好特别是学习态度、学习能力和自我意识等方面的诸多不一致。

二、未毕业原因状况

以某高职院校为例,其各年级未毕业学生比例见1-4。

表1-4 总体未毕业情况

序号	年级	不能毕业学生占年级总体的比例/%	备注
1	2008	5.23	
2	2009	6.72	
3	2010	5.36	
4	2011	8.9	
5	2012	8.42	
平均		6.93	

(资料来源:四川某 高职院校毕业生情况统计)

$X^2=1.66$,$X^2_{(4)0.05}=9.49$,各年级不能毕业生之间无显著差异。

各年级不同成分学生未毕业情况见表1-5。

表1-5 各年级不同成分学生未毕业情况统计

序号	年级	普通专科生/%	五年制学生/%	藏区"1+2"学生/%	藏区"9+3"/%	备注
1	2008	3.15	21.43	/		
2	2009	4.72	19.77	/		
3	2010	4.63	26.53	15.91		占同类的比例
4	2011	8.61	18.6	21.21		
5	2012	8.56	27.23	32.67	30.77	
平均		5.93	22.71	23.26	30.77	

(资料来源:四川某高职院校不能毕业生统计)

各年级普通专科不能毕业学生中,$X^2=4.21$,$X^2_{(4)0.01}=13.28$,无显著差异;各年级五年一贯制不能毕业学生中,$X^2=2.74$,$X^2_{(4)0.01}=13.28$,无显著差异;各年级藏区"1+2"不能毕业学生中,$X^2=6.31$,$X^2_{(2)0.01}=9.21$,有显著差异。四类学生之间,$X^2=15.97$,$X^2_{(3)0.01}=11.34$,有显著差异。

各类学生未毕业原因见表 1-6。

表 1-6 各类学生未毕业的原因统计

年级 \ 原因	未过英语等级 /%	未过计算机等级 /%	成绩不合格 /%
08 级普通类（含高职）	51.32	40.79	82.89
09 级普通类（含高职）	53.51	30.7	66.32
10 级普通类（含高职）	33.13	25	80
11 级普通类（含高职）	30.73	18.72	65.64
12 级普通类（含高职）	26.78	20.23	89.77
平均	39.09	27.09	76.92
08 级五年制	76.19	65.24	85.71
09 级五年制	41.18	58.82	76.47
10 级五年制	46.15	46.15	73.08
11 级五年制	43.75	50	75
12 级五年制	31.15	36.07	72.13
平均	47.68	51.26	76.48
10 级藏区 "1+2"	14.29	28.57	71.43
11 级藏区 "1+2"	0	3.03	100
12 级藏区 "1+2"	27.27	30.3	48.49
平均	13.85	20.63	73.31
12 级藏区 "9+3"	75	75	100

（资料来源：四川某高职院校）

检验英语等级证：普通类学生，$X^2=14.81$，$X^2_{(4)0.01}=13.28$，在 99% 的区间有差异，说明各年级之间英语等级证书在不能毕业学生中存在情况较乱，且比例偏高。五年一贯制学生，$X^2=24.04$，$X^2_{(4)0.01}=13.28$，说明各年级之间差异显著。藏区 "1+2" 学生中，$X^2=26.87$，$X^2_{(2)0.01}=9.21$，说明各年级之间差异显著。造成已上两类差异显著的原因是人数少、学校的规定不一致等。四类学生总体之间 $X^2=43.44$，$X^2_{(3)0.01}=11.34$。说明各类之间都存在显著差异，存在类别差，需关注比例较高的弱势群体。

检验计算机等级证：普通类学生，$X^2=11.89$，$X^2_{(4)0.01}=13.28$，五年一贯制学生，$X^2=9.97$，$X^2_{(4)0.01}=13.28$，藏区 "1+2" 学生，$X^2=22.64$，$X^2_{(2)0.01}=9.21$，

差异原因也属于学校未强制要求以及管理方面等原因；四类学生总体之间 $X^2=42.41$，$X^2_{(3)0.01}=11.34$。除普通类和五年一贯制学生外，同一类别不同年级之间、各类之间都存在显著差异。说明长期办学的普通类和五年一贯制存在规律性的计算机等级证不能获取现象。

检验学习成绩：普通类学生，$X^2=11.11$，$X^2_{(4)0.01}=13.28$，五年一贯制不能毕业学生中，$X^2=1.51$，$X^2_{(4)0.01}=13.28$，藏区"1+2"不能毕业学生中，$X^2=18.17$，$X^2_{(2)0.01}=9.21$；四类学生总体之间 $X^2=5.57$，$X^2_{(3)0.01}=11.34$。同一类别不同年级之间、不同类别之间都没有显著差异，且比例很高，说明学习成绩成了不能毕业的共同原因。

未毕业学生的性别情况见表1-7。

表1-7　未毕业学生的性别情况统计

序号	年级	男生/%	女生/%	备注
1	2008	91.76	8.24	占同一届不能毕业生比例
2	2009	97.71	2.29	
3	2010	93.78	6.22	
4	2011	87.40	12.60	
	平均	92.66	7.34	

（资料来源：四川某高职院校）

$X^2=72.8$，$X^2_{(3)0.01}=11.34$，$X^2_{(3)0.005}=12.84$，男女生不能毕业学生之间存在显著差异。

三、结果分析

根据多年的数据统计分析，高职生的毕业状况中究竟什么阻碍了他们的毕业呢？高职的人才培养水平该如何判定呢？

（1）从表1-3知道，现在的高职学生构成成分越来越复杂，已有6类学生（其中还包含普通类单独招生考试录取的学生和职高类单独招生录取的学生），今后还会有应用型本科生、注册生、网络生、普通类本科生、跨读生、回炉生等等，虽然其中主要还是普通文理和对口高职考生，但是，随着国家政策导向、市场自发调节等因素的影响，今后高职院校主要招收对口高职学生。那么，高职学生的生源成分会越来越复杂，比例会发生结构性改变。生源的各种水平（知识、技能、适应力、心理素质等）表现会差异显著，对这些学生的教育教学和管理，成了高职院校面临的共同难题。

（2）从表 1-4 考察，不能毕业学生的比例占毕业年级学生总数的 6.93%，在 95% 的统计区间无显著差异，说明不能毕业比例具有稳定性。

（3）从表 1-5 知道，普通专科生占 5.93%，且普通专科不能毕业生之间无显著差异；五年一贯制不能毕业学生占 22.71%，各年级五年一贯制不能毕业学生之间无显著差异；藏区"1+2"不能毕业学生占 23.26%，各年级之间有显著差异，这与样本总体少有关；首届藏区"9+3"学生不能毕业比例为 30.77%。但是，不同种类不能毕业学生之间在 95% 的统计区间有显著差异，这说明不能毕业学生之间存在学生类别差异。应该关注不能毕业比例更高的五年一贯制学生、藏区"1+2"学生和藏区"9+3"学生。

（4）从表 1-6 的不能毕业成绩方面的原因分析，可以观测到一些有规律性的东西，有显著差异的不规律性也存在某些特殊原因。

① 在英语等级证书方面，不同年级不能毕业学生之间差异显著，原因是管理要求方面不同造成的。有 39.09% 的普通类学生没有英语等级证书。其余两类学生的差异显著，没有规律可循，这与学校对藏区"1+2"、藏区"9+3"和五年一贯制学生的英语等级证的鼓励考试、不强制要求过关等政策有关。实际上，五年一贯制学生和藏区"1+2"学生普遍不能考取英语等级证书，且普遍比例过高。

② 在计算机等级证书方面，除普通类和五年一贯制学生外，同一类别不同年级之间、各类之间都存在显著差异。说明普通类和五年一贯制拿不到计算机等级证的比例较高而且稳定。其他无论哪个类别都存在较高的拿不到证书现象，但是，个体差异大。这应足够引起人才培养方案制定者和管理者的注意。

③ 在学习成绩方面，不能毕业学生有惊人的相似性，都有较高的稳定的不合格比例，总体比例为 81.68%，但是，各类学生之间存在不及格学科门数的显著差异，即：普通类较少，其他三类较多。这既反映了他们的学习态度、能力等主观原因，也反映了管理不到位、要求不切合学生实际等客观原因。

④ 从表 1-7 知道，不能毕业学生中存在较大的性别差异，男生占 92.66%，女生只占 7.34%，造成这种差异的原因是多方面的，一方面是女生普遍守纪律、重规范，顺利毕业。另一方面是男生违纪、放浪形骸、电子游戏、得过且过、放弃学业的居多。还有就是学校人才培养方案的设置、教育教学与管理等许多环节不符合男生的发展特点。因为心理学早已证明：从总体上讲，男、女智力发展是均衡的，只是男生中居于两端的极端数据要略大于女生。因此，现行的高职人才培养过程造成这么大的性别差异，需要各环节加以注意，特别是关注男生的发展。

第二部分
高职分类分层人才培养的实施

第二章
高职分类分层人才培养的理论基础

高等职业教育是高等教育层次的职业教育，培养适应生产、建设、管理、服务一线需要的高素质技术技能人才。高职教育既要体现"教育性"，也要彰显"职业性"。高职院校的生源类别异常复杂，学生个体差异大，客观上需要开展分类分层人才培养改革。任何教育教学改革都离不开理论指导，缺乏理论支撑的实践是盲目的。高职院校分类分层人才培养须以因材施教教育思想、"最近发展区"理论、多元智能理论等为理论基础。

第一节 因材施教的教育思想

因材施教是指学校教育根据学生的实际情况，特别是个别差异，有针对性地开展差别教学，使每个学生都能各尽所长，得以最佳发展。

一、因材施教教育思想的基本内涵

（一）因材施教教育思想的逻辑起点

因材施教是教育工作者特别是教育专家深入总结教育实践，对教育实践进行理性升华和理论加工而形成的一种教育思想，是人类对教育活动现象的一种高度抽象的理解和认识，这种理解和认识常常以某种方式加以组织并表达出来，其主旨是对教育实践产生影响，保证教育活动符合教育规律，提高教育活动的科学性和有效性。因材施教教育思想具有历史性、社会性、前瞻性、继承性等特征，其内涵既表现出在不同历史时期的稳定性，也带有不同时代的特征。

因材施教是一种教育思想，非具体的教育方法、教育手段。这种教育思想基本内涵的朴素表达是根据受教育者身心发展特点、受教育经历等实际情况设计差异性的教育,目的是通过教育使受教育者"人人出彩""各尽其才"。

1. 受教育者的个性差异

受教育者的个体差异是因材施教教育思想的逻辑起点。由于遗传素质、成长环境、教育经历、主观能动性发挥状况等因素,受教育者身心发展都存在明显的个体差异。以心理发展为例,不同的受教育者,表现出各具特色的个性,"人心不同,各如其面"就是这个道理。就心理发展而言,受教育者的差异主要表现在个性心理倾向和个性心理特征两个方面。

(1)个性心理倾向。

个性心理倾向是指"一个人所具有的意识倾向和人对客观事物的稳定的态度,它是人心理行为积极性的动力系统,决定人的心理和行为倾向性"[①]。个性倾向性由需要、动机、兴趣、信念、理想、世界观、价值观等因素构成。由于这些构成要素在个性倾向性中所处的地位不同,所起的作用也不一样。需要居于基础地位,是人心理和行为最初的动力源泉,动机、兴趣等都是在需要的基础上产生的,是需要的表现形式。世界观在个性倾向性中处于最高层次,起着主导作用,它决定着一个人的需要、动机、兴趣、理想及信念。个性倾向性是人们在实践活动中逐渐形成和发展起来的,反映了一个人与客观环境之间的相互关系。个性倾向性也随着一个人成熟与发展阶段的不同而不同。在儿童时期,支配其心理与行为的主要个性倾向是基本需要和兴趣;青少年时期,理想逐步上升到主导地位;成年以后,人生观、世界观支配着整个心理和行为,成为主导的个性倾向。

(2)个性心理特征。

个性心理特征是指个人身上经常表现出来的比较稳定的心理特征,它决定着一个人的稳定的心理面貌,是将人与人区别开来的特征因素之所在。个性心理特征包括能力、气质和性格。能力是直接影响人们活动效率的心理特征,它决定人们单位时间内的活动成效,对活动效率而言,能力是直接影响因素,诸如,身体疲劳状况、活动情境等对活动效率都有影响,但它们是通过影响能力发挥情况而影响活动效率的间接因素,非直接因素。能力可分为一般能力和特殊能力,一般能力指认识能力,例如,观察能力、记忆能力、思维能力和想象能力等,也称为智力,它是影响认知活动效率的因素;特殊能力指在特定活动或职业领域中表现出来的能力,例如,绘画能力、音乐能力、机械操作能力等。气质指"表现在人们的心理和行为方面的、稳定的心

[①] 廖策权,梁俊:《心理学教程》,西南交通大学出版社2013年版,第7页。

理特征，这些特点不受个人活动的目的、动机、内容等的影响"[1]。气质是表现在人们心理活动的速度、强度、灵活性、稳定性方面的特征，属一个人心理和行为活动的"风格"，与活动内容无关，俗称"脾气"，受个体高级神经活动类型影响，无好坏之分。性格是个人对客观现实的态度以及由此决定的行为方式的总和。性格主要是后天形成的，受环境和教育因素的影响，一经形成，就比较稳定，它在个体个性体系中居于核心地位。

2. 科学的学生观

受教育者是具有个性差异的人，任何教育活动，无视这种普遍存在的个性差异，理论上是错误的，实践中是有害的。受教育者的个性差异是教育机构和教育者学生观的来源。科学的学生观应体现以下几方面内涵：

（1）学生是人。

教育的对象是人，是活生生的生命存在。人具有丰富多彩的内心世界，有人的尊严和思想感情。教育者必须承认并尊重学生作为大写的"人"的存在，以促进学生的成长和全面发展作为终极目标，杜绝一切"非人化"的思想、方法和手段。

（2）学生是成熟中的人。

人的成长发展是有规律的，表现出固有的阶段性特征。中小学生乃至大学生，身心都未成熟，其心理和行为方式都显得不同程度的"幼稚"。教育应承认并尊重这种"幼稚"和不成熟，避免以成人的眼光和标准看待和要求学生，要容忍学生身上出现的各种缺点和错误，针对这些缺点和错误要积极引导和教育，促进其不断成长和发展。

（3）学生是独特的人。

受教育者的遗传素质、后天环境、教育经历不同，其身心发展的速度和水平都具有明显的差异，即便是同一年龄群体，也是如此。就个性倾向而言，学生的兴趣爱好可能迥异，学习动机也有差别，人生观带有个体色彩，对未来的人生设计和职业取向各有不同。因此，教育面对的是有差异的对象，如以高度统一的教育设计开展教育活动，难以保证有效的教育成效，难以真正达成应然的教育目标。

（二）因材施教教育思想的历史演进

"因材施教是我国古代的一条重要的教育教学原则，它是在春秋时期孔子兴办私学、教授诸生的实践中创立的，距今已有两千五百多年的历史。孔子

---

[1] 廖策权，梁俊：《心理学教程》，西南交通大学出版社2013年版，第232页。

以后，这条教育原则被我国历代的教育家继承，并不断地发展完善，时至今日，还在我们的教育实践中广泛采用，表现出极强的生命力。"①

"因材施教源于孔子的教育实践和教育思想，孔子的因材施教可以说是雏形的或始发的'因材施教'。这种'因材施教'模式在教学上的主要表现，是对不同'材'的问同而答异，抑强而励。"②孔子的因材施教集中表现在对不同发问对象的不同解答。《论语·先进第十一》记载，子路问："闻斯行诸？"子曰："有父兄在，如之何其闻斯行之？"冉有问："闻斯行诸？"子曰："闻斯行之。"公西华曰："由也问'闻斯行诸'，子曰'有父兄在'；求也问'闻斯行诸'，子曰'闻斯行之'。赤也惑，敢问。"子曰："求也退，故进之；由也兼人，故退之。可以发现，对同一个的问题，孔子对于子路和冉有两个人进行了两种完全不同的回应和解答，原因是，子路性情豪放，行事鲁莽，需要外在的教育约束，冉有则在做事的时候总是退缩，所以更需要鼓励。一般认为，孔子的因材施教只是"雏形"或"始发"的，是我国教育领域因材施教思想的源泉，随着教育实践的不断发展，教育研究的日益深入，因材施教教育思想逐渐升华、成熟，成为一种普遍的教育指导原则。

汉代董仲舒等教育家基于孔子的思想和当时的教育实践，对因材施教做了更为深入的论述。董仲舒认为"善为师者，既美其道，有（又）慎其行……省其所为而成其所湛，故力不劳而身大成"。郑玄认为"各因其人之失而正之"，"救其失者，多与易则抑之，寡与止则进之"。徐干指出："导人者必因其性，治水者必因势，是以功无败而言无弃也。"由上述论断可以看出，汉代众多教育家都将因材施教作为"善为师者"的必备条件，都将因材施教作为一种重要的教育准则。

宋代时期，因材施教思想得到了进一步发展，"胡瑗创设了分斋教学和主副科制度，尊重学生的不同志趣爱好，使其各尽其才、学有所得，也提高了教学的效率，其思想理论基础正是因材施教。较之以前因材施教多是在个别教学条件下实施而言，胡瑗的重大贡献在于他在分斋教学的条件下进一步发展了这一思想"③。

针对因材施教，朱熹根据不同年龄学生的特点，实施发展分段，即"提

---

① 张如珍：《"因材施教"的历史演进及其现代化》，载《教育研究》1997年第9期第73页。
② 张如珍：《"因材施教"的历史演进及其现代化》，载《教育研究》1997年第9期第73页。
③ 李彩霞：《因材施教思想的历史演进与当代流变》，载《天津市教科院学报》2008年第5期第22页。

倡根据'材'所处的人生秩序里不同年龄阶段来施教,将学校教育划分为小学、大学两个阶段,"人生八岁"和"及其十年有五"各个阶段施以不同的教学内容"。①这一主张,进一步发展了因材施教的教育思想。

"明末清初的教育家王夫之、颜元,在讲学授徒的实践活动中,也采用'因材施教'的原则教导诸生"②。王夫之在《四书训义》中指出:"教思之无穷也,必知其人德性之长而利导之,尤必知其人气质之偏而变化之。"同时,其在《张子正蒙注》中说:"顺其所易,矫其所难,成其美,变其恶,教非一也。"

到近代,众多教育家在古代先贤的基础上,根据教育的时代要求,对因材施教有了更深入的认识。蔡元培先生认为"新教育必须以实验学为根柢",应"深知儿童身心发达之程序,而择种种适当之方法以助之"。就像农家对待植物那样,"干则灌溉之,弱则支持之,畏寒则置之温室,需食则资以肥料"。③陶行知先生更是将因材施教教育思想融于教育实践之中,在创办育才学校时,"设了音乐、戏剧、文学、社会、自然、绘画六组,依据智慧测验、特殊测验选拔儿童加入最适合其才能兴趣之一组学习,以期因材施教,务使各得其所"④。不论是教育中的分组,还是分组的依据,都充分考虑到了学生的个体差异,是一种有效的教育实践。

从上述论述可以看出,在我国因材施教教育思想有着悠久的历史和丰富的内涵,是广大思想家、教育家对教育规律的揭示和对教育实践的总结,这一思想对后世乃至当代的教育产生着深刻的影响。

（三）因材施教教育思想的时代内涵

因材施教教育思想有着深厚的历史积淀,是教育先贤留给后世的宝贵教育精神财富,和一切人类文明成果一样,随着社会的发展和教育的进步,因材施教教育思想不断丰富新的内涵。站在当今教育新时代的高度审视,孔子乃至以后封建时期的因材施教教育思想无不体现明显的历史局限性。当今的教育,无论教育制度、教育思想、教育内容、教育组织形式,还是教育方法手段等都发生了深刻的变化。虽然因材施教在不同的历史时期有着相同的精

---

① 李彩霞:《因材施教思想的历史演进与当代流变》,载《天津市教科院学报》2008年第5期第22页。
② 张如珍:《"因材施教"的历史演进及其现代化》,载《教育研究》1997年第9期第74页。
③ 蔡元培:《新教育与旧教育之歧点》,载《蔡元培教育文选》,人民教育出版社1980年版,第48~49页。
④ 李彩霞:《因材施教思想的历史演进与当代流变》,载《天津市教科院学报》2008年第5期第23页。

神实质，但其内涵和要求都呈现出较大的差异，也就是说，在当今时代，因材施教也有现代化的问题。

1. 因材施教与教育公平

教育公平是社会公平的重要基础，是人类社会追求的目标，更是衡量一个民族、国家文明水平的极重要标志。现代社会，个体的后天发展与其受教育程度密切相关，教育公平因此成为影响个人成长和终身发展乃至人生幸福的重要因素，在这个意义上讲，教育公平是一个国家重要的民生问题。教育公平是人类社会不断努力的目标，教育公平有各种各样的表现，概括起来，主要表现为条件公平、机会公平、过程公平和结果公平。袁振国先生认为，"机会公平的本质是学校向每个人开门——有教无类；条件公平的本质是办好每所学校——均衡发展；过程公平的本质是平等地对待每个学生——一视同仁；结果公平的本质是为每个学生提供适合的教育——因材施教"①。

教育结果公平并不意味着所有受教育者获得同样的教育成果，事实上，受教育者的天赋秉性是有差异的，对未来工作生活的期望和设计也不一样，再者，社会对人才的需求也具有不同的类型和层次，因此，标准化的教育既不现实，也是有害的。真正的教育公平是指为每一个受教育者提供"合适"的教育，即根据受教育者各方面不同情况，特别是兴趣爱好、天赋优势等，使受教育者"各得其所"。

现代社会，因材施教的意义，并非孤立地体现于教育领域，并非是单纯的教育思想、教育原则，还有更深刻的社会意义。一方面，随着社会的发展和人类文明程度的提高，人本思想早已深入人心，以人为本成为现代社会一种重要的思想理念，甚至制度安排，任何人都有通过教育得到成长发展的权利、过幸福生活的权利；另一方面，现代社会社会分工愈发精细，职业门类越来越丰富，职业类型的贵贱越来越淡化，无论是社会还是作为未来从业者的学生，更关注的是受教育者走出学校大门以后，能否顺利地适应社会，适应劳动岗位，能否有尊严地工作和生活。这些都为教育提出了特殊的要求，任何教育活动都必须着眼于受教育者的未来发展和终身幸福，通过教育，使每一位学生成才、出彩，各得其所。

2. 因材施教与教育效益

教育的应然使命是促进受教育者的成长、发展。作为一种社会活动，教

---

① 袁振国：《教育公平：从有教无类到因材施教》，载 http://blog.sina.com.cn/s/blog_598ce78e0102wfm0.html。

育也要讲效益，教育效益体现为各种教育参与方，特别是学校，其教育资源投入与教育产出之间的比例关系。教育的直接产出就是学生的培养质量，值得注意的是，现代社会，精英教育早已不是教育的代表。站在社会发展和人类文明的高度，教育的培养目标不是造就个别的社会精英，教育应面对全体学生，以促进全体学生的成长发展为基本要义和目标追求，以此为基点和视角看待教育效益，方为正确的选择。

如何才能促进学生的成长发展，保证应有的教育效益，这既有教育思想理念的问题，也有教育方法、手段的问题。其中的关键是认真研究，深入了解每一位学生，以此为基础，设计科学的教育组织形式、科学的教育方法，"为相同的人提供相同的教育，为不同的人提供不同的教育，就是在人人平等享有公共资源的前提下，为个性发展提供更好的条件"①。也就是说，对学生要区别对待，"但区别对待不是等差对待"。目前，相当部分学校在尝试弹性学制，丰富选修课程，以此适应不同学生的个性化需求，追求学生的个性化发展。还有的学校特别是高等学校，实践分类、分层教育，为不同知识基础的学生设定差异性的学习内容和学习目标，这些都是因材施教教育思想在实践中的体现，可提高教育效益。但在上述实践操作中，如刻意将优质资源配置于某些"优质"群体，以强化"精英"培养，则是错误的做法，与因材施教的思想理念背道而驰。

二、因材施教的基本要求

（一）了解、研究教育对象

教育是目的性的活动，教育活动的目标在于促进学生的成长发展，教育的组织形式、内容、方法乃至评价必须聚焦于教育目标，任何偏离培养目标的教育设计都是不科学的，甚至是错误的。教育的对象是人，是学生，教育的培养目标体现在学生符合社会和教育要求的变化方面，衡量教育活动的有效性只能是学生的成长发展指标。因材施教要求教育面对每一个学生，针对学生的基本情况，特别是个性差异开展差异性的教育教学工作。因此，从逻辑上讲，了解、研究学生即是因材施教的基础和前提。目前，教育中的一个突出问题就是对学生了解不深入，不能有的放矢地开展教育教学活动。了解、研究学生一般从以下几方面入手：一是了解学生的知识基础，包括总体知识

---

① 袁振国：《教育公平：从有教无类到因材施教》，载 http://blog.sina.com.cn/s/blog_598ce78e0102wfm0.html。

水平、各科学习状况等；二是了解学生的个性特点，包括兴趣爱好、性格、气质特征、特长优势等；三是了解学生的家庭背景，包括家庭结构、主要社会关系等。

对学生的了解和研究不能是"碎片化"的，应是系统的，只有系统化的信息才是"真相"的反映，才能做到学校和教师对学生"心中有数"。从学校的系统制度化设计来讲，应建立完善的学生信息档案，且对学生基本信息做全面的、深入的分析，在此基础上，向所有任课教师和相关教育者做系统交流，为教育过程的因材施教奠定建设的基础。

（二）正确处理教和学的关系

教和学的关系是教育学的基本理论问题之一，教与学是教师教和学生学的统一，是教、学的互动和交流，在这一过程中，教师是主导，学生是主体。在传统教学中，教师负责教，学生负责学，教学活动呈现出教师对学生的单向教育培养的特点。这种教学活动，教师是教育活动的主宰，未能正确处理"教""学"两个变量的关系，难以做到真正意义上的因材施教。夏正江认为："因材施教就其本身的概念而言，就内含了要求教师的'教'去适应学生的'学'的含义。由于每个学生原有的准备水平、兴趣爱好、智力状况和学习风格（它们代表着'学'的变量）各不相同，因此，每个学生学习的需求和方式，也必然会有所不同。如果教师的教学，包括教学的目标、内容、方法与进度（它们代表着"教"的变量），考虑到了学生的这些不同，并与之相适应，那就叫'因材施教'，否则，就不叫'因材施教'。"[1]

（三）正确处理一般要求和发展特长的关系

目前，学校教育代表性的教学组织形式是班级授课制，同一班级，学生年龄相当，身心发展具有相当的共性。在这一前提下，同一班级的教学内容、教学进程、教学方法是基本一致的，一定程度上讲，能提高教育效益，但也极易导致"一刀切"，将本应具有丰富内涵的、生动活泼的学生成长发展人为地"标准化"。诚然，就学科教学而言，标准化的教学要求是必要的，甚至是不可缺少的，但站在学生成长发展这一高度和视野，这种"标准化"就显得粗糙和浅薄，也是一种非人性化的倾向。因为它客观上排斥了学生之间的个体差异，难以考虑和照顾到学生的学习基础和学习诉求，当然也难以做到因材施教。教育教学过程中的因材施教，正确的态度和做法是，将对学生的一

---

[1] 夏正江：《论因材施教的实施策略》，载《教育研究与实验》2008年第4期第37页。

般要求和发展学生特长和谐统一起来。根据特定学制阶段的基本要求和目标定位，强化基础知识、基本技能和态度价值观的教育培养，保证教育的合格和基础的相对扎实，特别是基础教育，宜实行底线评价和合格性评价。在这一前提下，进一步丰富教育的内容，根据学生身心发展的优势和自身的兴趣爱好，积极开发特色课程，组织特色活动，使学生在特色课程、特色活动的学习过程中发展个性，发展特长，真正做到因材施教，学生"各尽其才"。

三、高职院校因材施教的困惑

高等职业教育是一种特殊类型的高等教育，具有高等性和职业性的特征。首先，高等职业教育属于高等教育层次，服从高等教育规律，培养高级专门人才；其次，高等职业教育归于职业教育类型，遵循职业教育规律，培养高素质技术技能型人才。相较普通高等教育，高等职业教育生源层次更加复杂，学生个性差异更加显著，学生的学业差异更加明显，综合素质和职业能力培养的矛盾更加突出，因此，作为一种具有普遍价值的教育思想，因材施教在职业教育领域，更具有特殊的意义。但基于以上特征和矛盾，高职教育领域的因材施教势必面临诸多困难，从教育实践的角度，更难把握和操作。

（一）人才培养模式的特殊性增加了因材施教的难度

高职教育培养的是适应生产、建设、管理、服务一线的高素质技术技能型人才。这一人才培养目标定位客观上要求高职院校开门办学，密切学校与社会，特别是与产业、企业的联系，走产教融合之路，积极实践多样化工学结合、校企合作的专业人才培养模式和教、学、做一体的课程教学模式。因此，较之普通高等教育，高等职业教育与社会、产业、企业的联系更加紧密，教育教学活动的设计和安排更加复杂，单纯的教室、图书馆难以达成培养目标。高职学生的学习场所，有时在课堂，有时在实训室，有时在企业；高职学生的学习内容，有时是专业理论知识，有时是实际操作；高职学生的学习形式，有时是班级，有时是小组；高职学生的老师，有时是学校专业教师，有时是企业师傅……上述特点决定了高职院校全面了解学生的难度，特别是学生的即时学习状况更是难以准确把握，如何根据学生的基本情况因材施教是值得认真思考的问题。

（二）生源层次的复杂性制约了教育活动的针对性

高等职业教育是大众化的高等教育，它极大地满足了人们接受高等教育的需要。但同时也带来了生源层次复杂性的问题。以四川职业技术学院为例，学生主要有以下几方面的来源：

1. 通过普通高考录取到校的学生

通过普通高考录取到校的学生，这部分学占新生的比例大致为40%，这部分学生文化基础知识较全面，较扎实。

2. 通过对口高职考试录取到校的学生

学生参加对口高职考试，按专业类别录取，这部分学生中学阶段接受的是中等职业教育，具有一定的专业知识和专业技能，但文化基础知识较为薄弱。

3. 通过单独招生考试录取到校的学生

随着高职院校考试招生制度改革的深入，单独招生考试逐步成为高职院校招生的重要渠道，目前，通过单独招生考试录取的考生已占新生人数的40%左右。这部分学生既有普高学生，也有中职学生。

4. 藏区、彝区"9+3"学生

"9+3"，即在9年义务教育的基础上，对藏区、彝区孩子再提供3年的免费中职教育。这是四川省在探索少数民族地区教育事业发展过程中的一项创举。"实施藏区、彝区免费职业教育是帮助藏区、彝区群众脱贫致富的重大惠民工程。加快职业教育发展，实施藏区、彝区免费职业教育，组织藏区、彝区学生到内地接受高质量职业教育，可以有效提高其就业和创业能力，对促进藏区、彝区就业和再就业，帮助广大农牧民群众脱贫致富具有重要意义。"

藏区、彝区"9+3"学生占四川职业技术学院新生的比例约为5%~7%。这部分学生具有一定的专业基础知识，但文化基础相对薄弱。

5. 藏区"1+2"学生

国家对藏区未上专科线的学生降分录取，就读高职院校。这部分学生文化基础知识相对薄弱。

6. 五年制大专学生

五年制大专，即"2+3"五年制大专，又称"初中起点大专教育"，招收参加中考的全国初中毕业生、高中未毕业的学生，达到录取成绩后，进入高等院校学习，前两年学习中职课程，后三年学习"高职专科"课程，学业期满颁发五年制大专毕业证书。五年制大专学生具有一定的专业技能，但文化基础知识较差。五年制大专学生占四川职业技术学院新生的比例约为5%~6%。

如上所述，高职院校生源结构复杂，各类别学生之间，甚至同类别学生之间，学生文化基础知识差异大，以参加普通高考录取进校的学生为例，最高分与最低分差距可达 200 分以上，这种现象在普通本科院校是不存在的。在各类别的学生中，有的具有一定的专业基础知识，有的没有任何专业基础；有的同类别学生能单独组班，有的不能单独组班。也就是说，同一班级可能存在几个别类的学生，这为教育教学和人才培养照顾学生的个体差异带来了相当大的难度，必须为不同类别的学生确定差异化的培养标准，施以差异化的教学内容和考核方式。因此，高职教育的因材施教具有更特殊的意义，同时也带来了相当大的难度。虽然各院校为此开展了深入的实践，但真正可以大面积推广的成熟经验并不多。

（三）综合性的培养目标定位为带来了因材施教的复杂性

高职教育是高等教育层次的职业教育，它培养的是适应生产、建设、管理、服务一线的高素质技术技能型人才。作为一种特殊类型和层次的高等教育，高职教育必须体现教育的宗旨和要义，全面实践素质教育理念，将学生的素质培养放在突出的地位，彰显高职教育的"教育性"。教育的对象是人，"培养人是教育质的规定性，是教育的本质所在，这就决定了人是教育最基本的着眼点"[①]。这一结论性理念具有深厚的教育哲学和教育学理论基础，为专家学者广泛认同。"由此，不难得出这样的结论：教育性是教育之为教育的基本特性"[②]。因此，高职教育应聚焦受教育者的终身发展，强化素质培养和锻炼。同时，高职教育属于职业教育范畴，职业性是其特色和个性。"职业教育的职业性指职业教育特有的以培养学生职业适应能力和职业发展能力为目标的属性。职业教育聚焦的职业能力是专业能力、方法能力和社会能力的集合。如果说普通教育是一种基于培养合格公民和社会人的基本知识、基本技能、情感态度价值观教育，其培养目标是'内隐'的、非功利的，那么，职业教育就是培养高素质"职业人"的教育，其培养目标是'外显'的，具有功利性特征。职业教育基于高度社会化、专业化的职业而生，围绕受教育者职业能力的培养而展开，其专业设置、培养目标、培养过程彰显浓厚的职业性，表现出普通教育不具有的个性和特色"[③]。

[①] 张汉杰.：《分析职业教育的本质：教育性还是职业性》，载《教育理论研究》2011 年第 26 期第 125 页。
[②] 廖策权：《教育性和职业性是定位职业教育本质的应然视角》，载《教育与职业》2017 年第 3 期第 101 页。
[③] 廖策权：《教育性和职业性是定位职业教育本质的应然视角》，载《教育与职业》2017 年第 3 期第 101~102 页。

如上所述，单就培养目标而言，高等职业教育承担着特殊的使命，既要关注学生综合素质的教育，也要重视学生专业职业能力的培养，加之学生类别的复杂性，使得高职人才培养工作异常复杂，需认真研究和积极探索。特别是如何针对各类别甚至各个学生的实际情况，形成科学而有效的人才培养方案，深入实践因材施教的教育理念是一个系统工程，须系统设计，周密安排。

总之，因材施教是一种教育思想和教育理念，是教育活动的普遍原则。高职教育是一种特殊类型和层次的教育活动，虑及其培养目标和生源类别，实行分层分类人才培养是应然之举，分层分类人才培养也正是因材施教教育思想的集中体现。

第二节 "最近发展区"理论

"最近发展区"理论是苏联心理学家维果茨基创立的一个心理学理论，教学活动中，学生有两个发展水平，一是现实的发展水平，二是可能的发展水平，二者的距离即是"最近发展区"。教学的任务就是要帮助学生跨越"最近发展区"，为此，教学必须走在发展的前面，准确把握"最佳教学时期"。"最近发展区"理论体现的是一种新型因材施教观，对高职院校的教育教学活动具有重要的指导意义。

一、"最近发展区"理论提出的背景

"最近发展区"是教育心理学和发展心理学的重要理论，它是苏联著名心理学家维果茨基于20世纪30年代研究教学与发展之间的关系时创立的。当时心理学界对于教学与发展的关系的问题，主要有以下几种观点：

第一，"无关论"。这种观点认为教学与发展是两个不同性质、互不依赖的过程。教学既不会推动儿童的发展，也不会改变儿童发展的方向，最多只是利用儿童智力发展的成果。应根据儿童智力发展情况设计教学活动，也即是，教师的教学工作适应儿童现有心理发展水平，无论是教学内容的选择，还是教学进度的安排，都必须考虑学生现有心理发展水平，皮亚杰是这一理论的代表。"无关论"有一定的合理成分，学生现有心理发展水平的确是教师开展教学必须认真考虑的问题，也是教师了解、研究学生的核心问题。如果

教师对学生现有发展水平处于茫然状态，教学活动的设计和安排也就缺乏起码的依据。事实上，教学实践中教师备课的一项重要任务就是"备学生"。但教学仅仅将学生现有发展水平作为教学活动的前提和依据是不合理的，甚至是错误的，学生的发展不仅是教学的依据，还是教学的目标。也就是说，作为教学基础的学生发展是学生的现有水平，作为教学目标的学生发展是可以预期学生下一步的发展的。维果斯基从其社会——历史——文化理论的基本观点出发，认为儿童的发展绝对不是一个独立的、自发发展的过程，可以说没有教学，没有儿童与社会环境（包括成人与同伴）的交互作用，儿童就无从获得社会生存所需要的高级心智功能。可见，维果斯基首先肯定了教学（典型的外部社会环境形式）对儿童发展的积极促进作用，肯定了教学是儿童后天的、历史的特征之发展过程中内在必需和普遍的因素。

第二，"同一论"。这种观点认为，教学等同于发展，教学过程与儿童发展过程是同一的。教学必然意味着儿童的发展，对儿童来讲，自身的发展过程也就是教师的教学过程，行为主义学派持这种观点。这一心理学观点虽然重视了教学对儿童发展所起的积极作用和决定作用，但却将这种积极作用简单地归结为外部灌输与被动吸收，忽略了儿童发展的主动性与特殊性，忽略了儿童发展的内部心理过程，忽略了从外部作用转化为儿童心理所必需的中介，也是不正确的。对此，维果斯基赞成皮亚杰的观点，即儿童的发展必然是儿童主动建构的过程与结果，绝不可以用外部教学来代替或掩盖儿童的发展。这也正是最近发展区概念包含的第二层基本含义，它肯定了儿童在与成人或更有能力的同伴社会互动中的平等地位，享有平等地表达和交流自己思想、情感的机会和自由，即主动的儿童与积极的社会环境合作产生发展。

第三，"折中论"。这种观点认为，教学与儿童发展的关系体现为既相互独立，又相互联系。相互独立，指教学与发展分属不同性质的过程，发展是不同形式的身心成熟而不是教学；相互联系，指教学可以促使儿童形成一系列新的观念和行为方式，推动儿童各方面的发展，同时，儿童新的发展水平又是下一阶段教学的基础。这一观点的代表是考夫卡。这种折中论看起来十分的辩证统一，但由于它只是指出了两者既相互独立又相互联系的关系，而未能正确指出教学是怎样给发展带来原则上的新东西的，即未能真正解释教学对儿童发展发挥积极促进作用的条件、途径与机制，所以实际上还是未能真正解释教学与发展之间存在的辩证统一关系：两者由于缺乏联系的中介而未能真正地统一起来。这正是维果茨基提出"最近发展区"概念想要包含的第三层基本含义，即在肯定教学对发展起积极作用的基础上，在肯定儿童是自身发展的主体的基础上,用"最近发展区"这一概念来揭示教学促进儿童发展的条件、途径与机制。

维果茨基对上述三种观点进行了深入的研究和比较分析,由此提出了他的观点和看法。维果茨基认为:"教学和发展过程不是两个互不依赖的过程,也不是同一过程,教学与发展之间存在复杂的关系。"[①]教学在学生发展中具有决定性的作用。维果茨基从他的观点出发,革新了儿童智力发展水平的测量方法,他认为传统的儿童智力测验方法是不科学的,因为它仅仅关注了儿童目前的"静态"水平。事实上,在传统智力测验中,儿童不能独立解决的问题,借助成人的指导和帮助,可能顺利解决。也就是说,目前儿童需要成人的帮助才能顺利解决的问题,儿童有可能下一步就能解决。根据这一思路,维果茨基创立了新的儿童智力测验方法。新方法测验儿童智力水平分两次进行:第一次,测验儿童独立解决问题的智力水平,即先前所谓的"现实水平";第二次,测验儿童在成人帮助和指导下解决问题的水平,即儿童智力的"潜在发展水平",两次测验成绩的差异,即为儿童下一阶段智力发展的可能,这种潜在的发展可能正是教育教学所追求的,值得教育者密切关注。基于此,维果茨基认为教学活动实施之前,教育工作者应准确把握儿童的两种发展水平,即"现实水平"和"潜在水平",并由此确立儿童的"最近发展区"。以上即是维果茨基"最近发展区"理论提出的背景。

二、"最近发展区"理论的主要观点

(一)"最近发展区"的内涵

在维果斯基"最近发展区"理论中,"最近发展区"是一个重要概念。要理解"最近发展区"的内涵,应准确理解儿童心理发展的两种水平:一是儿童心理发展的"现有发展水平"。"现有发展水平"是指儿童目前所表现出来的发展水平。通俗地讲,就是儿童现实的发展状况,是儿童先前受教育的结果,在智力测验中表现为儿童能独立解决问题的发展水平(即学习者目前已经掌握的能力水平)。胡东伟认为:"学生现有发展水平不是指学生现有水平,而是指学生在现有水平的基础上,依靠自己独立自主的发展所能达到的水平,对于知识教学而言是指学生凭借过去的学习经验、积累的知识,在没有指导

---

① 李玉馨:《维果斯基最近发展区理论对我国学前教育的启示》,中央民族大学 2013 年硕士论文。

的条件下，通过独立自学所能达到的水平。"[1]按此内涵，理解学生的"现有发展水平"的关键点在于学生不借助"外力"能顺利理解知识、解决问题。二是"可能发展水平"，它是指在学生现有发展水平基础上，凭借自身潜力和外在教育资源，通过接受教师的教育、帮助和指导，学生可能达到的发展水平。正因为学生有"可能发展水平"，教育才具有存在的价值和必要，教育的功能就是要将学生某一阶段的"可能发展水平"转化为下一阶段的"现有发展水平"，这一转化过程就是学生的发展过程。在学生"可能发展水平"和"现有发展水平"之间存在一定的距离，这一距离称为"最近发展区（Zone of Proximate Development）"。

（二）"最近发展区"理论的基本观点

维果茨基"最近发展区"理论的基本观点主要体现在以下几方面：

1. 儿童存在两种发展水平

一是"现有发展水平"。如前所述，"现有的发展水平"是指儿童通过自身的努力能独立解决问题的发展水平，或者说是指儿童已经达到的现实水平。二是"可能发展水平"。"可能发展水平"是指通过教育和外界的帮助所获得的发展潜力，即在有指导的情况下，借助外力达到的水平。"最近发展区"就是学生独立完成任务和解决问题与在外界的帮助下完成任务和解决问题之间的差异和距离。这种差异和距离并非难以逾越，通过科学、合理的教育措施和儿童自身的努力，这种差异是可以跨越和消除的。形象地说，"可能发展水平"就像挂在树上的桃子，学生要顺利地摘到桃子，取决于两个因素：一是学生必须要跳起来，也就是学生必须尽到努力，必须主观尽可能发挥自身的主观能动性；二是教育要传授给学生"跳"和"摘"的方法和要领，要解决如何"跳"和"摘"才最省力、最有效果。通过自身的努力和教育的帮助，学生一旦能顺利地"摘"到桃子，即意味着跨越了从"现有的发展水平"到"可能发展水平"距离，一定阶段的发展也就顺利实现了。值得注意的是，这种跨越并非是静态的，学生的"可能发展水平"是相对的。对学生来讲，今天的"可能发展水平"，明天也许就是"现有发展水平"，如此延续，保证了学生发展的不间断性。转化能否顺利，取决于教学的有效性和学生自身的努力程度。"教学使儿童消除'潜在的发展水平'与'现有的发展水平'之间的差异，越过一个又一个的'最近发展区'，同时又不断创造着一个又一个新的

---

[1] 胡东伟：《找准学生"最近发展区"搭好教学"脚手架"——关于初中科学课程教学设计的探析》，载《教育探索》2006年第5期第19页。

'最近发展区'。由此可见，教学对儿童智力发展中'最近发展区'的消除是至关重要的，甚至起着决定性的作用。"①

2. 教学应当走在发展的前面

维果茨基认为教学与学生的发展密切相关，教学对学生的发展起决定性作用。如前所述，学生的发展意味着其能顺利地跨越"现有发展水平"和"可能发展水平"之间的距离，在这一过程中，教学至关重要。因为在学生发展的特定阶段，其"可能发展水平"仅仅只是"可能"，这种"可能"要"现实"，单凭学生的潜质和主观努力是不够的，"可能发展水平"毕竟是超越"现有发展水平"的一种理想状态。在这一背景下，学生的知识基础、解决问题的方法等方面都有一定的差距。如果没有"外力"帮助，随着自身心智的日益成熟和经验的不断积累，学生或许也能达到"可能发展水平"，但现代社会对个体成熟度和身心发展水平的要求越来越高，如此"顺其自然"的发展模式极难适应社会和环境。事实上，学校教育是经过精心设计的有计划的系统性影响，学校开展的教育教学活动能高效率地帮助学生完成从"现有发展水平"到"可能发展水平"的跨越，这也正是教育教学的基本功能。

如何才能有效地帮助学生达到"可能发展水平"？维果茨基认为，"教学应当走在发展的前面"。学生"现有发展水平"仅仅是教师教学和学生学习的基础，教育在了解和研究学生"现有发展水平"的基础上，应具有更高的立足点和更高的视野，毕竟教育的目标体现在未来，必须对学生在教学中的发展进行合理的、实事求是的设计和预期。设计和预期反过来成为教师组织教学内容、优化教学过程的依据，这一观点在教育实践中具有重要的现实意义。因此，教师的教学工作应该关注儿童未来的发展即潜在发展水平。基于此，邓咏梅认为："维果茨基的关于'教学与发展'关系的观点的提出，完全颠覆了当时西方主流心理学界认为教学与儿童发展毫无联系和另一种片面观点即教学等同于发展的认识，刷新了人们对'教学与发展'关系的认知。"②

3. 最佳教学期

维果茨基提出了最佳教学期的概念。他指出任何教学活动都有最合适的、最佳的时期，只有当学生身心成熟水平、准备情况达到一定程度的时候，实

---

① 邓咏梅：《最近发展区理论在人教版必修 1 高中地理教学中的应用和探索》，华中师范大学 2016 年硕士学位论文第 15 页。
② 邓咏梅：《最近发展区理论在人教版必修 1 高中地理教学中的应用和探索》，华中师范大学 2016 年硕士学位论文第 16 页。

施教学活动才是最有效的,教学的最佳期限与最近发展区紧密相关。

(1)教学要选择最佳时期

对学生来讲,开启任何新的学习都是有条件的,其核心问题就是学习内容的难度,如果学习内容过难,"可能发展水平"与"现有发展水平"差距太大,学生大脑中缺乏同化和处理新知识的原有认知结构,学习过程势必会遇到各种障碍,从而影响学生对新学习内容的掌握。当然,通过延长学习时间,增加作业量等措施,或许也能帮助学生完成学习任务,但这种教学是不经济的,效率不高的。相反,如果学习内容过于容易,学生通过自己的努力就能完成学习任务,那么教学的教对学生的指导、帮助作用就无从体现。上述两种情况实际上都是对学生的"最近发展区"的把握欠准确,由此选择的教学时期不科学、不合适,学生要么"跳起来都摘不到桃子",要么"不跳就可以摘到桃子",无论哪种情况都不是教学的理想状态。因此,任何教育教学活动都必须根据学生的"最近发展区"选择最佳教学时期,只有在最佳教学时期开启教学活动,才是最有成效的,才能促进学生的最佳发展。

(2)"教学最佳期"处于动态变化之中

"教学最佳期"来源于"最近发展区"。如前述,"最近发展区"是学生独立完成任务和解决问题与在外界的帮助下完成任务和解决问题之间的差异,也就是学生"可能发展水平"与"现实发展水平"的差异。对学生来讲,无论"可能发展水平"还是"现实发展水平"都是相对的,这一阶段是"可能发展水平",下一阶段就是"现实发展水平",也就是说,学生的"最近发展区"不是凝固状态的,是不断变化的,"教学最佳期"也然。因此,针对每一个新的教学内容,教师都应认真研究学生的"最近发展区",确定可以教学的时间,如此,方为有效的教学。

(3)学生的"最佳教学期"各异

因遗传素质、后天环境和个体主观能动性的发挥等方面的差异,同一年龄群体,学生的知识基础、个性特征都存在明显的差异。也就是说,某一特定的教学阶段,学生的"现实发展水平"是不一样的,"现实发展水平"不同,"可能发展水平"注定是有差异的。因此,学生的"最近发展区"会因人而异,在某一学生属"现实发展水平"的,对其他学生也许是"可能发展水平"。"最近发展区"的个性化必然导致"最佳教学期"的差异,这就为教学工作提出了挑战。在班级授课制的背景下,如何针对各个学生"最近发展区"确定不同的"最佳教学期",是每一位教育工作者都必须认真对待,深入思考的问题。

三、"最近发展区"理论对高职教育的启示

高职教育是大众化的高等教育,其目标是培养社会各行业、各个职业领域所需要的高素质技术技能型人才。现阶段的高职教育,生源结构复杂,学生个别差异显著,人才培养模式和教学模式较之普通高等教育具有独特的个性,因此,高职教育的教学和人才培养活动更加复杂,加之,我国的高职教育还远未成熟,教育教学改革还不深入,这些都在极大程度上制约了高职教育教学质量的提升。为促进我国高职教育的发展,不断提高人才培养质量,必须深入研究高职教育规律和高素质技术技能型人才成长规律,主动寻求科学的教育理论的指导,优化教育教学过程和人才培养过程,以期达成高职培养目标。

徐美娜认为,维果茨基的"最近发展区"理论"将个体与社会、教学与发展、外部与内部、现在与将来紧密地联系在一起,突出了认知发展的社会性、发展方向的多样性、教学对发展的促进、合作学习的重要性,这些远见卓识对很多学科领域特别是教育心理学的研究产生了久远的影响,对我国教学改革具有重要的现实意义,从理论到实践给我们以深刻的启示"[①]。"最近发展区"理论对高职教育的指导意义主要体现在以下几方面:

(一)准确把握高职学生的"最近发展区"

"最近发展区"是学生"现实发展水平"和"可能发展水平"的差距,"最近发展区"的准确把握需要弄清学生"现实发展水平"和"可能发展水平",就"现实发展水平"而言,由于生源结构的复杂性,高职学生"现实发展水平"呈现明显的差异。以文化基础知识为例,有的学生文化基础知识较为扎实,有的学生则很差,同是参加普通高考的学生,考分差异可达200分以上,特别是英语和数学等学科,差异愈加明显,而这些学生都必须学习大学英语,工科类专业的学生还必须学习高等数学。学生的专业知识、技能基础更是差异显著,对口职教类学生具有一定的专业基础,普通类学生则可以说是零基础。就"可能发展水平"而言,由于学生的"现实发展水平"差异大,其"可能发展水平"更是纷繁复杂,共性成分少。因此,高职学生的生源情况为"最近发展区"的准确把握带来了相当的困难,但"最近发展区"理论为高职教学提供了明确的思考问题的方向,无论是宏观意义上的高职教育,还是微观

---

① 徐美娜:《"最近发展区"理论及对教育的影响与启示》,载《教育与教学研究》2010年第5期第16页。

意义上的高职课程教学，都必须清晰每一个学生的现有发展特点和水平，准确把握学生目前的状态，并据此确定学生下一步符合实际的发展目标，专业知识的教学如此，专业技能的培养亦然。在对高职学生"最近发展区"把握不准的情况下开展教学活动，势必导致教育教学活动缺乏针对性，这样的教学效果是可想而知的。准确把握高职学生的"最近发展区"最有效的方法是针对每一个学生建立学习过程档案，这种学习过程档案非教学管理部门管理规范层面的，一般由班主任（辅导员）和任课教师完成，要通过查阅学生个人资料、访谈等方式摸清学生各方面情况，做到教师对学生"心中有数"，这是有效教学的前提，也是"最近发展区"理论价值所在。

（二）积极实践新型的因材施教观

"因材施教"是源于我国古代重要的教育教学思想，对我国各个历史阶段的教育活动产生了深远的影响，可以说被奉为"教育圣经"。即使在当代，因材施教依然是各级各类学校教学改革必须遵循的重要原则。王文静认为"无论古今，人们对因材施教最本质的解读是'依据学生的实际情况，施行相应的教育'。就是使教学的深度、进度适合学生的知识水平和接受能力，同时考虑学生的个性特点和个别差异"[①]。

随着社会的发展和教育的进步，我国因材施教教育思想的实践价值自不待言，任何思想和理论，其产生和创立都具有一定的历史条件和背景，都将随着历史的发展而被赋予新的时代内涵，不断焕发出新的生命力，因材施教教育思想也不例外。传统的因材施教观聚焦的是学生现有发展水平，主张根据学生身心各方面的发展情况组织教育教学活动，学生的现有发展水平是开展教育教学活动的依据。教学活动开启之初的"了解学生""研究学生"也主要是为了全面掌握学生学习某一特定内容之前，在知识、技能等方面的基本情况。根据维果茨基"最近发展区"理论的基本观点，教学活动单纯掌握学生现实的发展状况是不够的，它仅仅是基础和前提。任何教育教学活动的目标都是为了促进学生的发展，就具体的教学内容或教学阶段而论，通过教育教学达成的可预期的学生发展是有差异的，这种差异既有水平的差异，也有进程的差异，因此，教学必须走在学生发展的前面。教学活动除了关注学生的现实水平之外，更应关注学生通过教育教学活动将要达到的理想状态。王文静认为，"在维果茨基看来，仅仅依据学生的实际发展水平进行教育是保

---

① 王文静：《维果茨基"最近发展区"理论对我国教学改革的启示》，载《心理学探新》2000年第4期第19页。

守、落后的，有效的教学应走在发展的前面去引导发展。因此，教育者不仅应该了解学生的实际发展水平，更重要的是要了解学生的潜在发展水平，寻找其最近发展区，把握'教学最佳期'以引导学生向着潜在的、最高的水平发展"[1]。笔者认为，此即是新型因材施教观的基本内涵，基于这种内涵，因材施教之"材"不应是单一的、静止的，不应是单纯的学生学习之初，在身心发展各方面表现出的基础和准备状态，还应包含学生可达到的理想状态，这同样是"施教"的依据和立足点。

新型因材施教观对高职教育教学工作具有重要的指导意义，虑及学生各方面特殊的差异，整齐划一的教学目标设计理论上是错误的，实践中是有害的。无差别的教学进程安排是不科学的，无助于全体学生学习目标的达成。学生的现有发展水平和可能的发展水平应作为同等重要的两个因素进入教师的视野，如此方为正确的选择。

（三）强化学生主体、教师主导的新型师生关系

我国传统教育理论对教师的角色定位于"传导、授业、解惑"，教学过程中，教师是主宰，控制着整个教学过程，学生始终处于被动的地位，其主观能动性的发挥受到极大的制约。根据维果茨基的最近发展区理论的观点，"学习与发展是一种社会的合作活动，它们是永远不能被'教'给某个人的。它适于学生在他们自己的头脑中构筑自己的理解。而正是在这一过程中，教师扮演着'促进者'和'帮助者'的角色，指导、激励、帮助学生全面发展"[2]。这与当代教育学"教师主导、学生主体"的思想是一致的。

"最近发展区"理论强调教学过程中学生的主体作用，学生是学习过程的主宰，有效的学习最终体现为学生对知识的建构。根据认知心理学的观点，学习过程是学生将新知识纳入原有认知结构之中，以原有认知结构加工处理知识的过程。但就这一过程而言，它是学习者"主观"的，无论多么有效的教学、多么优秀的教师，对学生大脑中的知识建构来讲，都是外在因素，即"外因"。所以，优化学生学习中的内部建构过程应是提高学习效率之本。为此，教学活动必须强化学生的主体作用，引导学生深度介入学习活动，充分发挥学习者的主观能动性，促进知识的有效建构。

"最近发展区"理论重视教师的主导作用，教师应是教学过程的设计者、

---

[1] 王文静：《维果茨基"最近发展区"理论对我国教学改革的启示》，载《心理学探新》2000年第4期第19页。

[2] 杨建楠：《数学教学过程设计如何围绕"最近发展区"展开》，载《教育与管理》2010年第12期第64页。

组织者、学生知识建构的指导者。面对新的学习内容，对大多数学生而言，其原有认知结构可能是无序的、碎片化的，离开了教师的指导和帮助，难以形成条理性的、系统的认知。值得注意的是，教师对学生的指导和帮助，绝非传统意义上的灌输，而是以学生原有知识经验为基础，引导学生从原有的知识经验中生发出新的知识经验。

综上所述，"最近发展区"理论对高职教育具有重要的指导价值。高职教育面对的是已成年的高职学生，一方面，学生的心智发展已成熟或接近成熟，更重要的是，高职学生生源结构复杂，学生的个别差异显著，因此，如何针对每一个学生进行有效的教学值得深思。其中一个非常重要的问题就是，必须准确把握学生的"最近发展区"，清晰学生的"现有发展水平"和"可能发展水平"，有的放矢地开展教育教学活动。

第三节 多元智能理论

多元智能理论是关于人类智能研究的著名心理学理论，它认为每个人至少拥有的相对独立存在的最基本的八种智能。个体的智能结构是有差异的，各自存在优势成分和劣势成分。这一理论对高职教育教学实践具有现实的指导意义，它蕴含着科学的学生观、教学观和学生评价观，为高职因材施教提供了强有力的支撑。

一、多元智能理论概述

（一）多元智能理论的背景

20 世纪 50 年代，美国科技界、教育界开展了一场轰轰烈烈的教育反思和改革浪潮，其主旨核心是在传统教育重视科学教育的基础上，将艺术教育放到突出的位置。"零点项目"就是这场改革运动的代表，由著名哲学家纳尔逊·古德曼于 1967 年在哈佛大学研究生院创建。"零点项目"的目的在于研究和探索学校如何强化艺术教育，开发学生的形象思维。美国哈佛大学教育研究院心理发展学家霍华德·加德纳（Howard Gardner）是项目的执行主席，项目研究的成果通过《智能的结构》一书公开发表，由此标志着多元智能理论的诞生。

自 20 世纪中叶，外来人口在美国人口的比例日益提高，且移民来源结构也呈现多样化的趋势。多元化的语言与文化背景对教育提出了特殊的要求，其中的核心问题是，在尊重多元文化并存的背景下，如何确保教育的公平，确保每一个受教育者都有通过接受教育获得成功的机会。在多样性的文化中深入挖掘多元化的、可利用的教育资源，为美国教育提供了坚实的理论支撑。

"零点项目"是有关艺术教育的研究项目。奈尔森·古德曼认为，艺术不仅来自灵感，也不单纯是情感和直觉的产物，还与创作者的认知活动密切相关。艺术创作过程同时也是思维活动过程，与科学思维一样，艺术思维也是一种重要的认知方式。当时，各级各类学校普遍重视学生的逻辑思维和科学教育，对形象思维和艺术教育的认识和研究极不深入。为此，奈尔森·古德曼期望从零开始，平衡各级各类学校科学教育和艺术教育研究之间的关系，将项目名称确定为"零点项目"。"零点项目"是美国乃至世界教育界规模最大、持续时间最长的教育改革研究活动。该项目在教育学、心理学、艺术教育等方面获得了丰硕的研究成果，同时，对艺术教育实践也产生了广泛而深远的影响。

霍华德·加德纳是美国著名的发展和认知心理学家、教育家，同时也具有深厚的神经心理学和艺术的造诣，在"零点项目"的过程中，他针对特殊儿童和正常儿童的艺术心理和创造力进行了深入的比较研究，在波士顿退伍军人医疗管理中心从事博士后研究期间，其对大脑受伤病人的研究，取得了显著的成果。他用了二十年的时间，对正常人以及具有先天特殊才能的人，在大脑受到不同程度伤害之后，会出现什么样的情况进行研究。在临床研究中，加德纳发现，大脑受到伤害以后，并不意味着病人的各种能力完全丧失，实际的情况是有的能力丧失，有的能力却未受影响。这表明，人的大脑皮层有各种各样相对独立的生理区域，它们各不相同、各司其职，对应影响和决定个体某一方面的智能或能力，也就是说，人的智能是多元化的。

（二）多元智能理论的基本内涵

传统智力理论将数理逻辑能力和语言能力作为智力的核心，认为人的智力主要是以这两者整合而成一种能力，也称一般能力，并由此设计了智力测验的实践。早期编制的智力测验多采取个人测验的形式，这是单独评估心智功能的最好方法。以韦克斯勒量表纸笔测验为例，测试内容包括文字推理、数字运算、普遍常识以及非文字推理等项目。这种测验在实践中产生了深远的影响，但它并未揭示智力的全貌和本质，对智力的定义属于狭隘定义，其科学性也受到各方面的质疑。

"加德纳在 1983 年出版的《智力的结构》（Frames of Mind）一书中提出了一个新的智力定义，即'智力是在某种社会或文化环境的价值标准下，个体用以解决自己遇到的真正难题或生产及创造出有效产品所需要的能力'。"①多元智能理论认为每一个体都具有以下八个方面的主要智能：语言智能、逻辑—数理智能、空间智能、运动智能、音乐智能、人际交往智能、内省智能、自然观察智能。霍华德·加德纳认为智力是一系列能力的组合，这些能力以相互独立的方式而存在。"与传统智能理论相比，霍华德·加德纳构建了更为广泛的智能体系，该体系由多种独立存在的智力组合而成，是处理能力和创新能力的统一体，且智能发展的维度和深度受文化背景和教育制度的制约。"②加德纳认为，学生的智能类型具有多样化的特点，其智能发展水平有较大的差异，"他们在学习中的具体需求也不尽相同，因此采用传统的单一标准去衡量所有的学生显然存在弊端。因此他提出了'情景评估'的方法。这种评价方法主张用智能展示的过程和方法，对学生在不同领域以不同认知过程学习的状况进行准确的评估，这样来直接观察到我们感兴趣的各种学习形态。"③

1. 个体身上都存在多种智力，且是相对独立的

临床医学实践表明，患者遭受大脑损伤以后，其相应的某一种能力降低甚至丧失，但其他能力依然健全。智能相对独立性，意味着即使个体具有某一方面的较高智能水平，例如语言能力，并不一定意味着其他智能的高水平，例如数理逻辑能力，语言能力和数理逻辑能力都只是个体智能结构中的一部分，他们是相对独立的。由此，以检测语言智力和数学逻辑智力为主的传统智商测验是不科学的，用这样的方式评价人才与选拔人才，是片面的、有害的。

2. 每一个体的智能都有各自的特点和表现形式

根据多元智力理论，每个人的智能结构都是由相对独立的智力以不同方式、不同程度组合起来的。"个体身上存在的多种智力的不同组合使得每一个人的智力都有独特的表现方式，使得每一个人的智力各具特点。同时，根据

---

① 霍力岩：《多元智力理论及其对我们的启示》，载《教育研究》2000 年第 9 期第 71 页。
② 魏蔚：《多元智能理论对高职职业生涯规划教育的启示》，载《教育与职业》. 2017 年 5 月下期第 105 页。
③ 贺文华：《基于多元智能理论的高职完全学分制研究》，浙江工业大学 2008 年硕士学位论文第 5 页。

加德纳的多元智力理论,即使是同一种智力,其表现形式也是不一样的。例如,同样具有较高逻辑——数理能力的两人,其中一个可能是数学家,而另一个可能是文盲,但他有很好的心算能力。同理,两个同样具有较高身体——动觉智能的人,其中一个可能在运动场上有出色的表现,而另一个则可能因为动作不协调根本上不了运动场,但他在棋艺室里却有上乘的表演。"①因此,以一个固定的标准来评价一个人的聪明与否、成功与否是不现实的,评价一个人的智力应是多元化的标准。

3. 环境和社会文化影响个体智能的发展

加德纳认为,环境和社会文化是影响个体智能发展的外部因素。个体所处的文化背景和教育条件不同,其智能发展的方向和水平也会呈现较大的差异。

虽然每个个体身上均存在八种智能的表现,但是,由于所处的环境不同,所受的文化熏陶不一样,通过长久的潜移默化的影响,智能的发展方向和水平上会有不同的表现。"比如,从智能发展方向角度来看,在能歌善舞的民族文化影响下,由于音乐节奏智能和身体运动智能被重视,该民族的人普遍表现出对音乐和舞蹈的爱好,这一环境下生活的人们就共同表现出音乐——节奏智能和身体——运动智能发展较好的智能特征。而从智能的发展程度看,不管是哪种智能要发展,发展到什么阶段、何种程度,都与环境和教育的影响息息相关,尤其是教育的影响。"②

4. 人的智能类型具有复杂性

加德纳提出的八种智力类型的观点虽然在一定程度上比较准确地反映了人类智力的特点,但它还只是一个理论框架。"加德纳认为人类自身具有智力并非一成不变的,而是显示出人类进化发展的痕迹,并且受到当时人类认识能力的一定限制。他不仅不否认其他智力的存在,而且还提出人身上可能还存在着其他的智力,如灵感、直觉、幽默感、烹调能力、创造能力和综合其他各种能力的能力等。"③事实上,加德纳先前提出的是七种智力,第八种智力,即自然观察智力,是其经过深入研究后,于1993年进行补充和完善的。

---

① 陈玲:《现代智力理论视野下的高考制度改革研究》,福建师范大学2008年硕士学位论文第30~31页。
② 王心薇:《多元智能理论视域下继续教育人才培养研究》,山西大学2016年硕士学位论文,第15页。
③ 陈玲:《现代智力理论视野下的高考制度改革研究》,福建师范大学2008年硕士学位论文,第32页。

根据加德纳的观点,某种能力是否可以构成多元智力结构的组成部分,要看它是否具有足够证据的支撑。

(二)多元智能理论揭示的智能类型

加德纳1983年出版的《智能的结构》著作中第一次提出了多元智能理论,对智能类型进行了深刻的阐述,以后经过多年的研究,又出版了《智力的重建》。通过该著作,加德纳对先前提出的智能类型进行了补充和完善。他认为,个体的智能是多元的,不仅仅包含某一方面的智能,智能是多样的并且相对独立存在的,这些智能类型跟某一特定认知领域或者知识范畴相联系,支撑着多元智能理论,组成其基本结构。个体的智能是个体相对独立存在着的、与特定的认知领域和知识领域相联系的八种智能:语言智能、数理智能、节奏智能、空间智能、动觉智能、自省智能、交流智能和自然观察智能。

1. 言语-语言智能(Verbal-linguistic intelligence)

言语-语言智能是多元智能理论中的第一大智能,指听、说、读和写的能力,这种智能与词语和语言有关,表现为个人能够顺利而高效地利用语言描述事件、表达思想并与人很好地沟通与交流的能力。这种能力在记者、编辑、作家、演讲家等人身上有比较突出的表现。

2. 逻辑-数理智能(Logical-mathematical intelligence)

逻辑-数理智能指运算和推理的能力,这是一种跟归纳推理或者数理逻辑紧密联系的一种智能,通常包含图形识别能力、抽象符号理解运用能力、信息间关系的辨别能力等,也就是个体逻辑推理、数据运算、敏锐分析事物间各种关系的能力。表现为对事物间各种关系如类比、对比、因果和逻辑等关系的敏感以及通过数理运算和逻辑推理等进行思维的能力。这种能力在侦探、律师、工程师、科学家和数学家等人身上有比较突出的表现。

3. 音乐-节奏智能(Musical-rhythmic intelligence)

音乐-节奏智能指个体感受、辨别、记忆、改变和表达音乐的能力,表现为个人对节奏、音调、音色和旋律的敏感以及通过作曲、演奏和歌唱等表达自己思想和情感的能力。这种能力可以使人很好地感受、辨别、记忆、改编和表达各种音乐形式,对来自周围环境、人以及乐器的声音在节奏、音高或者音律、音质、音色上比较敏感,并且可以通过曲、奏和唱等形式很好地将情感表达出来。这种能力在作曲家、指挥家、歌唱家、演奏家、乐器制造者和乐器调音师等人身上有比较突出的表现。

4. 视觉-空间智能（Visual-spatial intelligence）

视觉-空间智能这种智能强调一种基于感受、形成、辨别、记忆及利用物体空间关系的情感表达能力。这种智能的主要感觉基础是视觉和成像能力，具体表现为人对线条、形状、阴影、结构、色彩、空间以及它们之间的关系的敏锐性，以及通过平面策划、色彩创作和造型设计将他们表达出来的能力。

5. 身体-动觉智能（Bodily-kinesthetic intelligence）

身体-动觉智能指运用四肢和躯干的能力，运用整个身体来传递情感、做运动和进行产品创造的能力。表现为能够较好地控制自己的身体、对事件能够做出恰当的身体反应以及善于利用身体语言来表达自己的思想和情感的能力。这种能力在运动员、舞蹈家、外科医生、赛车手、杂技演员和发明家等人身上有比较突出的表现。

6. 自知-自省智能（Intrapersonal intelligence）

自知-自省智能指认识、洞察和反省自身的能力，表现为能够正确地意识和评价自身的情绪、动机、欲望、个性、意志，并在正确的自我意识和自我评价的基础上形成自尊、自律和自制的能力。这种能力在哲学家、小说家、律师等人身上有比较突出的表现。

7. 交往-交流智能（Interpersonal intelligence）

交往-交流智能指个体与人相处和交往的能力，表现为对面部表情、声音和动作的敏感，辨别不同人际关系的暗示的能力，和个人觉察、体验他人情绪、情感和意图并据此做出适宜反应的能力。这是一种策划能力、协商能力、分析能力和合作能力的最好呈现。这种能力在教师、律师、推销员、公关人员、节目主持人、管理者和政治家等人身上有比较突出的表现

8. 自然观察智能（Naturalist intelligence）

自然观察智能指个体辨别环境（不仅是自然环境，还包括人造环境）的特征并加以分类和利用的能力。这种智能涉及个体能够认识、欣赏和理解环境中各种各样事物并对其进行探索和利用的能力。一方面表现在对植物、动物和自然界的认识和积极探索，另一方面表现在能够对社会热点问题、人与社会关系、自然与社会关系等问题进行有效的探索分析。农民、园丁、兽医、渔夫、生物学家等身上这种智能表现比较明显。

多元智能理论将个体智能类型与社会职业类型进行了大致的对应，某一

职能发展比较突出的个体，存在适合的职业领域（多元智能对应的职业类型参见表 2-1）。

表 2-1　多元智能对应的职业类型①

序号	智能类型	职业类型
1	语言智能	作家、公关人员、教师、演员、推销员等
2	逻辑数学智能	律师、侦探、科学家、数学家和工程师等
3	音乐智能	作曲家、歌唱家、演奏家、指挥家和调音师等
4	视觉空间智能	建筑师、设计师、画家、雕塑师等
5	身体运动智能	运动员、舞蹈家、外科医生、木匠和模特等
6	人际关系智能	主持人、政治家、教师、律师、推销员和公关人员等
7	自我认识智能	哲学家、思想家、律师、作家、导演和编剧等
8	自然观察智能	生物学家、生态保护者、农业生产者、人工制造者

三、多元智能理论对高职教育的启示

高职教育是我国高等教育的重要组成部分，担负着为国家培养生产、建设、管理、服务一线需要的高素质技术技能型人才。社会对人才的需求是多领域、多层次、多规格的，对未来劳动者智能类型的要求也是有差异的。试想，如果千百万不同领域、不同职业甚至不同劳动岗位面对的都是标准化职能类型的人，那么，职业之间的个性化要求如何满足？如何体现？客观上，数控机床的操作工人和旅行社带团导游就应该具有各自优势的职能类型和结构。因此，多元智能理论的核心思想与高职教育的特征具有高度契合性，高职教育可从多元智能理论中寻求指导。

（一）树立多元智能的人才观

人才观是高职教育的重要问题，它涉及对人才的评价和培养标准。人的智能类型不同，其培养的标准、培养的方式和途径也将呈现出应有的差异。传统的高等教育强调统一的专业教育，"教师不能对学生进行必要的个性化教育、多元化引导及人文关怀，忽略了社会经济发展对学生自身发展多样性、动态性的要求；学生则忽视了对自我的探索，不了解自己想做什么、能做什

---

① 贺文华：《基于多元智能理论的高职完全学分制研究》，浙江工业大学 2008 年硕士学位论文第 5 页。

么、可以达到什么标准，进而难以根据自身的兴趣、性格来选择专业、课程以及未来的发展规划，经常出现'迷失'自我的现象"[①]。

谈到高职教育，社会乃至高职院校自身总是存在一种较为普遍的认识倾向，认为高职学生文化基础差，是被普通本科院校"遗弃"的学生，各方面发展水平与普通本科院校学生相比，均有较大的差距。诚然，就文化知识的学习，高职学生确实不如本科学生，但这种比较基于的是学科学业评价，按多元智能理论对个体智能结构的定义，学业评价远未完整反映学生的智能水平。可以这样讲，高职学生中广泛存在着各领域的"天才"。高考更多的是属于学业评价，不是智能评价，单凭高考成绩对学生进行层次定位是不科学、不公正的。

姜大源先生认为，加德纳多元智能理论揭示的智能结构"既有我们中国人传统偏爱的逻辑、数理智能以及言语、语言智能，也有偏重于技艺、技巧和技能的音乐、节奏智能，视觉、空间智能及身体、动觉智能，还有体现现代研究成果的偏向于心智操作的交流、交往和自知、自省的智能"[②]。因此，每一个体的职能类型和倾向都是多种职能的集合。姜大源先生将个体智能类型大体上分为抽象思维和形象思维两大类，通过后天的发展，具有抽象思维主导优势的个体，可以成为研究型、学术型专家，而具有形象思维主导优势的个体，则可以成为技术型、技能型、技艺性的专家。就社会人力资源需求来讲，研究型、学术型专家必然是少数，更不能代表社会需求的全部，社会需要更多的是各领域的技术技能人才。学术型人才和技术技能型人才相互不可替代，体现了社会职业的分工。

职业院校是基于社会需求定位的一种教育类型，高职学生未来的职业生活将面对具体的技术技能岗位，学生的智能结构与这些岗位都具有契合的成分。相关研究指出，"学生数学学习的劣势并不妨碍学生在喜欢的职业领域展露才华，不具有数学思想的人同样能创造出自己职业发展的空间"[③]。高职院校应树立多元智能的人才观，树立人人能成才的教育观，充分认识学生智能结构中的优势成分，因势利导，扬长避短，实践科学的人才培养模式和教学模式，发现人的价值，开发人的潜能，发展人的个性，以达成人人成材、人尽其才的目标。

[①] 魏蔚：《多元智能理论对高职职业生涯规划教育的启示》，载《教育与职业》2017年5月下期第105页。
[②] 姜大源：《职业教育学研究新论》，教育科学出版社2007年版，第5页。
[③] 连燕玲：《由数学学习准备研究引发的职业教育问题思考,全国教育规划"十五"教育部重点课题"职业学校学生学习特点研究"》，载《子课题北京仪器仪表工业学校论文集》2006年。

（二）树立因材施教的教学观

多元智能理论注重学生建构式学习，认为教学过程就是学生根据自身智能特点主动"生成"的过程，这一点与建构主义的学习理论相似。在学习过程中，学生以自己独特的方式展开学习活动，建构对学习内容的理解。因此，多元智能理论在教学中特别关注学习者个体智能的差异对教学的意义。按照多元智能理论，智能既可作为教学的内容，又可作为教学内容沟通的媒体或手段。也就是说，个体智能一方面是教学活动的重要依据，另一方面又是教学活动所期望的发展目标。教育教学活动必须重视学生个体差异，特别是学生智能差异，体现因材施教的教学观。

1. 基于个体智能差异的个性化教学设计

根据多元智能理论，每个学生身上都存在八种智能，但这八种智能在每一个个体身上的组合方式是不一样的，有的是数理逻辑智能占优势，有的是语言技能占优势，有的操作技能比较突出。也就是说，教学所面对的学生"人各有智""智各有异"，高职学生这种差异则更加显著。因此，教师必须首先树立多元智能的学生观，承认并正视学生间的智能差异，通过查阅档案、访谈、观察等方式，准确把握学生的智能差异，特别是要准确把握学生智能结构的优势成分和劣势成分，对全体学生的智能状况做到"心中有数"。针对学生的智能差异，进行多样化的教学设计，克服传统教学"一刀切""齐步走"、无视学生个体差异的错误倾向。

个性化教学设计可从以下两方面着力：一是开展分层教学。根据智能发展状况、学习基础情况，将学生分为若干层次，针对每一个层次定位科学的、实事求是的学习目标，确定合适的教学内容，设计差异性的教学进度。例如，对文化基础好、逻辑思维能力强的学生，在专业理论知识的学习上，学习内容可适当拓展；对文化基础较差的学生，可一定程度弱化专业理论的学习，增强专业技能的学习，以操作训练表征其学习方式，使不同智能类型的学生充分发挥其智能优势成分。二是针对"特殊学生"设计差异性的教学方案。特殊学生有各方面的表现，例如，有的学生长于写作，有的学生长于设计，有的学生动手能力特强等，如果教育"对路"，这部分学生以后可能就是各个领域的"专家"和"能手"。高职院校应据此对学生作个性化的预期，在教学活动的设计上做到"一人一案"。例如，对动手能力强、长于实际操作的学生，可立足于技能操作训练，以项目任务为学习单元，以各种形式的技能大赛为载体，打破原有的教学体系，不追求专业知识的系统化，让学生在实践中学习和锻炼。这部分学生在常规教学中可能是学习的失败者，但在新的教学设计的背景下，完全可能是"佼佼者"。虑及高职教育的培养目标，这样的"佼佼者"也正是我们所期望的。

2. 为学生提供多样化的学习资源

学习资源是学生学习的内容，传统的高职教育，学生学习资源具有以下特点：一是资源单一，主要体现为专业人才培养方案规定的各门课程；二是资源的集成化程度不高，课程的学科性质比较突出；三是学习资源的信息化水平低，极大地制约了学生学习方式的变革。张忠福、丁莉认为，高职教育的学习资源要"正确处理经典内容与'四新'（新方法、新技术、新知识、新材料）内容的关系，改革课程内容的学科系统性，教学内容的设置要从实践出发，以传统经典的理论为基础，引入新方法、新技术、新知识、新材料和职业标准，做到以教与学经典内容为基础和核心，以'四新'内容为拓展。编制课程教学整体解决方案，包括融教学方法、经典内容与'四新'内容有机结合的模块式的主教材，项目式的实践教材，形式多样的学生学习指导，可供教师选择的案例库、素材库、教师手册和多媒体课件等"[①]。

高职院校要强化学生学习资源建设，一方面要优化资源结构。除反映学科理论知识的内容外，更重要的是要着力建设"四新"学习资源，畅通校企合作渠道。校企共建学习资源，保证学习资源及时完整地反映行业、企业发展动态，特别是某一领域的新技术、新产品、新工艺、新方法。对此，应建立完善的专业学习资源库，既要重视常规资源建设，更要突出扩展资源建设。就高职学生的智能差异来讲，扩展资源往往具有不可替代的功能和作用，它能为学生提供个性化的学习内容，体现因材施教的教育理念，促进学生的个性化发展。

二要重视综合素质学习资源建设。高职教育培养的是高素质劳动者，高职院校应强化学生综合素质的培养。现代社会，社会分工越来越细，新的职业门类不断出现，劳动者很难凭借单一的职业技能支撑一生的职业生涯，必须具有较强的职业生涯可持续发展能力，这就对高职学生的职业综合素质提出了特殊的要求。因此，高职院校应将学生综合素质课程资源建设作为课程资源建设的重要内容。综合素质课程资源建设应聚焦"工匠精神"的主题，强化严谨、责任、奉献等职业精神。对此，部分高职院校开展了深入的实践。四川职业技术学院将学生综合素质的培养放在了突出的地位，专门成立了"人文与科技训育中心"的中层机构，专司高职学生综合素质教育，建立了科学而完整的"五柱一平台"高职学生综合素质训育体系，创新了"训""育"结

---

① 张忠福，丁莉：《基于多元智能理论的高职教育教学观》，载《高等职业教育—天津职业大学学报》2007年第3期第8页。

合模式手段，建设了包含近百门课程的四川职业技术学院学生综合素质训育课程库。课程资源完整、结构合理、信息化水平高，为高职学生素质教育的有效开展奠定了坚实的基础。经过六年的实践，成效显著，其成果获四川省高等教育教学成果一等奖，其中一条重要经验就是课程资源建设。四川职业技术学院学生综合素质课程资源建设，立足学生不同类型的素质培养，立足不同类别和层次学生的个性化需求，聚焦学生思德素质、文化素质、科技素质、艺术素质、心理素质等各个领域，采用自建和购买相结合的方式，集成了数量足够、质量上乘、信息化水平高的课程资源体系，保证了素质教育的顺利开展。

三要强化课程资源的信息化建设。在现代教育背景下，课程资源的信息化建设是课程建设的重要内涵，也是课程建设的重要手段。现代社会，学习方式发生了深刻的变革，高职教学改革必须与此相适应。传统的高职教学活动一般限于教室、图书馆、实训室等，其原因是课程局限化，课程的信息化水平不高，学生的学习内容、学习场所、学习方式受到极大的制约。更为重要的是，传统课程因为课程资源的集成化程度低，无法满足学生个性化的学习需求。因此，高职院校应加强课程信息化建设，以信息化课程资源库建设为抓手，完善课程资源结构，提升课程内容信息化呈现的水平，以此为基础，深入推进教学改革和学生学习方式的变革，做到人人可学、随处可学。学生通过接受教育"各得其所"，促进学生的个性化发展。

3. 改革教学模式

高职教育培养的是各职业领域高素质技术技能人才，职业能力是人才培养目标的核心。这一价值取向与普通本科院校有显著的区别，它不刻意追求理论知识的深度和系统性，以"必须、够用"为原则。因此，学生专业技能教育，专业能力的培养就成为高职教学的核心任务。按照教育心理学理论，知识教育和技能教育分属不同领域，服从不同的规律。知识教育解决的是"知""懂"的问题，技能教育解决的是"会""熟""巧"的问题；知识教育依靠的是严密的逻辑推理和演绎，技能教育依靠的是符合规律的练习和训练。高职教学必须对此进行深入研究，准确把握高职教育规律和技术技能人才成长规律，积极推进教学改革创新，特别是要强化教学模式的改革，教、学、做一体。在教学组织上，打破班级的限制，实行学生学习的弹性分组制，建立差异化课堂。张祖民认为，"弹性分组教学就是根据学生的学习需要、优势以及偏好组建教学小组，为学生提供合适的学习活动，且小组经常重新组合以适应学生的学习需要。在差异教学课堂上，弹性教学分组是非常重要的管理策略。对教师来说，它能帮助教师根据学生的需要设计各种合适的学习活动，还使教师有时间给特殊的学生或小组提供额外的教学辅导。对学生来说，弹性分组不会让学生产生自己被孤立在班集体之外的感受，而且由于弹性分组使得学习和活动符合学生的学习需要和学习偏好，他们更乐意参与到课堂学习中"[①]。

教、学、做一体的高职教学模式改革就是实施项目制教学。学生以一个完整的工作任务为项目载体，通过程序化的操作进行学习，将学习内容融于工作过程之中，学习过程即工作过程。这一过程，教、学、做有机融合，相互促进，有效避免了"在黑板上教学生种田""在教材中教学生操作机器"的传统教学的弊端。需要注意的是，教学中实施的"项目"必须是系统化的，应符合一定职业领域的实际，"项目"的集合应是体现完整的工作过程。此外，项目的设计和教学安排还应充分考虑高职学生的个别差异，特别是智能类型的差异，使学生的优势智能在学习过程中得以充分体现并不断提高。

（三）树立科学的评价观

姜大源先生认为，"教育的类型与教育对象的智力类型不同，评价的标准和手段也应不同。以科学发展观来解读职业教育的学生能力问题，关键在于如何以人为本对能力进行整体评价。基于科学发展观的评价应该是以人为本的整体性评价，基于此，职业教育的评价将发生由功利性向人本性的转变"[②]。他还提出，对职业院校学生的评价在指导思想层面必须回答三个问题，即基于过程评价还是结果评价；基于同质性评价还是特质性评价；基于终极性评价还是发展性评价。这为我们正确思考高职教育教学评价观问题提供了清晰的线索。

按照多元智能理论的观点，学生的智能类型是有差异的，各有优势和劣势成分，高职学生的这种差异更是显著。站在教育促进学生成长发展的高度，不同职能类型的学生，其发展的内涵是不一样的，数理逻辑思维能力强的学生，其理论知识的学习效果就可能好；操作能力强的学生，技能水平就可能高。如果以传统理论知识的标准评价上述两类学生，第二类学生无疑将得到负面的评价结果，甚至会被冠以学习差的结论。果真是这样吗？高职学生未来将进入具体的技术技能性工作岗位，可以预料，在工作岗位上对上述两类学生的评价可能与以上结论产生较大的差异，甚至大相径庭。于是，也就不

[①] 张祖民：《多元智能理论的差异教学观及其实施策略》，载《石油教育》2007年第3期第55~56页。
[②] 姜大源：《职业教育学研究新论》，教育科学出版社2007年版，第26页。

难定位高职学生的评价指导思想问题。

1. 重视过程性评价

过程是结果的来源，评价的目的不在于形成结论，而在于诊断和改进，在于不断优化过程。就高职教育教学来讲，我们更多地关注学生的学习过程，基于过程来评价学生，完整、真实地记录学生学习的轨迹。宋玉连、周景芝认为，"对学生学习过程的评价可采用学习档案评价的方法，档案袋的内容选择与评判标准的确定都有学生参与同时包含了学生的自我反思。根据评价目的，档案可以分为两类：形成性个人作品档案和综合性个人作品档案。形成性个人作品档案的目的是帮助学生评价自己的学习，了解自己各项智能的发展情况。该档案以学生的智能发展为核心，以形成性和诊断性评价为目的……"[①]。过程性评价的目的在于通过评价，使教师及时掌握学生的学习情况，并据此调整和修正教学安排，更能使学生及时获得学习的反馈信息，随时对自身学习状况"心中有数"。

2. 关注特质性评价

姜大源先生指出，"一致与同质是生命前进的阻力，因而实质上是在为走向衰落构筑阶梯。特质性评价的内容界定重视自我塑造特色的创新与构建，是特色取向的，追求的是内涵的差异性，而差异与特色正是生命繁衍的动力，因而实质上是在为继续腾飞搭建平台"[②]。上述精辟论述解释了特质性评价的魅力与价值。现代职业教育追求的是学生个性化、特色化发展，同质化的教育产品不符合社会的用人取向。因此，高职教育对学生的评价不应是标准化、同质性的，应针对学生的优势发展和各自未来的职业倾向进行符合实际的、人性化的评价。

3. 立足发展性评价

发展性评价是相对于终极性评价而论的。姜大源先生认为，"发展性评价重视学习阶段的发展趋势，常常关注各个学习阶段过程中个体学习成绩的变化，寓厚望于阶段成绩指向性的蕴含着的上升趋势，其评价基础是生成论的"[③]。终极性评价无论是评价功能、评价标准、还是评价时效都有明显的缺陷。发展性评价是聚焦学生学习过程，以促进学生发展为目的的评价方式。在高职教育

---

① 宋玉连，周景芝：《基于多元智能理论的现代教学评价观》，载《洛阳大学学报》2004年第4期第110页。
② 姜大源：《职业教育学研究新论》，教育科学出版社2007年版，第27页。
③ 姜大源：《职业教育学研究新论》，教育科学出版社2007年版，第27页。

的实践中，发展性评价体系，不仅能通过评价了解学生的学业成绩，而且能通过评价凸显和发展学生优势智能，并及时掌握学生发展过程中的各方面需求，帮助学生正确认识自己，特别是认识自身的长处和优势，进一步巩固自信，不断激发学生的学习热情，这也正是教育教学评价应有的功能和价值。

第三章
高职分类分层人才培养体系的构建

构建基于学生个性化发展的人才培养体系,是高职分类分层教学的基础,是高职院校人才培养的总体构架。高职分类分层人才培养体系的构建是一项系统工程,集中反映了高职院校的办学思想、办学理念。高职分类分层人才培养体系构建应着力人才培养方案建设,体现个性化人才培养的总体设计,应强化课程建设,应积极实践全面素质教育理念。

第一节 基于分类分层教学的高职人才培养方案建设①

一、对高职专业人才培养方案的总体认识

专业人才培养方案是专业人才培养活动的总体设计,是为实现专业培养目标所制定的实施人才培养活动的具体方案,是学校开展人才培养活动的基本依据。

(一)人才培养方案是学校办学思想、理念的集中体现

作为人才培养过程总体设计的专业人才培养方案,应体现学校的办学思想、办学理念。根据高职教育的类型、层次和使命,高职教育办学思想理念的内核和精髓是,遵循高职教育规律和技术技能人才成长规律,以就业为导向,开放办学,走校企合作、工学结合之路,聚焦学生职业能力培养,促进学生全面发展。高职人才培养方案首先必须基于上述思想和理念进行宏观思

---

① 本节第一到第四部分引用了《新时期高等职业教育内涵建设研究》的部分内容(廖策权,刘进:《新时期高等职业教育内涵建设研究》,西南交通大学出版社2018年版)。

考和顶层设计，全面实践学校的办学思想、办学理念。这是人才培养方案建设的战略和灵魂，其他诸如课程体系的构建、校内外实习实训基地建设、教学团队建设、教育教学方式手段的改革等技术和操作层面的问题，都必须体现其内在精神实质。

（二）人才培养方案建设是专业建设的重要内容

人才培养方案是高职院校专业人才培养的逻辑起点，科学、高质量的人才培养方案是提高人才培养质量的基本前提和保证。因此，笔者认为，人才培养方案建设是高职专业建设的重要内容，应将人才培养方案置于专业建设的高度予以足够的关注和重视，将人才培养方案作为专业建设的首要成果。也就是说，就专业人才培养活动而言，专业建设的首要任务是人才培养方案建设。在具体的实践中，相当部分高职院校的人才培养方案建设停留在"编制""制定"层面，将一项内涵异常深刻、任务十分艰巨的工作做简单化处理，由此形成的人才培养方案难以对人才培养过程进行科学的设计和安排。

人才培养方案建设是专业建设的重要内容，还意味着人才培养方案建设是一个动态的过程。随着学校特别是专业负责人和骨干教师对专业、课程及高职人才培养规律认识的不断深入，人才培养方案也需逐步优化和完善，这也正是专业建设规律的体现。

（三）人才培养方案与教学计划的区别

人才培养方案与教学计划不仅仅是名称的不同，更重要的是内涵的区别。两者的差异主要体现在以下几个方面：

1. 立足点的差异

教学计划立足于教学工作，关注课程安排及课程教学目标的达成；人才培养方案立足于人才培养活动，它既包括教学计划，还包括教学团队、校内外实训基地、校企合作机制和教学管理等人才培养方案实施的各种保障条件。

2. 设计思路的差异

人才培养方案聚焦的是人才培养活动，凡是学制阶段内对培养目标达成能构成系统性影响的各种要素，均应进行系统化设计。除了计划性，人才培养方案更强调系统性和实施措施。"教学计划是按照专业要求制定的学科模式，注重知识体系的完整性，更侧重教学的计划性规定，缺乏对职业性、学生素质及学生个性培养的设计"①。

3. 教学内容和课程体系上的差异

在教学内容上，人才培养方案聚焦职业能力的培养，强调与职业岗位要求的对接；教学计划则更强调对讲授内容的系统性和知识体系完整性的计划与规定。在课程体系方面，人才培养方案摒弃了传统教学计划"学科本位"的课程观，遵循基于工作过程的理念，以未来应职（群）必需的知识、技能、能力、素质为主线构建课程体系。

4. 实施环节上的差异

人才培养方案除执行规定课程教学任务，完成课程教学目标以外，还强调有计划、系统的"隐形课程"的执行，充分发挥第二课堂、专业协会、学校文化等因素的育人功能。此外，人才培养方案较之教学计划，更重视实践教学环节。

二、高职专业人才培养方案建设的指导思想和基本原则

（一）高职专业人才培养方案建设的指导思想

高职专业人才培养方案建设，应遵循高职教育规律和技术技能人才成长规律，坚持以就业为导向，以全面素质教育为基础，以提高学生的职业能力和职业素养为宗旨，积极推进产教融合、校企合作，从院校及专业实际情况出发，在培养目标、人才规格、职业能力要求、课程体系等方面进行全面的设计，形成适应区域经济社会发展，符合高职教育规律，具有本专业特色的人才培养模式和课程体系，为人才培养质量的持续提升奠定坚实的基础。

（二）高职专业人才培养方案建设的基本原则

1. 坚定技术技能型人才培养目标定位

根据高素质技术技能型人才的培养要求，结合区域经济社会发展对专业人才的需求，准确定位专业培养目标，对学生必备的知识、技能和素质方面，提出反映专业特色的人才培养规格要求，突出应用型特征。

2. 坚持校企合作、工学结合人才培养理念

大力推行工学结合的人才培养模式，根据本专业的特点，摒弃"学科型"

---

① 李桂霞，张一非：《从教学计划到人才培养方案转变的思考》，载《广东教育：职教》2012年第7期第18页。

课程体系框架的束缚，围绕职业岗位和核心技能培养，加大课程的整合力度，优化课程内容。大力构建理论、实践一体化教学的课程，工科专业理论教学与实践教学的总体比例力争达到1∶1。

3. 坚持工作过程导向的课程建设思路

基础理论教学以服务专业知识学习为目的，结合专业对基础课程知识的要求设置教学内容。专业课教学要加强针对性和应用性，在理论与实践、知识与技能的结合中，坚持能力本位的课程设计原则，把提高学生技能、技术应用能力放在突出重要位置。强调理论知识以应用为目标，强化职业技术、技能培养，将职业资格考试内容融入课程体系和教学内容。落实"双证书"制度的要求，不能对接国家职业资格考试的专业，要建立校内专业技能考核制度。

4. 强化职业素质的养成

坚持素质教育与职业、专业教育相结合，以促进学生全面发展，提升学生可持续发展能力为目标，将职业道德教育、职业素养的养成教育贯穿于人才培养的全过程。

5. 坚持分层、分类培养

根据不同类别、不同层次学生的实际情况，以提高人才培养质量为出发点，遵循因材施教的教育思想和理念，编制差异性的人才培养方案，按照人才培养方案组织分层、分类人才培养活动。

三、高职专业人才培养方案建设的规范流程

人才培养方案建设是高职专业建设的重要内容，必须着力回答"什么地方需要人""培养什么样的人""如何培养人""用什么资源培养人""用什么标准检验人"等基本问题。[1]具体而言，须按流程开展以下工作。

（一）应职岗位及能力要求调研

应职岗位及能力要求调研是定位专业人才培养目标及培养规格的前提，是课程体系建设的基本依据。调研工作要明确毕业生未来的应职岗位及岗位的主要工作任务，在此基础上确定完成上述岗位工作任务所需的职业能力要求。

---

[1] 黄柏江，林娟：《高职人才培养方案设计的六个追问》，载《教育与职业》2010年第11期中第24页。

（二）确定培养目标及培养规格

根据应职岗位职业能力要求定位专业培养目标，具体回答"培养什么样的人"的问题，进而深入分析培养对象在知识、技能、能力、素质等方面应有的质量和水平，也就是对培养对象确定的规格、标准。

（三）确立课程体系

课程及课程实施是人才培养活动的载体，课程体系设置应忠实体现培养目标和培养规格的要求。人才培养方案的科学性在相当程度上体现为课程与培养目标、培养规格之间的契合度。

（四）明确保障条件

任何方案的实施都是有条件的，人才培养方案也不例外。要顺利实施人才培养方案，达成人才培养目标，必须明确课程、师资、实习实训条件、校企合作制度等方面的条件和要求。

（五）履行审批程序

作为人才培养工作的纲领性文件，人才培养方案必须经过严格的审批程序。一般而言，人才培养方案的审批须经专业教学指导委员会评议、教务处审核、学术委员会审议、校（院）长批准等流程和环节。

四、高职专业人才培养方案建设应着力解决的普遍性问题

如前述，人才培养方案是高职专业建设的重要组成部分，是专业人才培养的基础性、战略性问题。在具体实践中，由于对高职教育规律和人才培养方案在人才培养工作中的重要地位认识得不深刻、不到位，各院校现行的人才培养方案建设工作还存在诸多问题。这些问题主要表现在调研不充分、课程体系科学性不强、条件保障不明确、师生理解不深入等方面。为此，笔者认为应重点抓好以下几方面工作：

（一）深入企业，贴近岗位，保证调研工作的有效性

企业调研是人才培养方案建设的先导性、基础性工作。应编制具体的调研方案，明确调研的目的、内容、对象、方式等。一般而言，基于人才培养方案建设的企业调研有别于专业设置的调研，其重点是毕业生未来的就业岗

位（群）、岗位工作职责及任务、岗位职业能力要求等方面。

企业调研的核心环节是调研者对就业岗位的深刻认识。为此，调研工作不能简单以座谈会、问卷等方式进行，必须贴近岗位。根据人类认识规律，理性认识必须基于感性认识，没有感性认识的积累，理性认识就是无源之水，无本之木。同理，调研者对学生未来就业岗位的认识深刻程度，依赖于对岗位工作任务的感性认识，感性经验越丰富，认识越深刻。虑及高职院校绝大部分骨干教师企业一线工作经验不足，缺乏对一线岗位工作的感性认识和亲身体验的实际，为提高调研工作的有效性，最好的办法是调研者深入工作岗位，深度介入生产过程，从事一定时间的企业顶岗，在真实的生产过程中积累直接经验，感受和体验岗位要求。有了这种真实的体验和感受，调研者才能真正做到"心中有数"，专业培养目标及培养规格的设定才具有坚实的基础和可靠的保证。

为保证人才培养工作的预见性、前瞻性，还需开展行业发展前景、发展趋势的调研。深入研究行业企业发展规划，通过座谈、专家咨询等形式，准确把握国家产业发展政策，行业发展动态，及时了解掌握产业升级换代的趋势，保证人才培养符合企业行业即时、未来之需。同时，还应充分利用企业校友资源，认真听取已毕业学生对人才培养工作的意见和建议。

（二）对接培养目标和规格，提高课程设置的科学性

通过有效的企业调研，结合对专业办学经验教训的深入总结，可形成清晰的专业培养目标和培养规格。但培养目标和规格只是人才培养结果的理想和预期，要达成这种理想和预期，必须依赖有计划的课程实施。由此，科学的课程体系设置就成了影响培养质量的极其重要的因素。根据现阶段高职人才培养实践，课程设置最突出的问题是课程体系与培养规格关联度不高，相当部分课程设置理由不充分，甚至还存在因人设课、按现有资源设课的现象。即便是应设课程，由于课程实施者对课程与培养规格的内在逻辑理解不到位，认识不深刻，现实的课程教学目标难以呼应专业人才培养目标。

因此，对人才培养方案中拟设置的课程，必须进行深入的课程与培养规格关联度分析（课程与培养规格关联度分析示例参见表3-1）。认真研究课程在系统干预和影响知识、技能、能力、素质等先期已确立的人才培养规格要素中的作用，保证进入人才培养方案的课程与预期的培养规格具有理想的关联度，以此提高课程体系设置的科学性。

表 3-1 课程与培养规格关联度分析示例

课程名称	对应的培养规格类别	具体的培养规格	关联度分析（高、一般、低）	备注
课程 1	知识	1.		
		…		
		n.		
	技能	1.		
		…		
		n.		
	能力	1.		
		…		
		n.		
	素质	1.		
		…		
		n.		
…	…	…		
课程 n	…	…		

（三）强化条件保障，提高方案实施的可行性

条件保障是人才培养方案建设中容易忽视的问题，相当部分高职院校在人才培养方案建设过程中对条件保障考虑不充分，人才培养工作难以按预定思路有效开展。事实上，任何方案的实施都是有条件的，方案实施的效果在相当程度上取决于预设条件的满足度。就专业人才培养方案而言，它是对专业人才培养的总体设计，聚焦的是人才培养工作，目的性、计划性强，对专业办学条件的依赖度高。

一般而言，为有效开展人才培养活动，实现预期的人才培养目标，人才培养方案须对如下保障条件作明确的规定：

1. 专业教学团队

专业教学团队是人才培养方案的执行主体。人才培养方案应明确团队在数量、质量等方面的具体要求。对专业课程的任课教师，应设定诸如专业能力、教学经验、企业经历等方面的条件。对实训指导教师，则须强化技能水

平、企业经历。通过专业课程教师条件的设定，形成固化的专业课程教师标准，按条件选聘教师，安排教学任务。同时，标准的确立固化了教师的业务领域，为教师的培养培训明确了方向，可提高教师培养培训的针对性。

2. 校内外实践教学条件

根据人才培养方案对实践教学的安排，为保证实践教学的有效开展，须细化实践教学所需要的设施设备的种类、规格和数量（台、套数），明确实践教学场地要求。对校外实训基地，应明确企业数量以及企业可接纳的实习、实训学生人数。

设定校内外实践教学条件的目的是明确和固化专业人才培养在实践教学条件方面的要求，并不苛求这些条件同步到位，或已是现实水平，如暂时还不具备，应提出建设计划，明确建设期限。

3. 校企合作机制

校企合作是培养高素质技术技能型人才的基本路径，良好的校企合作机制是推进教学改革，提高人才培养质量的重要保障。人才培养方案应明确校企合作模式，吸纳企业专家深度介入课程标准制定、实习实训安排、教学质量测评等方面工作，要形成完善且有效的制度安排。

（四）面向师生，深入解读

人才培养方案实施之前，对部分教师和全体学生而言，仅具有"文本意义"。对师生来说，人才培养的指导思想、基本思路、目标规格，课程的内在逻辑、实施要求等问题还很"茫然"。在这一背景下实施人才培养方案，其效果是可想而知的。实际上，绝大部分高职院校人才培养方案的实施就是这种状态。因此，必须面对师生，深入解读人才培养方案。

对教师而言，应开展人才培养方案解读的系列专题教研活动，联系学生未来就业岗位的实际，深刻分析专业人才培养目标、规格的内涵，明晰课程体系设置的内在逻辑。基于专业人才培养目标的背景，准确把握课程教学目标，形成科学的、行之有效的课程实施思路，据此编制课程标准，明确课程在知识、技能、能力、素质方面的教学要求，在此基础上形成课程授课计划。需要强调的是，以人才培养方案解读为主题的教研活动绝非一次性的，应是系列活动。实践证明，一次性的人才培养方案解读不可能达成预期目标，相当部分教师对人才培养方案的理解和把握依然一知半解。

对学生而言，人才培养方案应人手一册，将人才培养方案的解读作为新生入学教育极其重要的内容。通过解读，指导学生认识专业，理解专业人才培养目标、规格,巩固专业思想,明确努力方向;通过解读,使学生初步了解人才培养的总体设计、总体安排,帮助、指导学生形成学习计划,确定学习方法。

五、基于分层分类人才培养的高职个性化人才培养方案建设

(一)个性化人才培养是高职院校教育教学活动的基本取向

当今社会已进入信息时代。在信息化条件下,学生的自主学习成为可能,且越来越成为一种常态,学校的人才培养模式、教学模式也在信息化进程中不断变革,以学生为中心的个性化人才培养成为信息时代高职院校教育教学活动的基本取向。发展个性是现代教育的一个重要标志,"未来学家托夫勒认为,工业社会的特点是标准化,信息社会的特点是个性化、多样化。教育也不例外,科学技术的发展使世界变得五彩缤纷,社会需要各种各样的人才"[1]。托夫勒预测,未来社会将不需要机械式工作、机械式服从命令的人,而是需要能做出重大判断的人,能在迅速变化的现实中做出敏捷反应的人,需要"骨头里都有未来"的人。为适应这种新的人才需求标准,托夫勒进一步推断,未来教育的目标将是提高人对变化的方向和速度的应对能力。令人惊讶的是,托夫勒的这种预测正逐步地变为现实,深刻地影响着当今教育的思想、理念和改革实践。标准化、整齐划一的高等教育人才培养已不适应未来社会的发展要求,信息时代背景下,要求受教育者终身不断学习,人生的每一阶段都必须具有自身"取之不尽,用之不竭"的"潜能",都必须具有能表征自身个性和优势智能的倾向和能力,这种能力是因人而异的,需要个性化的教育进行培养。个性化教育已成为当今教育改革的热点,甚至成为我国素质教育改革的"突破口"。"个性化教育"首先是一种教育思想、理念,它在承认、尊重受教育者个体差异的基础上,重视个体个性化发展,变革教育思想、教育内容、教学方法,促使受教育者充分彰显主观能动性,不断激发自身发展潜能,形成终身持续性的发展活力。因此,个性化教育应是当今高职院校教育教学改革创新的基本取向,更应成为高职院校人才培养总体设计的指导思想。

(二)高职个性化人才培养方案基本策略的基本策略

1. 重视人才培养的个性化、异性目标

现阶段,高职院校专业人才培养目标具有规范化、统一性的特点,就传

---

[1] 崔铭香:《终身教育与个性化教育》,载《河北师范大学学报(教育科学版)》2003年第9期第40页。

统意义上的办学规范来讲，似乎本无可厚非，它反映了高职院校的专业人才培养标准。但这种整齐划一的目标定位与学生智能、个性的差异化形成了难以调和的矛盾。虑及行业、企业对技术技能人才需求的多样性和学生终身职业可持续发展要求的实际，这种统一的人才培养目标定位必须发生变革。从个性化人才培养的角度上讲，高职人才培养方案在强化规范性、统一性的同时，应突出学生的个性发展，对一定层次一定类别甚至个别"特殊"学生进行深入分析和研究，准确把握其个性特征、职能优势、兴趣特长，针对不同学生及学生群体设定个性化的培养目标。在人才培养方案建设的实践中，统一性的人才培养目标可以"宏观"一些、"粗略"一些，但学生个性化培养目标则应具体，应细化为具体的培养规格，为学生选课奠定基础，提供依据。

2. 强化学分制改革，满足学生个性化学习需求

学分制是一种以选课为基础，以学分为计量单位，衡量和评价学生学业情况，并以取得最低学分要求为毕业标准的一系列教学管理制度。学分制改革是现阶段我国高职院校教学改革的重大问题，在学年制背景下，高职院校的教学基于"行政班"建制，统一授课，学生的学习内容、学习目标、学习进程高度一致，有的学生"吃不饱"，有的学生"吃不了"。更为严重的是，通过学年制培养出的学生千人一面，同质化现象异常严重，未能充分体现学生个体间的智能差异和优势。学分制改革必须实质性地进入高职教育人才培养总体设计的视野。

3. 优化课程体系

课程是最重要的教育资源，课程体系的科学性是衡量人才培养方案质量高低的重要指标。基于个性化人才培养方案的课程建设，一是要重视课程体系结构的科学性、逻辑性和实用性，完整的包含通识教育课程、专业教育课程、拓展教育课程等各个领域；二是要加强选修课建设，为学生选课提供尽可能丰富的"菜单"；三是重视课程信息化建设，助推教师教学方式、学生学习方式的变革。

4. 建立健全导师制

导师制是学分制改革的重要基础条件，是高职院校实践全方位育人理念，构建全员育人、全过程育人体系的重要内容。高职院校要建立健全导师的选拔与管理制度，选拔工作责任心强、业务素质高、教育教学经验丰富的教师担任导师，部分高职院校基于传统的学生管理体制，简单地将辅导员兼任导师角色，虑及辅导员群体年轻，缺乏丰富的工作经验，难以准

确把握行业、专业特点，难以准确理解专业人才培养的额基本逻辑和规律，对学生学习难以进行有效指导的实际，这种做法是不科学的，不能发挥导师制应有的作用和功能。一般来讲，宜从骨干教师、专业带头人中选择。要建立行之有效的导师工作机制，以制度固化导师权利、职责，以工作绩效考核导师的依据。要加强对导师培养、培训，聚焦教育理论素养的提升，促使其深刻理解、准确把握高职教育规律和技术技能人才的培养规律，不断提高工作质量。

第二节 基于分层分类人才培养的高职课程体系建设[①]

一、高职课程的内涵

《辞海》（2000年版）对"课程"作了如下定义："广义上指为实现各级各类学校的培养目标而确定的教育内容的范围、结构和进程安排。狭义指教学计划中设置的一门学科。"[②]《现代汉语词典》（2005年版）将课程定义为"学校教学的科目和进程"[③]。根据教育学的研究，广义的课程是指学校为达成培养目标而确定的教育内容及其进程的总和，它包括各门学科和有目的、有计划的教育活动。狭义的课程是指某一门学科。

高职教育课程，是指高职院校为实现专业人才培养目标而设计的，能对学生产生有目的、有计划、系统性影响的综合，包括课堂学习、课外活动和校外社会实践以及实习实训的内容体系和进程。它是教师教学工作和学生学习活动的总体设计和规划。从逻辑上讲，课程教学目标的总和即为专业人才培养目标，课程理念、课程建设水平、课程实施方式是影响专业人才培养质量的核心要素。凡对受教育者施加的有预期、有计划的影响均为课程，包括"课内课程"和"课外课程"，"显性课程"和"隐形课程"。

高职教育课程既具有课程的一般属性，也反映高职教育的特殊规律和要求，具有独特的内涵。

---

① 本节第一到第四部分引用了《新时期高等职业教育内涵建设研究》第三章第三节部分内容（廖策权，刘进：《新时期高等职业教育内涵建设研究》，西南交通大学出版社2018年版）。
② 辞海编辑委员会：《辞海》，上海辞书出版社2000年版，第1144页。
③ 中国社科院语言研究所：《现代汉语词典》，商务印书馆2005年版，第776页。

（一）课程设置的依据

高职教育培养的是适应生产、建设、管理、服务一线需要的高素质技术技能型人才。较之普通高等教育，这一目标定位带有浓厚的"功利"色彩。任何类型教育的课程设置必须为其培养目标的达成服务，高职教育亦然。也就是说，高职教育课程设置的依据只能来源于高职教育人才培养目标及规格定位。

由此，要明晰高职课程设置的依据，必须对高职教育专业人才培养目标做深入的分析和科学的理解。"高素质技术技能型人才"具有深刻的内涵，一方面，它反映了经济社会发展对特定类型人才的需求。我国致力于走新型工业化道路，加快传统产业升级换代的任务十分艰巨。生物技术、信息技术、新材料技术、新能源技术等领域需要一大批掌握现代制造技术，有较高技能水平的技术技能型人才。目前，我国技术技能人才队伍无论在数量上、质量上还是结构上，都不能满足经济社会发展的现实需要。适应这种现实需要，高职院校以技术技能型人才培养为己任，彰显高职教育的"高等性""职业性"特征，体现高职教育的"工具理性"。其课程设置必须根据技术技能人才培养这一核心任务的要求，聚焦实践能力，遵循技术技能人才成长规律，淡化学科体系。另一方面，高职教育属于特殊类型的高等教育，须符合高等教育的一般规律。以立德树人为根本要务，促进受教育者的全面发展，培养"高素质"人才，彰显其"教育性"特征，体现高职教育的"价值理性"，为受教育者终身发展、终身幸福奠基。因此，高职教育的课程设置除了满足社会发展需要之外，还应体现个体发展之需，培养良好的思想品德，优良的个性，跨情境、跨领域的综合职业能力。

根据高职教育"高素质技术技能型人才"这一培养目标设置课程，是教育基本规律的要求。也就是说，适应并促进社会发展，适应并促进人的身心发展应是课程设置的根本价值取向。在现实的高职教育实践中，存在浓厚的重专业课程，轻通识性课程的倾向，这既不符合教育规律，也是与高职人才培养目标不相符的。

（二）课程内容的来源

课程内容的开发是高职课程建设极其重要的问题，它解决教师"教什么"，学生"学什么"的问题。缺乏课程内容的科学选择、组织和实施，课程就成为"空壳"。课程内容的开发首先须明确课程内容的来源。

高职教育培养的是适应生产、建设、管理、服务一线需要的高素质技能型人才。高职课程内容应来源于生产、建设、管理、服务一线的需要,而职业是联系社会和劳动者的纽带,特定的社会职业也就成了高职教育课程内容开发的依据。高职教育的课程观有别于普通高等教育,它不关注严密的学科知识逻辑体系,追求的是人对职业乃至岗位的适应性,强调的是"人职匹配"。因此,高职教育课程内容要对接职业市场的需求,遵循特定的行业(职业)标准,要以受教育者能顺利入职,且具有可持续的职业发展能力为出发点,以特定的职业岗位(群)为依据,以岗位职业能力培养为主线选取和组织课程内容。

姜大源先生认为,高等教育课程内容的选择要符合科学性原则、情境性原则和人文性原则,[①]高职教育也是如此。科学性原则强调课程内容所依赖的基本的学科知识体系,它是高职教育"高等教育属性"的重要保证。技术技能型人才的培养目标并不排斥一定程度的知识教育,也就是说,高职教育并非完全摒弃和拒绝"学科"。相反,它须以一定的系统化专业知识为基础。因此,专业知识是高职课程内容的重要组成部分。情境性原则强调高职教育课程内容应反映以过程逻辑为中心的实践情境,通过课程内容构建体现真实生产过程的"行动体系"。通过课程实施,积累和丰富受教育者过程性知识,这是技术技能人才培养的最鲜明特征。人本性原则"作为实现教育根本目标的保证,则是一种主观性原则,在课程开发中处于最高层次"[②]。它是高职教育课程内容选择的根本原则。因为无论学科知识还是过程性知识,只有经学习者主观的"内化",方能成为学习者自身的"经验"。如果说学科知识、过程性知识属外在因素的话,学习者对课程内容的"内化"才是真正内在的、起决定作用的因素,这也正是教育学"学习者主体地位"的体现。

(三)课程实施的模式

教学内容是确定教师教什么、学生学什么的问题。当教学内容确立之后,课程如何实施,即教师"如何教"、学生"如何学"就成了影响教学质量的关键因素。就一定的教育类型而言,最优化的"教"和"学"必定以成熟的教学模式为基本前提。何为教学模式,学者们有不同的见解和论述。黄甫全认为,教学模式"实质上是在一定教育思想或教育理论指导下建立起来的、较为稳定的教学活动结构框架和活动程序"[③]。汪刘生认为,"教学模式就是在一定教育思想指导下,围绕教学活动中的某一主题,形成的相对稳定的、系

[①] 姜大源:《职业教育学研究新论》,教育科学出版社2007年版,第175页。
[②] 姜大源:《职业教育学研究新论》,教育科学出版社2007年版,第175页。
[③] 黄甫全,王本陆:《现代教学论学程》,教育科学出版社1998年版,第331~332页。

统化和理论化的教学范型"①。

由以上论述可以看出，教学模式应有以下几方面内涵：首先，教学模式是一种范式，从某种意义上讲，具有方法论意义；其次，教学模式是一种基于教学过程的策略，属教学过程范畴；第三，教学模式须以一定的教育思想或教育理念为指导和引领。为此，可对高职教学模式做如下理解和认识：高职教学模式是以职业教育理论为指导，遵循高职教育规律和技术技能人才成长规律，为实现课程教学目标而构建的稳定的、用于指导教学实践活动的结构框架和程序。它由教学思想理念、教学目标、操作程序、保障条件、评价检测等五大要素构成。

在高职教学实践中，"教、学、做"一体是主流的教学模式，是职业教育教学改革的特色和方向。"教、学、做"一体的教学模式，其实质是完整意义的理论与实践的结合，是为实现课程教学目标的教师教、学生学、动手做诸环节的有机融合。它既摒弃了以课堂教学为主要形式的学科教学模式，又改善优化了先理论后实践、先学后做的传统的职业教育教学模式，达成了教师与师傅、学生与员工身份的统一，学习与工作的统一，教室与工厂的统一，符合职业教育教学规律和智力技能、动作技能形成的心理学规律，全面体现并贯彻了工学结合、任务驱动、能力本位的职业教育思想理念。

高职教育"教、学、做"一体教学模式是一种指导性的范式，是一种方法论，但并不意味着固定的、流程化的操作程序。事实上，不同的课程，根据其性质和目标，应有差异性的实践方式。"做"是高职课程教学模式的关键和核心，在不同的课程教学中有不同的内涵。例如，专业课与公共课，专业基础课与专业核心课等，在课程实施过程中，"做"就有差异性的方式。基于此，徐岩认为"教、学、做"一体教学模式有"边教边学、边学边做"，"随教随做、随做随学"，"先做后教、边做边学"等操作模式。②

二、基于分类分层人才培养的高职能力本位课程观

课程观是对课程的认识、看法、观念的总称。王桂龙认为，"课程观是人们源于哲学、心理学、社会学、技术学、教育学、课程论等方面的原理或主张，进而形成的对于课程的基本观点或一般看法。主要回答什么课程有价值，

---

① 汪刘生：《教学论》，中国科学技术大学出版社1996年版，第179页。
② 徐岩：《"教、学、做"一体化高职教学模式的构建》，载《辽宁高职学报》2011年第10期第36~37页。

学生如何学习、采用什么样的方法才能达到既定的课程目标等"①。课程观须集中反映如何设置课程，如何开发课程，如何实施课程等课程建设中的关键问题。

由此，高职课程观的内涵不言而喻。张健将其总结为"适应社会的课程价值观""技能为本的课程设计观""实践主导的课程实施观""就业为导向的课程目标观"。②这种提炼和总结凸显了高职教育的"职业性"特征，也反映了当下课程建设实践的主流，具有代表性。

课程及其实施最终服务于人才培养，审视或构建一种课程观，必须基于特定的人才培养目标。我国现代高职教育培养目标定位于高素质技术技能型人才，这一目标定位的实质就是培养适应特定领域职业要求的现代职业人。值得强调的是，"适应特定领域职业要求"并非单纯意味着学习与就业"零距离"，更重要的是受教育者职业生涯的可持续发展，或者说为受教育者职业生涯可持续发展奠定坚实的基础。为此，王桂龙认为，应以"基于就业导向与人的可持续发展理念"的课程观引领高职教育课程改革。

根据高职教育的本质属性及目标定位，吸收相关学者的研究成果，笔者认为，高职教育课程观应体现以下几方面内涵：

（一）社会需要与个体发展融合的课程价值取向

课程价值取向实际上就是课程价值观。就理论研究来看，职业教育课程建设存在社会价值取向和学生个体发展取向两种价值观念。前者将职业教育置于社会发展大背景下，强调职业教育的社会服务功能。现阶段，国家将大力发展职业教育提升到了战略层面，体现的是职业教育的工具理性，它追求学生学业与职业的对接，强调职业适应和"人职匹配"；后者聚焦职业教育的教育性特征，强调职业教育价值理性的回归，主张基于更高的视野，本着人道的教育理念，以促进受教育者终生可持续的职业生涯发展为目标和取向来规划和设计高职教育课程。

按照高职教育的目标定位和应然使命，上述两种取向在高职教育课程建设中都是不可或缺的。一方面，高职教育属于职业教育范畴，职业性是其特色和个性。培养技术技能型人才是高职教育的天职，课程必须富含社会职业元素，准确反映特定职业甚至职业岗位的要求，以工作任务为线索和载体设计、组织课程内容，工作流程、技术规范是课程的核心，通过课程学习，达

---

① 王桂龙：《基于"就业导向与人的可持续发展理念"的现代高职课程观》，载《高等教育》2010 年第 1 期第 57 页。
② 张健：《高职教育课程观的多元解析》，载《职教通讯》2013 年第 7 期 1～3 页。

成学习者技术操作上的"熟""巧"。另一方面，高职教育终究是一种高等教育形式，它应遵循教育的普遍规律，以人的全面发展和终身幸福为目标追求，这种取向得不到坚守，高职教育可能沦为单纯的职业训练。因此，高职教育课程建设在强化职业性特征的同时，应回归教育的终极趣向和追求，体现其教育性。

社会需要的价值取向和个体发展的价值取向如何有机、和谐地统一于高职课程建设之中，是当下高职课程建设必须认真回答和切实解决的问题。在具体的高职课程建设实践中，有浓厚的重职业性轻教育性倾向，将高职教育视为单纯的就业教育，忽视受教育者的全面发展。因此，高职教育课程应进一步强化作为现代化职业人所必需的素质、情感、态度教育，将课程改革置于受教育者职业生涯发展的大背景下予以考量，聚焦受教育者终身发展。正如姜大源先生所言："受教育者通过职业教育使自己具备一种能力，不仅能有饭碗，而且会有一个好饭碗，尤其是在丢掉这个饭碗时还能重新得到一个新饭碗。"[①]这是职业教育应有的境界。

（二）以能力为本的课程开发理念

借鉴西方发达国家成功的职业教育课程开发模式，结合我国经济社会发展及职业教育改革的实际，坚持能力本位的课程开发理念是高职教育课程开发的应然选择。根据国外的实践，谭移民等学者认为，职业教育的能力观大致有以下三种表现：一是任务本位或行为主义的能力观，此处的能力即任务；二是一般素质导向的能力观，这里的能力指具有普遍适应性的一般素质；三是整合的能力观，这里的能力指一般素质与工作任务的结合。这可看作是我们通常所言的综合职业能力。

上述三种不同的能力观于职业教育课程开发，表现出不同的高职教育课程价值取向。根据高职教育的特征及培养目标，我们认为，高职课程开发应基于整合的能力观，既重视源于工作任务的基本技能、专业技能、专业关键能力，也关注基于职业生涯及受教育者可持续发展的同时性的一般素质。专业能力和一般素质构成受教育者真正意义上的职业综合能力，这正是能力本位之"能力"的科学内涵。

能力本位是高职教育课程开发的基本理念，它是人们对高职课程或课程开发高度升华的认识所构成的观念，是对高职课程或课程开发本质的深刻把握以及由此确立的价值取向、目标追求。能力本位高职课程开发理念的核心

---

① 姜大源：《高等职业教育的定位》，载《武汉职业技术学院学报》2008年第2期第67页。

思想是围绕受教育者职业综合能力的培养和训练设置课程、组织内容、实施教学，它摒弃传统的"学科中心"的观念，不以知识的逻辑体系为线索组织并实施课程，不追求受教育者知识结构的系统性和完整性。知识的学习带有比较鲜明的"功利性"，是为综合职业能力的养成服务的。

值得强调的是，以能力为本位是高职课程开发的基本理念，但也仅仅是"理念"，理念和模式、方法是有明显差异的。根据这一理念可以建构、创造若干课程开发模式，也可以产生一系列有效的课程开发技术。

（三）实践导向的课程实施

课程实施指具体的课程教学过程，它包含教师的教、学生的学以及二者基于教学目标的互动，是人才培养的关键环节。高职教育是培养高素质技术技能型人才的教育活动，职业性是其极重要的特征。它有别于追求系统化理论知识的学科教育，聚焦受教育者未来职业生活乃至具体工作领域所必需的技能和能力，具有鲜明的职业性。

按照心理学规律，知识教育重点解决"知""懂"的问题，主要通过观察、记忆、思维等心理活动实现；技能则主要解决"会""熟""巧"的问题，须通过实际操作和重复性训练方能达成。所以，知识教育与以专业技能为代表的专业能力教育，在课程实施方面有着不同的思路和模式，后者强调实践环节，重操作训练。比如游泳，如果仅停留在有关游泳的知识传授、理论解析，无论学得多么深入，到头来，学习者都不敢下水。要真正学会游泳，须亲身实践，在游泳池实地练习。因此，职业技能的获得，职业能力的形成，不能依靠单纯的理论学习和逻辑演绎，须靠实践，靠行动。

实践导向的课程实施须强化以下两方面问题：一是优化人才培养过程中实践教学的总体设计。保证实践教学在教学计划时数中的比例，针对专业特点和办学规模，科学配置实践教学资源，将实践教学条件作为人才培养方案实施的重要保障指标。二是科学实施实践教学。遵循实践活动的逻辑，既要重视单项技能的训练，又要结合真实的企业工作情景和任务，聚焦人才培养目标所预期的综合职业能力，以任务为载体，建立"会""熟""巧"等不同层级的递进式专业技能、专业能力训练体系。

（四）多元、开放的课程评价

课程评价是专业评价的关键环节，高职教育的专业来源于社会职业，高职教育的课程来源于企业工作任务，来源于行业标准。课程设置的科学性、课程实施的有效性，是学校和企业共同的关注点，其评价应是多元、开放的。

从逻辑上讲，课程教学目标的总和即为专业人才培养目标，因此，课程设置必须忠实地体现和呼应人才培养的要求。高职课程设置要遵循职业性原则，要实实在在地回答行业企业对课程的需要是什么？课程目标如何定位？如何确定课程内容等问题。姜大源先生认为，职业教育课程开设范式的基本逻辑起点有"从教育出发""从技术出发""从工作出发"等三种不同的选择。[①]其中，从工作出发开发课程是符合职业教育规律的。从工作出发开设课程，首先要进行岗位工作任务及工作任务的技术要求分析。这种分析必须由企业或主要由企业完成，也就是说，就来源渠道而言，高职教育的课程来源于企业。因此，评价高职课程开设的合理性、科学性，最有发言权的是企业，对开设什么课程，设计哪些内容，应由骨干教师、企业人员、毕业生代表组成的专家组进行全面而系统地评估与咨询。

课程评价还包括对课程实施效果的评估。目前，高职课程实施效果评估比较单一地体现为学生校内课程考核。暂且不论考核指标体系即考试内容的科学与否，这种单主体的考核形式本身就有明显问题。事实上，实践中的高职课程考核在相当程度上仍是基于学科体系的。既然课程设置、课程内容的选择来源于任务，那么，对课程实施的评价就应立足于真实的工作任务，如此，方能清晰地鉴定课程教学目标的达成度。基于上述思路的课程教学评价必须是开放、多元的，评价主体必须吸纳企业人员，以企业的标准和视角检测课程教学效果，并提供准确的反馈信息，帮助教师进一步优化教学设计，科学组织和安排教学活动，不断提高教学质量。

三、基于分类分层培养的高职能力本位课程开发模式

如前述，以能力为本位的高职课程开发理念主张整合的能力观，此处之"能力"已超出了心理学概念范畴，其内涵既包括与完成工作任务相对应的技能、能力，还包含具有普遍适应性的一般素质。如良好的职业习惯、一丝不苟的职业态度、吃苦耐劳的职业精神等。在职业教育领域，英语国家将能力理解为受教育者通过教育、培训所发生的行为或心理层面的持久变化，指通过考核可以确定的、针对具体职责的技能和绩效，它通常体现为特定的职业教育标准。原国家教委"中加职业教育项目"CBE专家组认为"能力是由知识、技能以及根据标准有效地从事某项工作或职业的能力，可视为完成一项工作任务可以观察到的、可度量的活动或行为"，是劳动者从事某种职业活动

---

① 姜大源：《职业教育研究新论》，教育科学出版社 2007 年版，第 150 页。

所必须具备的本领或素质,是高效率工作的基础和前提。

由此可以看出,能力本位中的"能力"指的是劳动者对特定工作的胜任力。它包含完成工作须具有的专业技能、工作能力、知识水平、职业态度、职业精神等,亦即是我们通常言之的"综合职业能力"。在中文的语境中,表现为个体的能力和素质。姜大源先生认为,"素质重在储存与积淀,它是以'势能'的形式存在的,更多地表现为静态特征……;能力重在归纳与运用,它是以'动能'的形式存在的,更多地具有动态特征,素质与能力的关系,从某种意义上说,就是'势能'与'动能'的关系"①。综合职业能力就是"动能"和"势能"的集合。

基于在职业教育领域对能力内涵的上述阐释以及高职教育的培养目标定位,我们认为,以能力为本位是高职课程开发的指导思想和基本理念,不宜将之定位于一种课程开发模式,更不应视为一种课程开发的操作技术。比如,教育学中的启发式教学只是教学的指导思想、指导原则,凡是能引发学生持续性思考的教学设计和安排,都是启发式,而不论具体的教学方法是讲授法、讨论法、还是案例法。同理,只要高职教育课程开发聚焦的是学生面向未来职业生活的综合职业能力,而不是系统的学科知识,即是能力本位课程开发理念的体现。

在以能力为本位课程开发理念的指导下,可以有不同的课程开发模式,在国内外高职教育课程建设实践中,影响较大、比较成熟的课程开发模式主要有以下几种:

(一)"双元制"模式

"双元制"是德国职业教育的主流模式,是一种国家法律保障、校企合作办学的教育制度。"双元"的内涵是非常丰富的。程柳认为"双元"体现在法律层级、施教地点、教学文件、教学资源、教学人员、经费投入、考试考核、职业证书等方面。②"双元制"不仅是德国宏观的职业教育制度设计,更是一种教育模式,它的核心是校企双方根据各自的法定义务合作培养职业教育人才。

课程开发是"双元制"的重要内容。"双元制"课程开发模式的指导思想是能力本位的课程观,它聚焦受教育者未来职业生活必须具备的能力,以能力培养为目标,设计、组织、实施课程。1974年,德国职业教育家Mertens提出了关键能力的概念,1991年,各州文教部长联席会议进一步提出了职业

---

① 姜大源:《职业教育研究新论》,教育科学出版社2007年版,第11页。
② 程柳:《德国双元制大学课程开发研究》,西北农林科技大学2013年硕士学位论文。

能力培养的理念，构建了职业能力的结构体系。

德国"双元制"职业教育课程开发包含课程标准制定、课程结构设计和课程实施等基本流程。课程标准制定由联邦职业教育研究所负责，以文教部长联席会议确定的"框架教学计划"，即国家课程标准为依据。课程标准包括职业学校的教学任务、教学论原则、学习领域等方面内容，其中学习领域是其关键和核心，它是链接行动领域和学习情境的中介和桥梁。"双元制"职业教育课程结构表现为"核心阶梯式"，课程内容以专业实践活动为核心，按基础培训、专业基础培训等层次逐级展开，递进实施，理论与实践课程交替进行，实行学校教师和企业专家的双导师辅导制。德国"双元制"课程实施有坚实的法律保障和行之有效的监督制度，先后出台了《职业教育法》《职业教育促进法》《企业基本法》《职业学院法》等法律法规。在职业大学建立了协调委员会和协商委员会，构建了职业学校和企业共同实施课程的运行机制和鼓励企业参与职业教育人才培养的动力机制。

（二）CBE 模式

CBE（Competency-Based Education）是加拿大有代表性的职业教育模式。其课程开发以职业能力为核心，以职业分析为工作起点，淡化系统化的知识传授，关注受教育者职业能力的培养和训练。加拿大职业教育聚焦的职业能力包含就业能力和职业基本能力。[1]其中，就业能力是最基础、最核心的能力，包括"沟通能力、识数能力、危机思考（或解决问题）能力、人际关系或团队协作能力、个人技能、信息能力"。[2]相当于我们通常所讲的通识能力，也就是人最基本的、从事职业生活所必需的跨职业、跨领域的能力。职业基本能力课程由证书委员会审定，主要有艺术与社会、个人修养、科学与技术等五种类型。基于职业基本能力的课程开发包含"以成果为基础的开课程内容，确定教学方式，设计评估方法，最后确定所需教学资源"等流程。[3]

CBE 课程开发模式通常是通过 DACUM（Developing a Curriculum）技术实现的。这种课程开发技术操作上分为形成 DACUM 表和确定教学单元两个阶段。首先由 DACUM 委员会（由工作经验丰富的企业人员组成）对特定职

---

[1] 朱慧君：《CBE 职业教育课程开发对我国职业教育的启示》，载《职教论坛》2015年第 2 期第 63 页。
[2] 郑晓梅：《国外职业教育课程开发模式概述》，载《甘肃教育学院学报（社会科学版）》2003 年第 1 期第 83~86 页。
[3] 朱慧君：《CBE 职业教育课程开发对我国职业教育的启示》，载《职教论坛》2015年第 2 期第 63 页。

业活动或工作岗位展开深入的工作职责和工作任务分析，进而形成这些工作任务所需的综合能力和专项能力。一般而言，一个职业按其工作要求可分解为 8~12 项综合能力，每一项综合能力包含 6~30 项专项能力，对每个专业能力的内涵分别予以清晰的界定，最终形成一张 DACUM 表，这一步骤的实质其实就是确定培养规格要求。其次，在 DACUM 表的基础上，教学专家将综合能力、专项能力培养所需的知识、技能按其内在的逻辑联系进行序化，形成教学单元或模块。若干单元构成一门课程，根据课程之间的关系确定教学计划，按计划实施课程教学。

CBE 课程开发模式最明显的优势在于有效地解决了课程来源问题，它从根本上抛弃了"学科中心"课程，将课程开发建立在职业工作任务分析的基础之上，保证了课程目标与职业能力培养的较高的关联度，就这点而言，是值得学习和借鉴的。

（三）TAFE 模式

TAFE（Technical And Further Education）是澳大利亚技术与职业教育培训模式。秉承能力本位课程观，课程对接行业企业标准，课程实施的目标是培养受教育者的职业能力，促进就业。

TAFE 课程由若干模块组合而成，是依据行业企业能力标准，为满足行业企业实际需求而精心构建的一组结构严谨有序的科目组合。它以行业企业标准和国家职业资格证书制度为依据，确定学习科目及学习内容。课程须经国家职业教育与培训专门机构的认证，学生学习规定课程合格，可获得国家和行业认可的文凭或职业资格证书。

TAFE 课程开发不是由 TAFE 学院独立完成的，而是由专门机构根据行业企业要求组织开发的，大体上包含以下流程：

第一，制定培训包。首先进行就业市场分析和工作分析，各州行业培训顾问委员会对行业企业需求开展深入的调查，确定受教育者未来的就业岗位，在调查过程中充分听取行业企业的意见和建议；其次，在对就业市场分析的基础上进行工作分析，明确特定的就业岗位从事的具体工作；最后，开展职业能力分析，将工作岗位的需求转化为心理学意义上的能力标准，形成职业能力领域框架，固化某一特定职业须具备的专业技能和职业能力。这些技能和职业能力主要包括操作技能、分析问题的能力、解决问题的能力、与人交流的能力等，据此形成国家职业能力标准。国家培训局再根据能力标准，聘请由行业专家、TAFE 学院教师组成的行业顾问培训委员会开发特定行业的培训包，培训包经国家培训局批准后实施。"培训包也称作整套培训计划，是由行业牵头制定的、经过国家认可的，在澳大利亚国家培训框架中占有重要地位。在制定培训包的过程中，有行业的参与，会使职业教育培训目标和行业需求结合起来，即资格证书与能力标准相结合，并且还制定了达到最低能力标准的考核要求。"①

第二，编制专业教学计划。专业教学计划的编制由各州教育部负责，各州教育部根据培训包所确定的能力标准，组合成不同的课程，在此基础上形成课程实施计划。

第三，开发教学大纲。教学大纲的开发由各州或 TAFE 学院负责开发，明确各门课程的教学内容、教学目标、教学进程等。

第四，教材及学习资源开发。包括课程教材、学习指导书等课程学习资源的开发。

TAFE 课程开发模式注重受教育者职业能力的培养，注重实践性环节，更重要的是课程开发具有严格的国家标准，以社会需求和国家颁布的培训包为依据。这些都是值得学习和借鉴的。

（四）"宽基础、活模块"模式

"宽基础、活模块"（亦称集群式模块）模式是我国本土化的职业教育课程开发模式。对这一模式的研究与实践开始于 20 世纪 90 年代。1994 年，蒋乃平先生发表《集群式模块课程的理论与实践》的文章后，以"宽基础、活模块"为主要特征的课程开发模式引起了职业教育界的热烈反响，全国百所中高职院校积极实践和探索，有力地促进了职业教育课程建设。20 世纪 90 年代末和 21 世纪初，蒋乃平先生先后发表了十余篇研究论文，对"宽基础、活模块"课程建设模式进行了更加深入的研究，进一步丰富了该模式的内涵。

"宽基础、活模块"课程模式聚焦综合职业能力的培养，认为综合职业能力包含从业能力和关键能力两个层次，由专业能力、方法能力、社会能力三个要素构成（综合职业能力的两个层次、三种要素参见表 3-2）。②据此，将课程从结构上区分为两个既相互联系，又具区别的阶段。

第一阶段为"宽基础"阶段。该阶段注重关键能力的培养，学习内容不局限于某一特定职业领域，而是通识性的知识与技能，或者说是作为社会职业人必须具备的知识、技能及职业素质，它为受教育者未来职业变动乃至职

---

① 王妍力：《澳大利亚 TAFE 课程研究》，广西师范大学 2011 年硕士学位论文，第 12 页。
② 蒋乃平：《课程目标与综合职业能力——对"宽基础、活模块"的再思考之一》，载《教育与职业》1999 年第 1 期第 20 页。

业可持续发展奠定坚实的基础。"宽基础"之"基础"可理解为"职业基础教育",这种教育主要是通识性的或者是跨职业的。

第二阶段为"活模块"阶段。该阶段注重从业能力的培养。学习内容针对某一特定职业甚至岗位(群)所必须具备的知识、技能,重视实践和技能锻炼,"活模块"中的每一模块以特定工作岗位的知识、技能为学习内容,"每一个'小模块'则对应DACUM表中职业的一种能力,即'活模块'十分具体地测重从业能力的形成"①。

表 3-2 职业综合能力的两个层次和三种要素

	专业综合能力	方法能力	社会能力
基本层次:一种职业的从业能力	从事一种职业所必备的能力。强调应用性、针对性,具有合理的智能结构	从事职业活动所需要的工作方法、学习方法、以及解决实际问题的能力。强调方法的合理性、逻辑性、具有科学的思维模式	从事职业活动所需要的行为能力,如人际交往、合作沟通、职业道德等。强调对社会的适应性,具有积极的人生态度
较高层次:任何职业的关键能力	六大领域(环保、能源、质量、安全、经济、法律)的意识,对新技术的理解和运用能力,对职业的适应性,提出合理化建议的能力等	分析与综合,逻辑与抽象,联想与创造,决策与迁移,全局与系统,信息的接受与处理能力	计划组织能力,合作与竞争,开拓与创业,社会责任感,参与意识,自信心,成功欲,积极性,主动性,灵活些,宽容心,群体工作的协调与仲裁,心理承受力等

"宽基础、活模块"课程开发模式继承了传统学科课程观的合理成分,同时,借鉴和吸收了国外课程开发的先进经验。既关注专业知识、专业技能的培养,也重视通识性职业能力的养成,强调综合职业能力和全面职业素质的培养,对我国职业教育课程建设及教学改革产生了深远的影响。

四、基于高职分类人才培养的隐性课程建设

(一)隐性课程及高职隐形课程的内涵

隐形课程(Hidden curriculum)是课程的下位概念,亦称隐蔽课程、非

---

① 蒋乃平:《课程目标与综合职业能力——对"宽基础、活模块"的再思考之一》,载《教育与职业》1999年第1期第21页。

正式课程或潜在课程。何为隐性课程，学术界一直存在广泛的争论。早在20世纪初，美国实用主义教育家杜威就提出了"附带学习"（Collateral learning）的概念，即教学计划中未明确规定确又实实在在地对学生产生影响的学习。他认为，在某种意义上讲，"附带学习比语文、历史、地理等正式学科的学习更加重要，对未来生活具有根本性的价值"[1]。美国学者范兰丝认为，隐性课程指的是学生在学校的学习过程中所学到的除传统的知识文化课程外的所有东西，如经验、处事能力、人生价值观的形成等，其通常是以一种隐藏的状态存在。我国学术界对隐性课程的研究起步较晚，张韶琲，卢勃认为，隐形课程"指的是在学校教育中未被列入课程规划与教学计划的，是学生在学习环境中（包括物质、社会和文化体系）所学习到的非预期或非计划的知识、规范和价值观念"[2]。

上述学者对隐性课程的认识，解释了隐性课程与显性课程的区别，突出了隐性课程具有的非正式、非课堂实施的属性，并关注了其对学生学习和成长的重要价值。但笔者认为，目前的研究中有一种"泛化"隐形课程的倾向。隐性课程毕竟是课程，对隐形课程的研究应置于课程的范畴，而课程的重要特征就是"计划性"和"系统性"。也就是说，作为课程的隐性课程应在特定教育活动开始之前，进入学校和教育工作者的视野，对隐形教育资源作系统性规划和计划性设计。否则，不应视之为学校教育的"课程"，只是一种零散的、非系统性的甚至随机的影响。鉴于此，笔者认为，隐形课程是指学校将具有显著教育功能的非学科性教育资源作计划性设计，但非经课堂教学实施的对学生全面发展的系统化的影响。

高职教育是一种特殊的教育类型，其隐性课程除了具备上述内涵之外，还应强化职业性特征，也就是说，高职隐性课程应凸显"职业化"和"职业文化"的特色和个性。

（二）高职隐形课程的功能

隐性课程之"隐"在于此类课程是潜在的，它的实施方式是非传统的课堂教学方式，对学生的影响是潜移默化的。从这个角度上讲，隐性课程是"非理性"课程，很难通过现成的教育评价技术和方法评估其成效，但它又实实

---

[1] 张韶琲，卢勃：《隐性课程场源的建构途径——以香港中文大学书院为例》，载《现代教育论丛》2015年第3期第76页。

[2] 张韶琲，卢勃：《隐性课程场源的建构途径——以香港中文大学书院为例》，载《现代教育论丛》2015年第3期第77页。

在在地对学生的成长产生着深远的影响。谭伟平先生认为，隐形课程具有人文性、间接性、暗示性、多样性和渗透性特征，多是一种情感性熏陶，能弥补学科式理性教育在促进受教育者全面发展中的不足。"显性课程主要构成人才的骨骼框架，隐性课程主要构成人才的灵魂血肉，它们在不同的方面，以不同的教育方式共同完成培养全面发展的'全人'这一教育终极目的"[①]。隐性课程以校风、学风、环境、风格等方式对学生发生潜移默化的影响，深刻地干预和塑造着学生的精神世界。

高职教育培养的是高素质技术技能型人才，职业性是其基本特征。在通过显性课程培养学生职业技能、职业能力的同时，职业隐形课程也对学生综合职业素质的养成起不可替代的作用。就学生职业素质、优良个性和健全人格的培养而言，单凭显性课程的实施是难以实现的。正如黄炎培先生所言："仅仅教学生职业，于精神的陶冶全不注意，是一种把很好的教育方式变成'器械'教育，这只能是改良艺徒的培训，不能称之为职业教育。"[②]

（三）高职分类人才培养隐性课程建设的基本策略

高职教育隐性课程建设须从课程目标的确立、课程资源的组织和课程的实施等几方面入手：

1. 确立符合高职分类人才培养实际的隐性课程目标

高职教育以培养高素质的现代职业人为目标，它期望受教育者有熟练的职业技能，符合职业要求的职业能力，适应终身职业可持续发展的职业素养。课程目标必须服务于培养目标，作为高职课程体系重要组成部分的隐性课程，在服务高职培养目标的过程中究竟有什么价值呢？该如何定位其课程目标呢？很多专家认为，隐性课程是一种"软课程"，其课程实施及效果是"无形"的，难以检测和评估，当然其课程目标也难以进行科学的表述，或者说目标是内隐的，不能通过学生学业的变化体现出来。因此，可以这样认为，隐形课程干预的并非受教育者的学业，是受教育者的成长，是受教育者精神和灵魂层面的素养。这种素养是非"器械"的，而是影响其终身发展、终身幸福的作为职业人的品位、精神、习惯和修养。

李超凤、胡小桃认为，高职隐性课程要形成"以培养学生的敬业、乐业、创业、守业精神为核心的目标体系"，"以培养学生敬业精神为落脚点，以培养学生乐业精神为支撑点，以培养学生创新精神为着力点，以培养学生守业

---

① 谭伟平：《轮隐性课程与大学精神》，载《现代大学教育》2004 年第 6 期第 58 页。
② 陈其荣：《当代科学技术哲学导论》，复旦大学出版社 2006 年版，第 355~356 页。

精神为归宿点"①。上述目标定位立足于职业教育校企合作的特色，符合职业教育的实际，但其关注的敬业、乐业、创业、守业均属社会职业或个体职业生活范畴。应该讲，除此之外，还应包含更"通识"的目标和追求。例如，普遍意义的责任感、积极向上的生活态度、较高品位的艺术欣赏、亲善友好的人际交流等。也就是说，隐性课程干预和影响的精神层面的素养可以更宽泛一些，应立足职业，放眼人生。当然，这依赖于高职院校将隐性课程建设与校园文化建设有机结合起来，进行深入研究和系统化设计。

2. 科学组织隐形课程资源

隐性课程在高职院校是一种无形的精神力量，能够形成一种独特的"文化场"。由"文化场"构成的环境及精神氛围对学生的心理和行为产生着深刻的影响。心理学和犯罪学上有一个"破窗效应"，意思是一幢有少许破窗的建筑，如果不被及时修理好，可能将会有破坏者破坏更多的窗户。这种现象背后的心理学原理很简单，其实就是环境影响人的心理和行为。对人的行为的归因除了来自个体的思想观念之外，还来自环境。此时的环境即为一种"场"，它通过源源不断地释放看不见的"能量"影响外在事物。因此，高职隐形课程建设的任务就是要构建和打造能够影响和锻造学生良好心理和行为的能量"场"，隐形课程资源的组织也就成了"场"资源的构建。

张韶琲等学者认为，隐性课程"场"资源可从物质——空间类场源、组织——制度类场源、文化—心理类场源等方面建构。②其中物质—空间类场源属"硬"环境，包括学校建筑、校园绿化、清洁卫生等，体现环境的育人功能；组织—制度类场源属"制度"环境，包括学校规章制度、组织机构、管理及服务的水平等，体现制度的规范功能、管理的服务功能；文化—心理类场源属"软"环境，包括学校的校风、学风、特色的学校文化活动等，体现学校文化的熏陶功能。

需要强调的是，上述"场"源在高职院校通常是零散的，未进行系统化地精心设计，更未进入人才培养方案，不能对学生产生有计划地系统性的影响，故还不应视为"课程"。因此，为充分体现环境育人、管理育人、服务育人、文化育人的教育理念，高职院校应深入研究，统筹规划，精心设计，不断丰富课程"场"源，真正建构科学、有效的隐性课程体系。

---

① 李超凤，胡小桃：《基于校企合作的高职隐性课程建设》，载《职教通讯》2015年第28期第1~2页。

② 张韶琲，卢勃：《隐性课程场源的建构途径——以香港中文大学书院为例》，载《现代教育论丛》2015年第3期第77~79页。

（三）有效实施隐性课程

首先，高职院校要深刻认识隐性课程及其实施在人才培养中的重要功能和作用，隐性课程和显性课程并重，将隐性课程列入专业人才培养方案，作系统化设计和安排；其次，要不断丰富隐形课程资源，美化校园环境，打造特色校园活动，优化规章制度，改善服务与管理，营造良好的校园氛围和心理环境；最后，要着力建立和完善隐性课程实施效果的评价体系，不断改进隐形课程的实施方式。

第三节　基于分类分层人才培养的高职素质教育

一、高职素质教育的内涵

（一）素质及素质教育

1. 素质

素质是理解素质教育不能回避的一个概念，极难准确定义。按《辞海》的界定，素质有三层含义：一是生理上先天和遗传特点；二是事物本来的性质；三是个体完成某种活动所必需的基本条件。第一种理解主要针对影响人身心发展因素时使用，第二种理解是基于事物之间的区别，对事务进行分类时使用；第三种理解主要用在教育上，指在人的先天生理的基础之上，经过后天的教育和社会环境的影响，由知识内化而形成的相对稳定的心理品质及其素养、修养和能力的总称。第三种理解显然已不单纯是生理学意义上的素质概念，"而是生理的、心理的和社会文化的统一体或'合金'。由于素质的种类是多种多样的，实际上代表了各种素质要素（如品德、能力、情感、意志、信念、世界观等）的共同特征的一般概念"[1]。因此，可对素质做如下定义：经后天环境影响，特别是系统的教育培养发展起来的个体内在的、概括的、稳定的生理心理特征。"而作为素质的东西，实质上就是去掉了一切外在东西之后潜在于人的身心之中的品质因素"[2]。陈佑清先生强化素质是一种"合金"，它包含生理、心理和社会文化等三方面的成分。生理是素质的遗

---

[1] 陈佑清：《论"素质教育"概念的规定及科学性》，载《南京师大学报（社会科学版）》1999年第1期第71页。

[2] 杨小俊：《论大学生素质教育》，华中师范大学2005年硕士学位论文，第2页。

传基础和物质前提，心理是遗传存在的载体和形式（素质主要是一种心理现象），社会文化是素质内容的来源。这一认识深刻地解释了素质的本质。

人的素质彰显着人的特征，这种特征是内在的、稳定的，某种意义上讲，代表了人与人之间本质的区别和差异。个体一旦具有了某种素质，形成了一定的素质结构，就必然在不同的活动、不同的场合、不同的角色中"自然"地、稳定地表现出来。从教育的角度上讲，学校教育最根本的任务就是要培养人的素质。正如物理学家劳厄所言："重要的不是获得知识，而是发展思维能力。教育无非是一切已学过的东西都遗忘的时候，所剩下来的东西。"[①]

2. 素质教育

素质教育是我国教育界特有的概念，它最初是针对应试教育提出的。二十世纪八十年代，我国基础教育出现了普遍的片面追求升学率的倾向，极大地影响了教育质量，不利于教育事业的健康发展，为此，国家提出了素质教育的主张。1985年中共中央发布《关于教育体制改革的决定》，明确指出："在整个教育体制改革过程中，必须牢牢记住改革的根本目的是提高民族素质，多出人才，出好人才。"1993年2月13日，中共中央、国务院发布《中国教育改革和发展纲要》（以下简称《纲要》），明确提出："中小学要从'应试教育'转向全面提高国民素质的轨道，面向全体学生，全面提高学生的思想道德、文化科学、劳动技能和身体心理素质，促进学生生动活泼地发展，办出各自的特色。"《纲要》中提到"素质"一词的地方有20多处之多，并提出了全面提高学生四个方面素质的要求。时至今日，素质教育的思想和理念仍在国家政策层面不断地强化和渲染，基础教育如此，职业教育亦然。

基于人的素质的复杂性，欲对素质教育给出一个普遍认可的科学的定义是很难的。素质教育是我国教育特定历史阶段的产物，从它产生的那一刻起，就科学性的角度，缺乏系统的理论准备，有的学者为此将素质教育作为我国教育界的一个工作概念。在这一背景下，从科学概念定义的规范上很难准确把握。因此，对素质教育的认识，宜"粗"不宜"细"，素质教育原本就是一种教育指导思想或教育理念，并不必然意味着具现化的具体教育操作甚至教育手段。

笔者以为，素质教育的真正内涵表现为：素质教育就是以受教育者的素质发展和素质提升作为终极目标的教育，正如国务院前副总理李岚清同志所言："素质教育从本质来说，就是以提高国民素质为目标的教育。"这是从教育哲学的角度在教育目的层次上对素质教育概念的一种规定，这一规定把素

---

① 转引自袁正光：《要重视科学素质的教育》，载《教育研究》1993年第8期。

质教育与其他种种不是以提高国民素质为目标的教育区分开来。

根据上述内涵，素质教育应具有如下特征：

（1）素质教育应是全面发展的教育。

素质教育应该是完善意义上的教育，它是指向学生全面基本素质的。以基础教育为例，就受教育者个体而言，基础教育领域的素质教育必须强化学生的"基础"，应能支撑学生未来一生的发展。基础首先必须是全面的、扎实的，"基础不牢，地动山摇"。所谓"全面"，意味着最薄弱的部分也应是合格的。短板理论认为，盛水的木桶是由许多块木板箍成的，盛水量也是由这些木板共同决定的。若其中一块木板很短，则盛水量就被短板所限制。这块短板就成了木桶盛水量的"限制因素"（或称"短板效应"）。片面教育势必带来受教育者素质发展的"短板"，正是这一短板，极有可能制约个体一生的发展和幸福。例如，有的人各方面都很优秀，但个性上存在明显的缺陷，社会适应不良，如发展到极端，可能摧毁其人生。因此，教育应该聚焦学生的全面发展，以培养学生的各方面的素质作为应然使命。

（2）素质教育应强调发展性，重学生的能力培养。

所谓"发展性"是指要立足于学生自我教育、自我学习、自我发展的知识与能力的培养，真正把学生的重心转移到启迪心智、孕育潜力、增强后劲上来。强调发展性，就是要正确处理知识学习和能力培养的关系。知识与能力是不同的，如果学生学到的知识是"活化"的，是能够投入运转的知识，是具有很强的生命力，是能够普遍迁移的知识，那么，这种知识就能顺利地升华为能力，从而成为人的智慧的一部分。素质教育的"发展性"强调的是"学会如何学习、学会生存"。

（3）素质教育应是个性化教育。

教育所面对的学生，各方面千差万别，具有鲜明的个体差异，经过教育达成的学生发展也是各具特色的。因此，教育应承认、尊重学生的个性差异，应实践个性化教育的思想和理念。

（二）高职素质教育

高职教育是我国特定类型和层次的高等教育，它培养的是适应生产、建设、管理、服务一线需求的高素质技术技能型人才。相较普通高等教育，高职教育的这一人才培养目标定位具有鲜明的个性化特征。2014年，国务院发布《关于加快发展现代职业教育的决定》，明确指出："坚持以立德树人为根本，……培养数以亿计的高素质劳动者和技术技能人才。""全面实施素质教育，科学合理设置课程，将职业道德、人文素养教育贯穿培养全过程。"因此，培养高素质的技术技能型专门人才和合格的社会主义建设者和接班人是高职教育培养目标定位的核心内涵。何为"高素质技术技能人才"？"高素质技术技能人才"应该如何培养？这一系列问题都值得我们认真思考。纵观我国高职教育培养目标的历史演进过程，"高素质"是近几年提出的，是对我国高职教育发展经验教训的总结。要培养高素质的职业人才，必须深入实践素质教育理念。高职素质教育就是要立足于受教育者职业发展生涯和终身幸福，聚焦学生职业素质和综合素质的提升，克服片面强调技能训练的倾向，全面实施素质教育。

高职学生的素质体现在"专业职业素质"和"综合素质"两方面，由此，高职素质教育也应具有上述两方面的着力点。

就职业素质而言，高职教育归于职业教育类型，职业教育培养的是职业人才，职业能力是其重要的培养规格，这一点明显区别于普通高等教育，也是职业教育应有的规定性。无视这一规定性，职业教育也就缺乏存在的理由和价值。因此，高职教育必须重视受教育者专业职业能力的培养，聚焦学生未来职业岗位的要求，将专业能力特别是专业技能的培养放在突出的地位，这是高职素质教育的不容忽视的重要内涵。

就综合素质而言，无论对高职教育的个性化特征作何种程度的强化和渲染，高职教育终究归于教育，必须服从教育的普遍规律和宗旨要义，以提升学生的各方面素质作为己任。专业能力只是个体素质结构的一部分，不能完整地表征个体的素质。即便单纯从个体职业生涯的角度审视，随着社会的发展和产业的不断换代升级，对劳动者职业活动的要求在越来越频繁地发生变化，单一的、静态的职业能力甚至职业技能已难以支撑劳动者一生的职业生涯。于是，个体综合素质就显得非常重要，综合素质是跨职业的，对个体具有普遍意义。综合素质高的学生职业适应更加顺利，能够从容地面对自身各个阶段的转岗。因此，综合素质教育应是高职素质教育的重要内容，也是高职素质教育的重要特征。

二、高职院校素质教育实践存在的问题

（一）对素质教育的理解存在偏差

如前文所述，素质教育是一种教育思想、教育理念，是以学生素质发展和提升为终极目标的教育取向，它并非一种教育措施，也并非一种教育模式。素质教育的理念体现在高职人才培养的各个领域和方方面面。但相当部分学

校对此做了简单化理解和操作，根据胡丽琴、陈少华对江西省三所高职学校的问卷调查，"半数以上的同学表示不理解素质教育的内涵，只有少部分同学表示了解一些内容，大多数都是将学校的思政课程以及文化活动理解为素质教育的全部内容。学生本人以及学校方面都存在对素质教育定位不准，缺乏系统性认识的问题"[①]。

在素质教育实践中，一种有代表性的做法是，素质教育简单化为传统教育"+"，例如，"+"课外活动，"+"兴趣小组等，背后的教育思想、教育理念未发生根本性的变革，把一个首先属于思想、理念层面的问题过于具象化，作为素质教育主渠道的课堂教学依然故我。如此的实践，实际上是对素质教育思想的庸俗化理解，缺乏应有的高度，没有深刻把握素质教育的内涵。基于这种模式的教育实践，思想、理论方面的准备不充分，是"见子打子"，其效果可想而知。这也正是为什么高职院校素质教育改革轰轰烈烈，但都难以形成可推广经验的真正原因。

（二）片面强调专业技能教育，忽视综合素质教育

职业教育是一种特殊的教育类型和教育活动,这种定位有两方面的内涵：一是职业教育属于教育，是教育的一种类型或形式，须具备教育的基本特征；二是职业教育是一种特殊的教育，与其他教育形式有别，应具有其他类型教育不具有或不应强化的个性特征。因此，职业教育的本质这一问题可聚焦"教育的基本特征"及"职业教育的个性化特征"，实际上就是职业教育的"教育性"和"职业性"。无论对职业教育的工具理性作何种程度的强化，职业教育终究是一种教育，应有自身的价值理性取向，它应遵循教育的普遍规律，体现出一切教育活动理应具有的教育性，以人的精神和灵魂塑造为己任，以人的全面发展和幸福生活为终极目标追求，这种取向或属性得不到坚守，职业教育即沦为单纯的"职业训练"，职业院校也将成为纯粹的"职业训练场"。

职业教育的规律也体现"道"与"艺"的关系。职业教育之"道"指职业教育作为教育的终极目标或终极趣向，也即职业教育的教育性。教育性的核心是育人、成人，职业教育之"道"在于"全人培养"，在于对受教育者整体生命成长的关注，这恰是教育之大"道"。职业教育之"艺"指职业教育对劳动者职业岗位技艺、技能、专门职业能力的关注，指受教育者的专业知识和操作技能，这也是职业教育之职业性的集中体现。

[①] 胡丽琴，陈少华：《新形势下提升高职学生素质教育实效性的探索》，载《教育与职》2015年第3期第182页。

在现阶段的高职院校教育实践中，存在浓厚的重职业技能训练，轻综合素质培养的倾向，实质上是对职业教育的本质认识不到位，过分渲染职业教育的职业性，弱化了职业教育的教育性，背离了职业教育应坚守的宗旨和要义。这种观念在理论上是错误的，实践中是有害的，不利于高职教育人才培养目标的实现。

（三）素质教育的内容不系统、不完善

高职院校素质教育是一项系统工程，除了正确的思想、理念准备之外，内容体系的建设至关重要。但遗憾的是，在高职院校素质教育实践中，内容体系的建设往往被忽视，主要体现在以下几方面：

一是未形成体系化的素质教育课程。由于对素质教育的内涵理解不深入，高职院校素质教育课程建设势必缺乏统筹考虑，往往仅根据自身的师资和各方面现有条件针对学生某些方面的素质开设一些课程，课程资源的"碎片化"现象比较突出。

二是不重视第二课堂、第三课堂建设。对课外活动、学生社团在学生素质教育中的作用和功能认识不足，缺乏统一规划和顶层思考，未将其纳入专业人才培养的统一设计，未发挥第二课堂、第三课堂应有的素质教育功能。根据高等教育人才培养的规律，第二课堂、第三课堂在达成人才培养目标中起重要的作用，绝非仅是课堂教学主渠道之外的"锦上添花"。

三是职业文化、企业文化的缺失。职业文化、企业文化的导入，是高职院校人才培养，特别是素质教育的重要组成部分，是培养高素质技术技能型人才的必经渠道。现阶段，高职院校素质教育实践中，职业文化、企业文化的导入还未能引起足够的重视。通过几十年的努力，高职院校工学结合、校企合作的理念也已深入人心，以工学结合为标志的专业人才培养模式和以教、学、做一体为标志的教学模式的改革也取得突破性进展。但作为统一的素质教育设计，高职素质教育仍缺乏职业文化、企业文化的元素，更缺乏基于职业文化、企业文化的工匠精神的升华。高职素质教育中的职业文化、企业文化教育其实质是培育学生的工匠精神。"工匠精神"是一种职业精神，它是职业道德、职业能力、职业品质的体现，是从业者的一种职业价值取向和行为表现。"工匠精神"的基本内涵包括敬业、精益、专注、创新等方面的内容。"工匠精神"的培育必须基于浓郁的职业文化、企业文化教育的氛围，这也正是高职院校素质教育相较其他普通高等学校素质教育的个性所在。如果高职素质教育未深刻把握这种个性，素质教育的应有效果也就难以彰显。

三、基于分类分层人才培养的高职素质教育的基本策略

目前，高职院校生源多样化特征日益明显，除了普招学生之外，还有对口职教类学生、单招学生、退伍军人、五年制大专等，四川省部分院校还有藏区彝区"9+3"学生、藏区"1+2"学生。"生源来源不同，学生基础不同，学生的就业、创业和升学等发展需求不同，这些学生如果混在一起，用传统的教学模式去教，就会使一些学生'吃不饱'，一些学生'吃不了'，大一统的教学方式使好学生'差'学生都不满意，教师教学无所适从"。[①]生源结构的重大变化，对高职院校的人才培养模式提出了新的挑战，分类分层人才培养势在必行。分类分层教学尊重学生的个性差异，体现因材施教的思想理念及以人为本的素质教育价值观。素质教育是面向全体学生的教育，面向全体学生就是要重视学生之间的差异，打破只见"森林"，不见"树木"的教育教学方式，立足于彰显学生个性和智能优势，在人才培养的总体设计、课程建设、学业评价等方面，积极实践素质教育思想理念，促进学生素质的全面提升和个性化发展。

（一）优化基于素质教育的分类分层人才培养总体设计

分层分类教学模式将学生分为若干类别和层次，施以差异性的教学和评价，追求学生差异性的发展，这是素质教育思想理念的生动体现。分类分层教学是一个系统工程，须顶层设计，精心谋划，科学安排，有序推进。

1. 分类分层的依据

准确把握分类分层的依据是对学生进行科学分类分层，开展差异性教学的前提。根据高职学生实际，一般而言，对学生的分类分层须考虑以下几方面的因素：

一是学生来源的差异。高职业院校生源结构复杂，学生来源渠道多样，各个不同的来源渠道，其人才培养目标和教育教学内容、取向有较大的甚至实质性的差异。例如，来源于普通高中的学生，文化基础知识较为扎实，但专业知识极其薄弱，甚至一片空白；来源于中职学校的学生，文化基础知识相对较差，但具有一定的专业知识和专业能力；五年制大专学生，文化基础知识和专业知识整体都比较薄弱，且未形成良好的学习习惯……。如果将上述学生统一编班，实施同样的人才培养方案，显然是不科学的。

---

① 谢洋：《高职教育新问题倒逼教学新改革》，载《中国青年报》2013年12月2日11版。

二是学生学习基础的差异。随着我国高等教育的发展，高等教育的大众化趋势日渐凸显，大多数学生拥有了接受高等教育的机会。高等教育特别是高等职业教育不再是精英教育，加之专科层次的现实定位和大众对职业教育的传统认识，考生及家长大都将高职院校作为"无奈的选择"，由此导致生源质量的普遍下降，学生间的差异更是明显。以四川省为例，即便同是普通类的学生，大多数高职院校，学生考分差异达200分以上，这在普通本科院校是不可想象的。高职院校学生之间的个体差异，既体现在学生知识基础方面，还体现在智能类型、学习必趣、学习兴惯等方面。传统教学实行班级授课制，目标规格统一、学习内容统一、学习进度统一、学业评价统一，不能照顾学生的兴趣爱好，难以满足学生个性化发展的需要，更谈不上素质教育的全面实施。

三是学生学习目标的差异。高职院校学生的学习目标呈现多元化特点，大致具有以下几种情况：第一，部分学生文化基础较好，不满足于接受专科层次的高等教育，进入本科院校继续深造的愿望比较迫切，因而，重视文化课程、基础课程，特别是英语、高等数学、计算机等课程的学习，其学习的重心直接对标"专升本"考试。第二，相当部分学生文化基础较差，有的学生家庭经济比较困难，立足于学得一技之长，尽早就业。因此，该部分学生重视专业课程的学习，注重职业能力的培养和锻炼。第三，部分学生学生目标不明确，就读高职院校就是为了获得大专文凭。该部分学生尚缺乏职业规划，学习比较盲目，动力不足，方向不明。

高职院校学生的上述差异是客观存在的，分类分层教学的实施必须理性地认识和对待这种差异。了解学生是一切教学活动的先导，高职院校应对此认真研究和分析，准确把握学生的个体差异，为差异化教学奠定坚实的基础。

2. 科学分类分层

基于个体差异的高职学生分类分层一般有以下途径和方式：

一是基于培养目标的分类分层。不同的学生有不同的发展愿望和学习目标，高职院校可以据此对学生进行分类分层。一方面，学生入学以后，组织专题性的相应学科摸底考试，准确掌握学生的学习基础；另一方面，利用问卷调查、谈心谈话等方式了解学生的目标取向和学习动机。根据上述信息，将同专业的学生分为两类，一类是成绩较好，基础比较扎实的学生，另一类是成绩较差，基础比较薄弱的学生。两类学生分别组班，在此基础上，根据同类学生中的差异，再进行相应的分层，教师根据学生的不同类别和层次开展差异性的教学，因材施教。这种分类分层"其主要特点是，教师在实施分层教学时，既要打破班级的限制，又要考虑学生的能力培养方向，并根据学生所处的层次，有针对性地组织相应的教学活动"。[①]

二是基于"走班制"的分类分层。走班制也称显性分层教学，指"学生原班级建制不变，在同年级内的主要科目按教学要求不同，分别从高到低，设置不同层次的教学班，学生在学习某些课程如计算机、英语时，打破原有的行政班，按各自的知识和能力水平，组成新的教学集体"。[②]这一模式的特点是，行政班和教学班分离，相应课程的教师基于分层后的教学班开展教学。各层次动态管理，根据学习情况，学生所处的层次可升可降，保证学生在一个"合适"的层级内学习，在一定程度上可激发学生的竞争意识和学习动机。各层次的课程教学目标是教师组织教学的依据，也是学校评价教师教学、学生学习成效的依据。

三是基于课程的分类分层。课程分层教学以学分制为载体，根据学生的学习基础和兴趣爱好，将学生分为 A、B 两个层次，分层次确定教学目标、教学内容和教学进程，实行差异化的评价方法。这一模式突破了行政班的限制，学生按照自身知识基础、兴趣爱好、特长优势确定相应的学习层次，在"临时学习班级"进行学习，"临时学习班级"是动态的，跟不上 A 班学习的学生，可以申请调整到 B 班学习；在 B 班学习"吃不饱"的学生也可申请调整到 A 班学习；同一名学生，某一课程在 A 班学习，另外一门课程可能在 B 班学习。因此，这种模式具有较强的灵活性，照顾了学生的个体差异，利于学生的个性化发展。

3. 强化教学管理制度建设

分类分层教学对教学管理制度建设提出了特殊的要求。传统的教学管理制度强调规范和统一，未按不同的类别和层级设定培养目标和课程教学目标，教学过程管理是"刚性"的，对学生的学业评价也是"标准化的"。基于分类分层的教学管理必须体现相当的弹性和灵活性，一方面，要将分类分层教学制度化，对分类分层原则等相关问题予以明确；另一方面，各种类型的分类分层教学必须具有可操作性的方案，经学校审批后实施。此外，应对学校信息化教学管理系统进行调整，以适应分类分层教学管理的需要。分类分层教学是一项系统工程，其中的问题异常复杂，若缺乏完善的制度保证，可能导致教学管理的混乱。教学管理部门、教师、学生之间还要及时沟通，相互监

[①] 秦晓：《职高数学分层教学的理论与实践》，华中师范大学 2005 年硕士学位论文。
[②] 董乃谦：《当前我国高职院校实施分层教学的思考》，华东师范大学 2006 年硕士学位论文，第 15 页。

督，加强教学过程监控，做好教学信息反馈工作。如此方能协调规范管理和个性化教学之间的矛盾，达成预期的目标。

（二）完善素质教育课程体系

课程是教育教学和人才培养的基础，学校领域任何系统性的教育影响必须通过课程予以实施。素质教育是一种教育思想，应以具体的课程为载体。现阶段，制约我国高职素质教育成效的一个最关键的问题就是课程建设问题。一方面，课程缺乏统一设计，未形成科学的课程体系；另一方面，课程建设水平不高，课程资源单一，课程实施方式落后。一般而言，可将高职素质教育课程大致分为专业素质教育课程和非专业素质教育课程两大类。就课程内容来讲，专业素质教育课程主要包括专业知识、专业技能和专业能力；非专业素质教育课程即通识课程，主要包括思想道德素质、身心素质、科学文化素质、艺术素质等方面课程。两类课程既相对独立，自成体系，也相互渗透、有机融合。例如，"工匠精神"的培育既体现在专业素质课程的教学之中，也体现在通识课程的教学之中。职业规范、职业素养的训练是专业课程教学的重要任务，同时，也是非专业课程教学聚焦的重要素质。高职素质教育课程体系建设应着力以下几方面工作：

1. 建设科学而富有特色的素质教育课程体系

高职院校要深入研究高职教育规律和高素质技术技能型人才成长规律，立足受教育者未来职业需求和终身职业可持续发展，聚焦专业素质和职业综合素质的培育。深刻把握素质教育的内涵和要求，对素质教育内容进行系统化设计，保证素质教育课程体系的系统化和科学性。此外，素质教育涉及学校教育的各个领域，实践中，不宜平均用力，在保证课程体系的完整性的前提下，一方面要强化与学生职业综合素质相关的内容，另一方面应充分体现学校的传统和优势，积极开发校本特色课程。

2. 不断提升课程建设质量

要强化素质教育课程标准建设，准确把握课程教学目标与专业人才培养目标之间的关系。在教学内容的组织方面，要根据教学目标的要求，深入分析素质培育的载体。要根据职业教育的特征、属性和受教育未来职业生活的需要，强化职业岗位及终身职业发展方面的内容。要重视课程资源建设，着力课程资源的科学性和实用性。要加强课程信息化建设，逐步建立信息化课程资源库。

（三）强化学生主体作用，推进课程教学改革

素质教育是面向全体学生的教育，是以促进学生成长发展作为终极目标的教育。课程教学过程中，必须强化学生的主体地位，提高学生对学习过程的介入度。对专业素质教育课程而言，要实践教、学、做一体的教学模式，使学生真正做到"做中学、学中做"；对通识课程而言，要紧密联系职业生活实际和学生成长实际，重视情境教学，引导学生体验式学习。要克服传统学科式教学模式的弊端，不刻意追求知识的完整性和系统性。教学内容可以专题或情境的形式呈现，通过课堂讨论、角色扮演、心得撰写等方式引导学生深度介入教学过程，强化学生的主体作用，充分发挥学生的主观能动性，提高学习成效，实现素质教育课程教学目标。高职院校还应根据学生个体差异和学生个性化发展需求，积极开发选修课程，建设数量足、质量高、体系相对完整的选修课程库，实现学生自主选课。

（四）实施发展性评价

基于分类分层人才培养的素质教育强调学生的全面发展、个性化发展，主张针对学生的个体差异开展差别化教学，努力开发学生优势潜能。它不追求教学目标和教学内容的"大一统"，因此，传统标准化的、单纯关注学生学习结果的终极性评价不符合高职人才培养的实际，应积极实践发展性评价。

"发展性评价，就是根据一定发展性目标，运用发展性的评价技术和方法，对学生素质发展的进程进行评价解释，使学生在发展性教育评价活动中，不断地认识自我，发展自我，完善自我，使之不断积淀、发展、优化其自我素质结构，促进学生在德、智、体诸方面素质得到生动活泼和和谐地发展"[1]。钟启泉先生认为，"发展性评价是一种尊重个别差异，基于学生实际表现的评价方式"[2]。上述论断表明，发展性评价体现了"一切为了学生发展"的素质教育思想理念，教育不仅要关注学生的学业水平，更要关注学生潜能开发，促进学生综合素质的发展和完善，逐步实现不同层次的发展目标。

如前文所述，高职学生不但存在类别、层次的差异，即便同一层级的学生，其个体差异也十分明显。因此，以促进学生素质提升为宗旨的高职素质教育，不但要根据学生的实际情况因材施教，更要强调有针对性的评价，即发展性评价。对高职学生的评价应以人为本，关注个性，重视过程评价，促

---

[1] 刘川，王仕尧，张承德：《发展性评价的实践与思考》，载《教育研究》1999年第3期第75页。

[2] 钟启泉：《课程文化的革命——研究性学习》，载《教育研究》2003年第5期。

进学生自主发展。基于分类分层人才培养的高职素质教育发展性评价体现以下几方面的要求：一是重日常评价，"分层教学中的发展性评价即是监控教育教学全过程、关注学生发展全过程、促进学生全面发展的过程"[①]。高职教育要重视发展性评价，关注教学过程中学生的日常表现，及时发现学生学习过程中的点滴进步和发展，基于过程和发展评价学生的学习情况，以激发学生的学习热情，促进学生的个性化发展。二是重自我评价，自我评价体现了分类分层教学对学生个性化发展、自主发展的要求，也彰显了高职素质教育的要义。教师要指导学生根据自己的实际情况和智能优势、发展潜力的差异，确定个性化的自主发展目标和评价目标。在学习过程中，强化学生自律和对学习活动的自我监控。在评价上，引导学生自我评价，自我反思，真正体现学生对自身学习的自主特征，不断强化自我激励，促进学生的个性化发展。

[①] 原兰兰：《高职分层教学中学生发展性评价探究》，载《长江大学学报（社会科学版）》2012年第4期第154页。

第四章
高职分类分层人才培养中的问题

高职教育和管理过程中，不论是人才培养方案制定过程、教育教学，还是在教育管理，无论是老师还是同学，都遇到了不可回避的一些问题。比如学分制执行、走班制管理、导师制、毕业审核，等等。

第一节 高职分类分层教学实践中的问题

一、关于高职分类分层中存在的问题

第一章中叙述到高职学生的来源成分复杂，如果不采取一定的措施，高职教育教学就会令人头痛，既无效果，又难于管理，还费力不讨好。

（一）何为分类及高职的分类、定位

在社会学创始人涂尔干、莫斯等看来，"所谓分类，是指人们把事物、事件以及有关世界的事实划分成类和种，使之各有归属，并确定它们的包含关系或排斥关系的过程"[①]。据此，"分类"这个概念在内涵上有以下几个方面的含义：第一，分类的对象是事物、事件和事实；第二，分类的目标、任务是确定事物、事件和事实之间的相互关系；第三，分类的目的是使划分的对象各有归属，以便人们更好地认识、理解和把握事物、事件和事实。同时，分类是一个连续不断的过程。

涂尔干、莫斯等还从社会人类学的角度，认为分类的外延包括"符号分类"和"技术分类"。"符号分类"是对事物、事件和事实在观念上进行的划分，具有道德或宗教意蕴，实际上是一种逻辑分类（概念分类），它受人们价

[①] 涂尔干，马塞尔·莫斯：《原始分类》，上海人民出版社2005年版。

值观的制约和影响，是一种"价值有涉"的分类，所反映的是人们对事物、事件、事实的认识水平与价值期望，可以理解为"形而上"的划分。而"技术分类"是一种实用图式，实际上是一种"操作分类"，它希望的是尽可能地减少人们价值观的制约和影响，是一种力求"价值无涉"的分类，通过建立起能够实际操作的分类指标体系，揭示人们对事物、事件、事实的把握程度，可理解为一种"形而下"的划分。因此，前者是人们根据"心理积习的汇总"和一定目的，对事物、事件、事实因自身发展而导致其结构缓慢分化而呈现在人们面前的实际图式或样式，在一定的价值观引导下通过分析归纳，从逻辑上建构起并列、等级或并列与等级相互结合的分类模式或分类框架，并给予事物、事件和事实以相应的分类符号（分类名称），以帮助人们更好地认识、思考和理解事物；后者是根据"符号分类"提供的分类模式或分类框架，通过建立相应的分类标准及指标体系，或对事物、事件和事实进行横向归类和纵向分层，以便于人们确定事物、事件、事实之间的相互关系（如属种关系、对立关系、矛盾关系等）。[①]

潘懋元、陈厚丰等在《高等教育分类的方法论问题》一文中认为对高等教育进行分类时，要注意如下方法论问题：第一，要尽可能减少分类者自身价值观的制约和影响；第二，要科学确定分类的依据；第三，要遵循高等教育发展的内在逻辑；第四，应当区分高等教育逻辑分类与操作分类的思维路径；第五，要结合高等教育结构的现状，更要引领高等教育结构分化与重组的方向；第六，既要适时优化又要在一定时期内保持稳定；第七，要正确认识分类框架与定位政策的辩证关系。必须看到，高等教育分类框架与定位政策是两个相互联系、相互区别的概念。从二者的联系看，高等教育分类框架是制定定位政策的前提，而定位政策又是落实分类框架的重要保证。从二者的区别看，高等教育分类框架解决的是高等教育及其机构的任务、职责和能级区分问题，不是解决高等学校的社会地位高低问题；而高等教育定位政策是根据高等教育分类框架建立起相应的激励和约束机制，通过规划方式明确高等学校各自的职责和分工，通过评估方式判断高等学校的办学质量和水平，并将其与资源配置特别是经费拨款联系起来，引导高等学校合理分工、科学定位、明确方向，不断提高质量和水平。在此基础上把我国高等教育定位为研究型大学、研究教学型大学、教学研究型大学、教学型大学、应用型大学、高等专科学校等六大类。研究型大学在中国的知识创新体系中有着关键性的

---

① 潘懋元，陈厚丰：《高等教育分类的方法论问题》，载《高等教育研究》2006年第3期。

作用，相应的高质量生源是其重要特征。研究教学型大学一般学科门类较为齐全，一般都以多科性和综合性为主。与此同时，已具有局部学科优势，可能在某一个学科领域或者几个领域具有优势，相较于教学研究型或教学型大学，又处在较高的平台，能够进行某一领域的知识创新和突破。研究教学型大学又分为研教 1 型和研教 2 型。教学研究型大学并不是一个精确表述的概念，还只是一种通俗的说法，它介于研究型和教学型大学之间，哪些大学属于教学研究型大学，目前国家没有统一的规定，学界的看法也不完全一致。教学型大学是指以本科教育为主体的全日制大学。它以招收本科层次的学生为主体，主要履行人才培养和教育教学研究的职能，培养高水平技能型人才（即高级专门人才）和高级研究型后备人才，拥有学士学位授予权和少量的硕士学位授予权，可招收一定数量的专科生。应用型大学是指以应用为办学定位，而不是以科研为办学定位的本科高等院校。应用型本科教育对于满足中国经济社会发展，对高层次应用型人才需要以及推进中国高等教育大众化进程起到了积极的促进作用。应用型本科院校的发展初期，需要有良好的政策和外部环境支持，需要建立理论层面的支撑体系。根据教育部相关规定，师范、医学、公安类的专科层次全日制普通高等学校应规范校名后缀为"高等专科学校"。而非师范、非医学、非公安类的专科层次全日制普通高等学校则应逐步规范校名后缀为"职业技术学院"或"高等职业学院"。高职和高专都属于普通高等教育中的专科层次。两者培养目标是统一的，在完全中等教育的基础上培养出一批具有大学知识，而又有一定专业技术和技能的人才，其知识的讲授是以够用为度，实用为本；两者招生是并轨的，学生待遇是相同的。不同的地方是在教育内部经费体制上有所不同。

高等职业教育在国家的教育类别定位上，定位于高等职业技术教育，目标是定位于结合行业企业的职业能力要求和职业标准，密切校企合作，进行充分的行业企业调研，深度分析专业所面对的产业基础、发展导向和岗位特征，以人才市场需求变化为导向，确定本专业的专业培养目标和规格，充分体现专科高等职业教育的类型特色和层次特色，培养拥护党的基本路线，德、智、体等方面全面发展，具有良好的职业素质，熟悉掌握专业知识，具有专业技能，具有创新和创业能力，能从事专业工作的高素质技术技能人才。这种人才必须坚持思想政治坚定、德技并修、全面发展的培养目标。

（二）高职教育办学目标定位及其实质

我国职业教育经过近 10 年的高速发展，已经从规模发展向内涵发展、质量发展、特色发展、文化发展等方面全面前进，理论有了进一步深入和充实，观念有了更新和发展的某些共识，发展的动力和方向比任何时候都要强劲和明确。不仅教育界要对职业教育的地位与作用形成共识，而且全社会都要对职业教育的地位与作用形成共识。要对党的教育方针内涵进行深入理解，如党的十九大明确提出要大力发展高职教育和培训体系，致力于校企深度合作。在职业教育与其他教育的关系问题上，职业教育自身的改革与发展问题，都需要从理论的高度加以阐释。职业教育具有全局性的战略地位的共识，将影响未来许多年经济与社会的发展。教育作为国家发展的基石，关乎民族的兴旺、人民的福祉和国家的前途命运，而其中的职业教育，如果出现摆位不对、发展不均衡、培养目标不对路，将极大地影响学校的声誉，影响中华民族振兴的步伐。

而高职院校在高职培养目标的定位方面，应该涉及以下几个方面：一是以国家教育方针为指导，培养政治、思想坚定，德技双修，全面发展的社会主义事业建设者和接班人。二是学校自己的组织文化品位定位，实现学校自己的文化价值观、文化认同感。三是服务区域定位，任何学校特别是高等学校要与地方经济社会高度融合，服务地方是第一位的。四是学科设置定位，学科设置代表了学校的人才储备、专业建设。五是学科办学水平定位，是指学校系科的办学水平和能力。六是办学特色定位，主要是指体现学校最擅长的部分。七是规模和效益定位，主要是指学校在办学过程中的基本追求等。每一个方面的不同关注都会影响学校办学的效果。

二、高职教育分类分层教育实践中存在的问题

（一）关于分类分层的实际操作问题

首先就是关于分类分层在具体实施中的操作问题。究竟该怎样分类？这有个理论问题和实践的问题。

1. 从理论上讲

首先是从所录取专业看，这是一种最自然的分类。但是存在着高中毕业生在填报高考志愿时的不了解、盲目与从众心里，加上服从专业调配的录取原则，造成了学生不适宜于读某些专业的现象。其次，从纯理论角度看，学生的分类分层应该看学生的智力、兴趣、爱好、特长等心智特征。一般的理论研究是这样定位分层教学的：教师根据学生现有的知识、能力水平和潜力倾向等把学生科学地分成几组各自水平相近的群体并区别对待，使这些群体在教师恰当的分层策略和相互作用中得到最好的发展和提高。学生的分类分

层又称为分组教学、能力分组，它是将学生按照年龄、智力测验分数和学业成绩等分成不同水平的班组，教师根据不同班组的实际水平进行的一种教学。目前，理论研究的主要分类分层有：

（1）校内分层目标教学模式。

国内很多早期的学校把学生按照考试成绩分成"好、中、差"或"快、中、慢"三个层次的班级。现在国内很多中学把它的班级按照考试成绩编为火箭班（民间俗称"清北班"）、实验班、普通班等。这些分类分层本是好事，但是在实际工作中却是保证最好的师资资源进入最好的班级，而不是把最需要的师资资源配置到需要的地方去，因而遭人诟病。

（2）班内分层的目标教学模式（又称"分层教学、分类指导"教学模式）。

它保留行政班，但在教学中，从好、中、差各类学生的实际出发，确定不同层次的目标，进行不同层次的教学和辅导，组织不同层次的检测，使各类学生得到充分的发展。具体做法：① 了解差异，分类建组；② 针对差异，分类目标；③ 面向全体，因材施教；④ 阶段考查，分类考核；⑤ 发展性评价，不断提高等。

（3）分层走班模式。

根据学校进行的主要文化课摸底结果，按照学生知识和能力水平，分成三个或四个层次，组成新的教学集体的组织形式，"走班"并不打破原有的行政班，只是在学习这些文化课的时候，按各自的程度到不同的班去上课。"走班"实际上是一种运动式的、大范围的分层。它的特点是教师根据不同层次的学生重新组织教学内容，确定与其基础相适应又可以达到的教学目标，从而降低了"学困生"的学习难度，又满足了"学优生"扩大知识面的需求。

（4）能力目标分层监测模式。

知识与能力的分层教学由学生根据自身的条件，先选择相应的学习层次，然后根据努力的情况及后续学习的现状，再进行学期末的层次调整。这一形式参照了国外的"核心技能"原理，给学生以更多的自主选择权，学生在认识社会及认识自我的基础上，将自身的条件与阶段目标科学地联系在一起，更有利于学科知识和能力的"因材施教"。在教学上，此模式同时配合有"分层测试卡"（即分层目标练习册），"分层测试卡"是在承认人的发展有差异的前提下，对学生进行多层次评价，对每个学生的劳动成果给予应有的肯定。实施这一评价手段，对测试内容应当重在对当堂所学内容的检测（只要认真听就可达标），注意对学生新旧知识结构的有机结合的检验，较高层次的学生则侧重于创造能力和检测（要求动脑筋，有创新精神）。

（5）"个别化"学习的模式。

"个别化"学习实际上是一种广义的分层。它基于网络的"个别化"教学，关键是设计适合各类学生，又方便学生自主选择教学内容、教学目标、训练材料及考评资料等素材。学生利用网络进行循序渐进的分层学习，每达到一个目标就自动进入下一个知识模块。由于计算机数据库储存了大量的教学信息，学生在教师的指导下选择教学进度，都能得到相应的提高。

（6）"分层互动"模式。

"分层互动"的教学模式，实际上是一种课堂教学的策略。这里的"分层"是一种隐性的分层，首先，教师要通过调查和观察，掌握班级内每个学生的学习状况、知识水平、特长爱好及社会环境，将学生按照心理特点分组，形成一个个学习群体。利用小组合作学习和成员之间的互帮互学形式，充分发挥师生之间、学生之间的互动、激励，为每个学生创造整体发展的机会。特别是学生间人际互动，利用了学生层次的差异性与合作意识，形成有利于每个成员协调发展的集体力量。

（7）定向培养目标分层模式。

这种模式多限于职业教育，指按照学生的毕业去向分层分班教学。具体做法是：入学时进行摸底调查，既了解学生的知识和能力水平，又了解学生对就业与升学的选择，在尊重学生和家长的意见同时，也反馈学生自身的学业情况，正确定位。然后，以学生的基础和发展为依据，分成两个层次，升学班与就业班。两个班的主要文化课安排同样的教材、同样的进度，只是教学的目标和知识的难度有区别，升学班更注重应试能力的训练，就业班则突出文化知识与职业实践的结合。当二年级学生参加水平测试并合格后，学校又给学生提供第2次选择，升学班进一步强化文化课与主要专业课，而就业班则以职业技能训练为主。

另外，在理论研究上，我们通常把学生分为：小学生、中学生、大学生（专科生/高职生、本科生、硕士研究生、博士研究生）等。也有人根据成绩、思想政治表现等把学生分为好学生和暂时后进生。所谓好学生，又可称之为"得意门生"，他们学习成绩优秀，品行优良，学习的态度积极，思路宽广，很少有依赖性，极富自主性和创造性，深受教师的欢迎与喜爱。教师谈到他们的学习成绩时，就会如数家珍般地谈论他们的学习和各种表现。学校教育就是要培养出一大批类似于上述学生的人。这样的学生在学校通过考试、智力测试或教师的提名很容易被鉴别出来。所谓暂时后进生，就是受教师争议的对象，他们不太遵守社会或学校的规范，经常保持自身的独特性，善于思考，想象力丰富，出乎常理，但却经常受到挫折和烦恼，因为各种规章制度常与他们的行为表现相抵触，无法在这种规章制度下学习与生活，所以在学校里常被教师当作"坏学生"而无法发挥他们各方面的潜能。而创造能力强的人在个性特征上表现为：自信心强，抱负大，有较强的独立性，有反抗意识和自我意识，有强烈的自我表达需要，对不愉快有更大的耐心，情绪表现广泛。在今日精英教育色彩强烈的教育制度下，学校都会以每年培养出多少好学生或多少获奖学金的学生为荣，这并没有多大的过错。但如果我们给这部分学生以更多的关心、关怀与理解，而不是歧视他们，惩罚他们，他们在学校也同样能得到良好的发展。

2. 从实践上看

实践上，根据学生学习特点和不足，有人把学生分成八种类型，其主要表现及解决方案是：

（1）基础薄弱型。主要表现：平时背诵、记忆、解题或者考试中错误率特别高。可以说是没有掌握大部分基本知识点，缺乏基本知识点之间联系能力。解决方案：对文科中的字、词、句、段落、篇章和理科中的基本概念、公式、定理、定义和原理等进行识记、背诵和深度回忆；通过简单题型的训练，巩固、加深基本知识点的记忆效果。

（2）动力不足型。主要表现：没有弄明白学习与自己的未来有什么关系，心理上对学习存在应付甚至抵触的想法。解决方案：首先解决思想问题，通过励志类人物和故事让学生了解学习将实现自己未来美好的前途；帮助规划每天的学习计划，逐步树立学习兴趣和学习热情。

（3）考前焦虑型。主要表现：考试成绩不好表现出焦虑、急躁、不安、自卑、迷茫、惶恐等情绪状态，考试成绩好表现出自傲、自满、自负、激动、清高、固执等情绪状态，直接影响下一个阶段学习稳定程度。解决方案：教育学生正确面对成败；积极锻炼身体，注意劳逸结合；家长注意控制、调整自身的情绪。

（4）苦学无效型。主要表现：利用一切可以利用的时间来学习，可考试成绩一出来总是不如人意，学习效率偏低。解决方案：一错再错是他的学习之大忌，将每一个错题和正确解法用一个错题本记录下来，反复看，经常练，题型的种类总是有限的，"错题不错"的原则就能确保学习效率逐渐提高。

（5）缺少思路型。主要表现：看到试题无从下手，不知道从哪里动笔，不知如何进行整体思考，不知怎样审题，不知运用什么知识点，不知道解题的方法。解决方案：定期复习教材基础知识，让知识网络结构始终保持通畅无阻；勤动手，多做题，善总结，免再错；加强审题能力，要审出每一个已知条件的意图,要审到每一层题意与教材知识的联系点,要通过题意判断题目难易和题目类型,确定试题解答的方法。

(6)一做就错型。主要表现:简单题掉以轻心,盲目乐观,轻易丢分;中档题似是而非,模棱两可;复杂题缺乏难度分解能力,当然一做就错。解决方案:清楚地判断题目的难易档次,冷静分析后再下手不迟,所谓"磨刀不误砍柴工";不论什么题型,战略上要藐视,战术上要重视;对于难题不要害怕,放松心态以保为主,能拿多少分就拿多少分。

(7)粗心大意型。主要表现:常常因为没有看清题意就盲目下手而丢分。解决方案:加强自我心理素质训练,训练自己始终保持平常心和豁达的生活、学习态度;粗心大意失分往往与自己的学习缺陷对应,找到问题所在就能做到防微杜渐。

(8)知识生疏型。主要表现:教材知识点大多不熟、不会,基础知识不牢,基本词汇、公式、定义和概念大部分把握不准确,知识体系不系统,知识结构漏洞百出,解题能力相当薄弱。解决方案:对文科类知识要利用早晨时间加强背诵和阅读;对理科类知识点,除了要弄清楚基本的公式、定义和概念外,一定要做完课本上习题,因为这些基本习题都是为了巩固基础知识而设计的。

(二)高职的人才培养分层分类实践问题

在一般的高职院校中,实践中的分类分层教育教学主要是针对生源状况进行的。目前,高职院校的生源存在状况和种类大致有:通过参加普通高考录取的专科学生;通过对口高职高考录取的学生;通过艺考和高考录取的学生;通过单独招生考试录取的学生;通过五年一贯制招生的初中起点大专学生、注册生、回炉选读生、民族地区的特殊人群等。

目前国内高职分类分层教学研究比较多的是公共英语的教学改革,高等数学的教学改革也有部分。不论是哪个方面的教学改革,都会遇到如下一些问题:

(1)分类标准问题。你凭什么把他(她)分到A班或者B班?就算以高考成绩来定,也有许多变数,一般而言,高三学生高考后的三个月是不会读书的,要耍过去,也有少部分由于学习习惯原因等也在加强某方面学习的。有的人遗忘快、有的人遗忘慢。所以开校后的分班标准一般以高考成绩为依据,只是为了显示公平公正的幌子而已,找不到更好的办法来替代。

(2)学生对分类分层教学的支持和理解问题。你搞教改,拿学生做实验,分到慢班既伤害了有些人的自尊心又伤面子,就算分到快班,还会有人提出

"我行吗"的问题。那么,他们对这种教改就会持怀疑态度,不予支持。

(3)学校的教学设施设备跟得上改革的步伐否?教学资源配置是一方面的问题,包括教师资源、教室资源、信息资源等的配给。现在的中国高校还没有哪一所能做到人才培养的个性化、个案化水平。

(4)教改的教学管理难度加大。行政班被分类分层的教学班打乱,教学管理中的出勤管理、考试成绩管理、学分制管理、教务管理平台相应的功能配置等都要有所改变。

(5)对教师的素质要求更高了。需要老师更新观念,提高素质、水平来适应这种改革。

(6)对课程评价的要求也提高了。既要评价学生的学习状况,还要评价教师的教改成功与否,更好保证学业成绩评定的公平公正性。

(7)还有就是课程资源的奇缺与开发问题。分类分层意味着许多针对性强、适应性强的课程资源、教学设施、方式方法等与之适应。

总之,由于高职院校的办学能力和水平、办学资源和办学条件等因素决定了高职院校在实施分类分层人才培养过程中会遇到许多不可回避和解决的问题。

(三)职业教育与技术教育的关系问题

理清它们之间的关系有助于理解职业教育的培养目标定位、价值取向定位。职业教育与技术教育是两种不同的教育类型。

1. 职业教育和技术教育的不同特征

从世界上各个国家和地区对职业教育和技术教育的理解和探索发现,可见职业教育和技术教育是两种不同类型的教育,而且两种教育的分类也已在国际上达成了共识。职业教育和技术教育不同类型的划分主要是体现在其人才培养目标、课程设置及实施、实施机构、评价指标等的不同上。在区分两种教育类型并承认其各自系统体系的前提下,职业教育与技术教育的联系也是必然的。

职业教育和技术教育区别的最为关键体现是在人才培养目标的差别上:职业教育的培养目标以掌握职业经验为主,要求经过长时期实习养成某一职业所需的熟练技能经验和有关观念、知识、流程等。比如工农业技术工人和汽车驾驶、烹饪等人才,还包括要求熟练操作的其他工种。技术教育的培养目标以掌握理论技术为主,要求掌握某一专业一定的理论知识及较强的应用于实际的能力。这方面人才包括工农业担任技术管理工作的技术员,以及具有第三产业方面知识、能力要求相仿的人才。

不同人才类型的智能要求对课程的设置也不尽相同，而且课程作为人才培养最核心的环节，课程设置的合理性在一定程度上决定了人才培养目标的实现。因此，为培养职业教育和技术教育两种不同类型人才，课程的设置是非常关键的因素。职业教育和技术教育的课程设置的差异主要体现在实践课和理论课的比重上。在文化基础课方面，技术教育的课时数要远远高于职业教育的课时数，并要求达到一定的水平；在技术基础课方面，职业教育与技术教育相比明显课时少、深度浅、广度窄等而且课程要求也具有明显的不同；在专业课方面，技术教育的内容要比职业教育的内容宽广得多。

2. 职业教育和技术教育的联系

技术一直是科学的附庸的观念在人们心中是根深蒂固的，人们对于通过技术的科学化来解决现实中存在的问题由此发展技术教育的积极性也还不是很高涨。技术教育不是被置于科学的阴影下就是置于职业教育的狭小的范畴内，所以当下通过论证技术教育和职业教育是两种不同的教育类型是非常必要的。但是在承认技术教育独立性的前提下，探索两种教育类型之间的联系并进行协调发展和贯通则是更为重要的。

现代的技术教育最初是在职业教育基础上延伸、发展形成的，培养目标为技术员。早期的技术员大都是对技术工人进一步培训而形成，至今德国还保持这一传统模式。德国这种培养技术员的学校不招收普通中学毕业生，而是招收职业学校毕业生，学制两年。这启示了我国职业教育和技术教育"立交桥"的建立，虽然职业教育和技术教育是两类不同教育类型，但是在保存其自身特色下，可实现二者之间的沟通联系。目前，我国的大职业教育体系的弊端是在中等职业教育层次上盲目地合并两种不同教育类型的学校，虽然这种中等专业学校与技工学校和职业高中的学习年限接近，但是发展特色却有很大的差异。把不同特性的学制合并在一起，就会削弱对各种职业技术教育学制的领导和应用，会模糊职业教育各种学制的特色。再者，实施技术教育的高等教育层次的招生往往是面向普通学校教育的，对于职业学校的招生名额是非常少的。在目前我国职业教育层次还不能提升的现实下，技术教育的招生理应向职业学校毕业生倾斜。同时，我国目前的技术教育层次和级别的提升已经高于职业教育的层次提升。但是这并不意味着技术教育可以作为职业教育的高层次，而且高层次技术教育也在招收职校毕业生，它的人才培养目标也不全是高技能人才的定位，而是技术教育的技术员培养目标或者更高层次的人才培养目标。

正因为技术教育起源于职业教育，在初始时这两类教育的具体管理机构往往是同一的，在技术教育有了较大发展后才区分开来。例如英国培养技术工人归伦敦城市行业协会管理，20世纪60年代初创办培养技术员的学制后仍归该协会管理，直至1973年成立技术教育委员会后，才将这两类教育分开管理。技术教育和职业教育置于不同的管理体系下有利于自身的特色的发挥，但是由于这两类教育共同为解决制造工艺中的技术问题而培养人才，因此在教育分类的视角下职业教育和技术教育的联系也是必然的。

（四）高职教育人才培养过程的错位现象分析

自高校扩招以来，高等职业教育也得到了快速发展，表现为高职院校数和在校生人数已占据高等教育的"半壁江山"。但是，他们在规模扩张的同时，没有做到与内涵提升的同步实现，高职人才培养过程中还存在着诸多错位现象。

1. 高职人才培养方案制定的错位现象

人才培养本身是一个非常复杂的系统工程。在"人才培养方案的总体设计、核心课程及课程标准、课堂教学、实践教学、毕业标准等"的设计链中总会存在一些落差：在"总体设计、核心课程与课程标准"之间存在第一个落差；在"课程标准与课堂教学"之间存在第二个落差；在课堂教学与实践教学之间存在第三个落差；最后是总体设计与毕业标准的落差。在高职教育人才培养过程中，这种落差具体表现为以下几方面的错位。

（1）培养目标定位过高的理想与生源学业基础差的实际错位。

从2000年教育部《关于加强高职高专教育人才培养工作的意见》发布至2014年《国务院关于加快发展现代职业教育的决定》发布以来，各类文件对高职教育的培养目标曾有过"高等技术应用型专门人才""高技能人才""高素质技能型专门人才""高端技能型专门人才""高素质技能型人才""高素质劳动者和技术技能人才""思想政治坚定、德技双修、高端技能人才"等多种场合的定性描述。这些描述表明，国家对高职教育提出了较高的要求，寄予了极高的厚望。然而，随着招生政策的调整，自高等教育扩招以来，高职院校的生源日趋多元化，不仅有提前招生、单招、普招的学生，还有民族政策性招生（如四川省的藏区"1+2"、藏区和大小凉山彝区"9+3"），还有中外合作办学的国际生以及注册入学的学生，如此多元化来源的生源，又是最后批次的录取，再加上全国各地教育基础的不平衡发展，直接导致高职学生入学时的学业基础即使是在同年级、同专业比较的情况下也会参差不齐，且大多处于学业水平的低端。如此层次的生源基础与较高的高职教育目标设定之间，无疑存在着明显的落差。

（2）人才培养方案的统一性与学生群体多样化的错位。

高职院校不仅存在生源多元化的现实，学生的求学目标也呈现多样化表现，大致可分为四种类型：一是主要的"追求文凭型"，这部分学生学习成绩不是很好，就读高职只是图个毕业文凭。二是"追求技术型"，也是占比较多的类型，这部分学生学习目标比较明确，希望将来从事技术工作，因此，对学习非常用心。三是"继续升学型"，这部分学生学业基础较好，只是高考失利，不得已来到高职就读，进一步深造的愿望比较强烈，专升本和自考套读是他们的主要选择。四是"得过且过型"，这部分学生本就无意读书，只是迫于父母家庭的压力来到高职院校的。面对如此多样化、差别化的求学群体，许多高职院校的专业毕业标准仍然按照"一个专业一套人才培养方案"的要求来进行。"同一本人才培养方案""毕业时同一个面孔"的人才培养过程，不可能达到学生的多样化的诉求。

2. 培养方式的"学问化"与学生智能多元化的错位

高职院校从一诞生就面临两个困惑：究竟姓高还是姓职？就算定位于高与职的结合，也不知道怎么处理"高"与"职"的关系。或者"高""职"二元论？谁是纲？谁是目？这些都没有分清楚的话，何来"纲举目张"？

高职的姓氏问题决定着高职教育发展的起点和未来方向。姓高还是姓职，关系着学校教学培养目标的确立，关系着高职院校教学办学层次的设立，更影响着高职院校将来的发展。如果高职姓高，那么高等教育在我国教育领域中的历史由来已久，所以无论从办学规模、学术影响还是办学体系上都很完善，特别是在学历层次的设置上非常清楚，分别有本科学士、硕士研究生、博士研究生等阶段，满足社会不同需求。但随着高等教育的普及，高等教育的发展模式凸显出很多问题，如学科设置跟不上岗位设置和社会需求。所以，当1996年颁布的《中华人民共和国职业教育法》和1998年颁布的《中华人民共和国高等教育法》出现时，争议变小了。两个法律文件都正式确立了高等职业教育的法律地位，推动我国高职教育走上了依法办学的新阶段，即高职教育必须既姓高又姓职，还必须办出自己的特色、特长来适应行业、企业的需要，社会发展的需要等等，必须主动适应社会发展。

当前，我国高等职业院校的创建如雨后春笋，发展模式也开始多元化，如经济筹措和来源的多元化，办学模式的多类型化和多元化，学历教育与非学历教育共同发展，人才培养模式和目标多元化等。但与发达国家相比仍然有巨大差距，主要体现在高等教育与职业教育融合过程中的学历学位的层次设置及教育衔接问题上，即高等院校绝大部分学历起点为本科，高职院校属于第四批专科类院校，学历为大专，两者之间融合程度较低。虽然《现代职业教育体系建设规划（2014—2020 年）》提出了普通教育、继续教育与职业教育的融通体系，但是，目前还处于未建立阶段，属于空中楼阁。这一现状使得当前的高职教育存在如下问题：一是思想教育与技能培养的矛盾。高职教育重在对学生技能素质的培养，而高等教育偏向于对学生人格的培育、塑造，总体来说，普通本科院校的学生的综合素质要好于高职院校学生。另外，高职院校的学生一般都被视为"差生"，自制力不强，课堂纪律差，教师在课堂教学中不知该抓思想教育还是先抓文化教育。造成这种矛盾的根源在于高职教育还没有得到全社会的普遍认可。表现在：高职教育的学历定位为专科，低于普通高等院校的学历层次；高职学校社会地位低于普通本专科院校，地方政府或社会更多关注普通本科院校的发展；高职院校毕业生参加公务员考试、学历考试及职称考试受到了诸多限制等。而社会地位的偏差又导致了高职招收的学生入学分数普遍低于普通本科，教学对象的素质结构复杂和水平的参差不齐；加上他们中绝大部分又都是独生子，有着易丧失学习信心、自制能力较差的弱点。在课堂上就表现为：少部分上课认真听讲；其他学生有看课外书的，有趴在桌上睡觉的，有玩手机的，有打游戏的。教师们在授课中也常常处于到底是抓课堂管理还是抓教学的困境。二是高等教育与职业教育的矛盾。绝大部分高职院校的教学活动依赖于课堂讲授，这种教学方式主要以灌输为主，忽视实践技能的培养。中等职业培训又更多定位于纯技能性教育，缺乏理论知识的指导。这种现象常常使得高职学校学生在继续学业与工作的发展上会受到诸多局限。所以，在实际教学环节中，一部分高职教师常常会有意无意地将职业教育按普通本、专科教育层次进行讲授，忽视了实践教学；而另一部分教师又对理论教学重视不够，从而将专业技能、技术的运用和掌握作为教学的唯一。使得高职教育教学活动处于一个尴尬境地。这种两极分化的教学，让学生在将来的工作和学业中想上不能上，想下不能下，即学生因缺乏基础理论知识而在学习深造上存在困难，或者又因教师缺乏实践环节的教学，毕业生无法直接上岗。

高职教育到底是以知识传授为本位还是以就业导向为本位？如果仅以就业为目标，那么实践环节的教学就会刻意于某种专门技能的模拟训练，学生的创新意识和创新能力缺乏；如果过分注重理论教学，那么又会与职业教育的初衷背道而驰。重理论、轻实践的教学弊端，又会与高职教育人才培养目标相违背。此外,从我国目前的职业教育系统来看,职业教育和高等教育之间、高职教育和中职教育之间的层次衔接不畅,没有进行全衔接的一体化教学实验或改革。即使有少部分这样的研究,也是停留于纸上谈兵,没有实质性交往和利益交换,带不来质的变化。高一层次在招生上并不以低一层次为基础进行,高职高专招生以普通高中毕业生为主,本科层次的高职教育至今未能够形成人才培养立交桥,高职教育基本上都是终结性教育,没有研究生层次的高职教育。于是,由于高职教育"脱胎"于普通高等教育,深受普通本科教学体系、教学组织形式和教学方式方法等的影响,存在学问化倾向,人才培养的课程体系基本是基础课、专业基础课、专业课这样的"三段式",以教室、教师、教材为中心的现象依然存在。

根据加德纳"多元智能理论",每个人的智能特点都不尽相同,发展也不平衡。智力的基本性质是多元的——不是一种能力而是一组能力,其基本结构也是多元的——各种能力不是以整合的形式存在而是以相对独立的形式存在。而现代社会是需要各种人才的时代,这就要求教育必须促进每个人各种智力的全面发展,让个性得到充分的发展和完善。加德纳认为人的智力至少可以分为以下八个范畴:语言智力、音乐智力、逻辑数学智力、空间智力、身体运动智力内省智力、人际关系智力以及自然智力等。每个人都在不同程度上拥有上述八种基本智力,智力之间的不同组合表现出个体间的智力差异。教育的起点不在于一个人有多么聪明,而在于怎样变得聪明,在哪些方面变得聪明。[①]在加德纳教授看来是以能否解决实际生活中的问题和创造出社会所需要的有效的产品的能力为核心的,也是以此作为衡量智力高低的标准的。因此,智力是个体解决实际问题的能力和生产出或创造出具有社会价值的有效的产品的能力。我的高考生的智力怎么看呢?从高考成绩看,高职学生的语言、数理、逻辑智能相对较差。从高职学生的实际情况看,他们的身体动觉智能、音乐节奏智能和视觉空间智能等相对比较突出,带有明显的"实践性"特点。注重逻辑思维的"学问化"体系与学生的智能特点不够匹配,这也是当前在高职院校教和学两个方面相互埋怨的地方。

3. 评价方式注重"外显"与学生优点"内隐"的错位

在当前的教育评价体系中,如果把学生的世界分成显性和隐性两部分的话,那现行的评价体系则过分注重学业和课堂等显性部分,而淡忘了学生的精神世界和社会生活等隐性部分。"突出的问题是以单一的目标要求和评价标准对待所有人"。我们高职毕不了业的学生中,大多智力正常,却因为评价体

[①] 林崇德:《发展心理学》,人民教育出版社 2009 年版。

系和评价方式被否定了。没有从多元智能理论的角度来发掘高职学生身上的闪光点。要知道高职学生也是高考成功录取者，是正常人，他们在今后的生产生活中也表现了相当的正常性。不正常的恰恰是我们的教育体系和评价体系。现在，考试成绩仍然是评价学生的唯一标准，提供给用人单位的也是仅能反映毕业生显性能力的成绩单，而他们的隐性能力却无法反映，常常被遗忘。比如高职中不易毕业的少数民族学生，大多艺能优异，我们却不考核，要知道他们在他们的当地也算是出类拔萃的人物。

第二节 高职学生学业困难分析

如果要搞清楚高职教育的分类分层人才培养，就得搞清楚高职学生在校的学业状况，才能对症下药。

一、高职学校及学生情况

高职生是一个特殊群体，他们分布广、招收分数低，院校的办学水平差异很大，造成大为不同的高职发展现状。

（一）高职学生在校生情况

如绪论中表 0-1 所述，2016 年高职高专毕业生数 3 298 120 人，占当年本专科毕业生总数的 46.84%；招生数 3 432 103 人，占当年本专科招生总数的 45.85%；而当年专科在校生总数为 10 828 898 人，占当年本专科在校生总数的 40.17%。招生人数和毕业人数几乎占据高等教育的半壁河山。

（二）高职学校发展情况

在 2017 年的年度公报中，全国各类高等教育在学总规模达到 3 779 万人，高等教育毛入学率达到 45.7%。全国共有普通高等学校 2 631 所（含独立学院 265 所），比上年增加 35 所，增长 1.35%。其中，本科院校 1 243 所，比上年增加 6 所；高职（专科）院校 1 388 所，比上年增加 29 所。全国共有成人高等学校 282 所，比上年减少 2 所；研究生培养机构 815 个，其中，普通高校 578 个，科研机构 237 个。普通高等学校校均规模 10 430 人，其中，本科学校 14 639 人，高职（专科）学校 6 662 人。研究生招生 80.61 万人，其中，全日制 69.19 万人。招收博士生 8.39 万人，硕士生 72.22 万人。在学研究生 263.96 万人，其中，在学博士生 36.2 万人，在学硕士生 227.76 万人。毕业研究生 57.80 万人，其中，毕业博士生 5.8 万人，毕业硕士生 52.0 万人。普通本专科招生 761.49 万人，比上年增加 12.88 万人，增长 1.72%；在校生 2 753.59 万人，比上年增加 57.74 万人，增长 2.14%；毕业生 735.83 万人，比上年增加 31.65 万人，增长 4.49%（数据来源：教育部《2017 年全国教育事业发展统计公报》）。

据教育部官方网站最新发布 2017 年全国高等学校名单。截至 2017 年 5 月 31 日，全国高等学校共计 2 914 所，比去年增加 35 所。普通高等学校 2 631 所（含独立学院 265 所），比去年增加 36 所（独立学院比去年减少 1 所），成人高等学校 283 所，比去年减少 1 所。全国 31 个省份中，教育资源分布并不均衡，其中东部沿海地区教育资源较发达，江苏省高校数量达到 167 所；而西部地区教育资源匮乏，西藏高校数量最少，只有 7 所。其中，本科院校不到 800 所，其余皆为高职高专院校。

（三）高职专业设置情况

从我国 2015 年颁布的《高职高专专业目录》来看，我国高等职业院校的专业共分 19 个大类、99 个小类、共 747 个专业，几乎涵盖了行业企业所需的方方面面。主要涉及：农林牧渔大类、资源与环境大类、能源大类、土木建筑大类、水利大类、装备制造大类、生物化工大类、轻工纺织大类、食品药品与粮食安全大类、交通运输大类、电子信息大类、医药卫生大类、财经商贸大类、旅游大类、文化艺术大类、新闻大类、教育与体育大类、公安司法大类、公共管理与服务大类等。一般的高职院校专业设置在 30~50 个专业的居多，少数综合类院校的专业较多，达到 70 个专业左右；行业企业类专业设置较少，一般 20 个左右。各校的专业建设一般以学校自身的办学定位、师资储备、专业建设规划等有极大的关系。他们的历史积淀、所处地区和行业背景也是非常重要的影响专业设置的因素。

二、高职生学业困难分析

高职生入学就读一般实行弹性学制，其标准学制是 3 年，也可以在 2~6 年内完成（含休学、创业等，入伍除外）。那么，就读高职的毕业条件是什么？我们可以从高职生的人才培养方案当中来查询。一般包括：学生在校期间须修够本专业人才培养方案规定的所有学分，思想品德考核合格、体育达标、无处分或处分已解除，获得职业资格证、专业技能等级证或专业技能测试合格，活动体系考核合格，获得学院规定学分，等等。

（一）高职生毕业状况

高职生的毕业情况是什么？在每年由教育部与上海市教育科学研究院、麦可思数据有限公司发布的《中国高等职业教育质量年度报告》中有所展示。

他们主要从就业竞争力、专业培养特色定位、基本能力和核心知识测评、核心课程的有效性评价、求职分析、生源质量分析、校友评价、专升本分析等角度全面评价一所高职院校的办学质量。多年以来，质量报告撰写始终坚持第三方视角、坚持需求导向、坚持创新发展的理念，逐步形成了现在的由学生成长成才、学校办学实力、政策发展环境、国际影响力和服务贡献力构成的"五维质量观"。探索了不同维度的质量评价指标体系，持续引导高等职业院校和高职教育强化内涵、提升质量、成为当今社会了解职业教育的重要窗口。核心结果显示：

1. 学生自信、上进等良好素质逐步形成，实践教学社团活动的育人功能日益凸显

毕业生的就业率、月收入、专业相关度、母校满意度、自主创业比例、毕业三年职位晋升等比例稳中有升。毕业生就业质量进一步提高，职业发展上升空间扩大，为阻断贫困代际传递做出了应有的贡献。

2. 云计算、物联网、大数据、智能制造等相关专业发展迅速，支持新兴产业能力增强

高职院校深化产教融合过程中注重将产业先进技术等元素融入教学过程，企业的育人作用不断体现。专业教育与思想政治教育同向同行，呈现全方位育人的良好态势。信息化课堂教学渐入常态化，优质教学资源跨区域跨行业共建共享机制开始形成。

3. 高职教育服务脱贫攻坚呈现新态势，形成"专业支撑+产业扶贫""组团式扶贫"等特色模式

校村合作、校镇合作成为城乡融合新模式，成为乡村振兴人才培养的新特点，一批中西部地区院校正在成为当地发展的新地标。优质院校得到地方政府和行业领军企业的认可与支持，为中国制造注入新动力。服务贡献50强院校整体水平有较大提升。

4. 高职院校服务"一带一路"呈现区域特点，开放办学持续深化，境外办学更加多样化

专业教学标准和课程标准逐步得到国（境）外认可，来华留学与培训量增长明显但仍处于起步阶段，亟待高职院校加强专业标准建设，更需要各级政府的政策引导和资源支持。

为此，报告特别指出，高职院校的新兴专业在培养目标、规格与资源等方面面临挑战，传统专业的改造和融合同样面临新的挑战；高职院校那种重教书轻育人、重技能轻素质的现象仍然存在，教师队伍的双师型队伍建设仍然面临挑战；高职教育的政府和院校治理能力同样面临挑战，亟待提高。

报告还特别期待，各级政府以实际举措来加快落实国家有关深化产教融合的政策要求；加强对地级市属、行业企业属公办高职院校经费投入的督导与检查；推进高职院校建立健全依法治理、依大学章程自主管理，加强民主监督和社会参与的共同治理结构。高等职业院校要进一步推进全员、全过程、全方位育人等三全育人机制，将教师教书育人的责任意识落到实处；进一步加强师德师风的教育和培养，全面提高教师教书育人能力；要积极融入区域产业发展战略，以产业发展需求为导向，加快专业内涵建设，提高人才培养质量。

（二）高职毕业生存在的问题

普通的研究和观察一般从就业竞争力指数、毕业半年后的表现、就业率等指标进行就业质量的诊断。质量年度报告显示高职生近几年的毕业就业率基本达到94%左右，这也是高职教育引以为傲的地方。但是，高就业率就说明高职办学水平高、质量好吗？

1. 高就业率的隐忧

在2013年11月20—22日于广东南海举行的全国职业院校宣传部部长联席会议年会上，来自全国100多所高职院校的180多名院校领导和宣传部部长共聚一堂，掀起一场头脑风暴。当时刚刚闭幕的党的十八届三中全会吹响了新一轮全面深化改革的号角，高职教育如何抓住契机，如何以改革谋求更大的发展，成为年会最受人关注的议题。年会上，一些高职教育改革推动者的发言引人思考。他们共同关注了生源多元化，毕业生与企业需求不匹配问题；打破传统教育教学模式，避免那种"只见森林，不见树木"的人才培养模式。提出了分类分层人才培养问题；核心的是关注学生可持续发展能力的提升问题。要求克服教师讲授为主，变为学生练习、实践为主等。现在的高

就业率下面是只有60%左右的专业对口率，核心课程满意度并没有上升；高就业数据是人为的结果，稳定率极低。

2. 企业招不到员工的背后是什么

重庆信息职业技术学院院长徐九庆在他的《中国教育怎么了》一书中，也在评价和呼吁中国高职教育的不合理部分。教育是关系国计民生、关系国家和民族未来的大事。可眼下的教育问题重重——孩子们从进入学校的那一天起，就只是背书做题，逐渐变成了考试机器，他们的能力训练、品格塑造、价值观教育十分缺乏，分数和升学率成为多数学校和多数教师工作的指挥棒，一些"灵魂工程师"甚至开始争相追名逐利。人才市场上，一方面是大量的工作无人胜任，一方面却是大量的大学生找不到工作，很多接受过学校教育的人，进入社会之后热衷权力金钱，甚至为了一己私利不惜弄虚作假、混淆是非；还有近5 800万留守儿童，父母不在身边，缺乏爱，缺少关注，缺失家庭教育等等。

作者还通过大量的实际调查，以及对可靠材料和数据的分析，得出结论：当前的教育在"育人"这个根本性核心上发生了严重异化。提出了对中国教育的忧思：关乎教育者自身责任、就业、能力、品格、师道、价值、公平、礼仪、留守之忧。

作者在书中还分析到，一方面企业招不到人，另一方面却是大学生找不到工作。企业就算招到人，有些也是没有发展后劲的，他们知识差（没学好）、技能差（做不好）、身体差（三年大学生活都是打电子游戏闹的）、职业品质差（身体入行，行为入不了行）等等

3. 学校的盲目建设和盲目扩张

现在，高职院校从学校数量讲，增加很快，办学的门槛太低，把一个好端端的民族振兴的福利事业做成了赚钱的商业行业，有盲目发展的倾向，导致的结果就是各校之间发展的条件和水平差异很大，尤其是东西部发展的差异更大。为此，建立严格的准入制度和监控评价机制、进退机制很有必要。

（三）不能毕业学生状况

根据质量年度报告显示，现在的高职院校学生毕业率在95%上下，算是基本正常值。不能毕业比例5%左右，对学校来讲是正常的统计值，但是，对不能毕业的学生和广大家长来讲，就是100%的大事件。如前所述，各专业一般以人才培养方案规定的目标为准，涉及学分选修情况、思想品德发展状况、体育达标状况、处分状况、获得职业资格证、专业技能等级证或专业

技能测试合格状况,第二课堂完成情况等。

据四川某高职院校教务管理平台统计,其高职学生不能毕业的情况见表4-1。

表4-1 某高职不能毕业学生情况

年级＼原因	未交离校清单/%	未交实习考核表/%	未过英语等级/%	未过计算机等级/%	无资格证等级证/%	成绩不合格/%	处分未到期/%
08级普通类	31.58	23.68	51.3	40.78	29.21	82.89	1.32
09级普通类	45.61	28.95	53.53	30.71	23.95	66.30	2.63
10级普通类	0.63	0.63	33.14	25	31.88	80.02	36.88
11级普通类	28.49	30.45	30.72	18.71	36.59	65.63	5.31
平均	26.58	20.93	42.17	28.8	30.41	73.71	11.54
08级五年制	42.86	38.1	76.18	95.25	47.62	85.71	9.68
09级五年制	23.53	5.88	41.19	58.81	41.18	76.48	5.88
10级五年制	3.85	3.85	46.15	46.14	46.15	73.09	53.85
11级五年制	37.5	43.75	43.75	50.01	37.5	75	6.25
平均	26.94	22.9	51.82	62.55	43.11	77.57	18.92
10级藏区"1+2"	0	0	14.29	28.57	28.57	71.42	71.43
11级藏区"1+2"	6.06	6.06	0	3.03	19.09	100	57.14
平均	3.03	3.03	7.145	15.8	23.83	85.72	64.29

(资料来源:四川某高职院校教务在线平台毕业条件审核情况统计)

如第一章第三节所述,高职生不能毕业的学生中,成绩(学分)是共同性问题,几乎都存在学业成绩问题,比例达到84.47%。另外,在交离校清单和交实习考核表方面,除藏区"1+2"学生外,同一类别不同年级之间的学生毕业状况以及不同类别毕业生之间都存在显著差异。其中10级的各类学生在离校清单和实习考核表没有上交方面比例都很低,与这届学籍管理员的要求、催促有关,各系部辅导员催收材料、交材料积极,也造成了总体差异,充分说明加强管理的重要性。同时也说明学生在这两方面的马虎大意,不会认真对待自己的毕业工作。分别有18.85%、15.62%的不能毕业学生在这两方面有失误。在英语等级证书方面,不同年级的普通类不能毕业学生差异不显著,说明有共同性,42.17%的比例有点偏高。五年一贯制和藏区"1+2"学生没有英语等级证书现象差异显著,没有规律可循,可能与学校对藏区"1+2"和五年一贯制学生的英语等级证不强制要求有关。现实中,五年一贯制和藏区"1+2"学生都普遍存在不能考取英语等级证书现象。在计算机等级证书方面，除普通类毕业生外，无论哪个类别都存在较高的拿不到证书现象，他们分别是普通类为 28.8%、五年一贯制为 62.55%、藏区"1+2"是 15.8%，总体平均为 35.72%，这应足够引起人才培养方案制定者和管理者的注意。在职业资格证书方面，不能获取的总体比例为 32.45%。在处分未到期方面，藏区"1+2"学生有较高的比例，其余不能毕业生中，也分别有普通类 11.54%、五年一贯制 18.92%，总体不能毕业生中有 31.58% 的学生因此不能毕业。最后就是男女性别差异明显。现行的高职人才培养过程造成这么大的性别差异，需要各环节加以注意，特别是关注男生的发展。

第三节 高职学生学习困难的原因和对策分析

高职生有上述状况，不论是毕业后就业质量不高还是不能毕业，的确对个人和家庭来讲是百分百的大事。先来说就业质量，主要体现在月收入、工作与专业对口率、职业吻合度、离职率等方面。收入的高低，从一方面来讲，是本校培养的毕业生质量的市场价值直接体现。工作与专业对口率越高，体现了专业培养帮助毕业生更多地得到了市场价值的实现；职业吻合度，反映了毕业生所从事的职业和其期待的差距；离职率低，稳定性较强。从一方面来讲，反映了毕业生与用人单位匹配度较高，毕业生满足了用人单位的需求，用人单位也符合了毕业生的期望。较低的专业对口率、较高的离职率都反映了人才培养过程的不足。那么，在高职的整个人才培养过程有哪些不足呢？学术界有许多讨论。

一、高职学生学情讨论

对于高职生的学情而言，不同的学者有不同的讨论。比如戴小红[①]提出提升学生学习方法是大学教学的主要目标之一，学情分析是人才培养的重要基础。进而提出了"基于学的教"的观点。以教法和学法的链接为主要途径，通过知道学生学习方法能力的提升，实现教学相长。他了解学情从学生对学校的评价或者说满意度开始的，主要从对学校的满意度、教学设备、专业、

[①] 戴小红：《高职大学生学情分析的实证研究》，载《黑龙江高教研究》2014 年第 1 期。

课程、教学、管理等的评价，来摸准学生对学校的大致心态；其次，通过对学生生活环境的评价来了解学生生活状态；再次，通过对高职生自身特性的评价来了解学生所处自身状态，主要是生活起居、健康状况、情绪管理、消费理财、品行表现、守法表现等；四是对自己学习能力和方法的评价来了解学生学习期望状态与现实要求的差距；五是让学生审视自己的梦想，究竟想做什么，成为谁。通过研究发现，当代高职学生存在的问题是：自我意识强烈与自我调节能力薄弱的矛盾；自主学习需求旺盛与学习习惯、方法能力缺乏的矛盾；教师的教法与学生的学法脱节的矛盾。所以，必须开发学情调研分析工具，准确把握学情；开发方法论课程，提升方法能力；以学情分析为基础，开展教法与学法的链接，做到"基于学的教"的微课堂教学改革。

苏海花[①]针对单招导致的学困生的情况分析认为学困因素拉源于三个方面：一是一次性的直接因素——学习活动的失败，基础学力欠缺，学习方法、教学方法及内容的欠缺等等；二是二次间接相关因素——性格和智能结构缺陷等；三是三次性间接因素——对学校、班级、老师的不适应等。所以，只有试试因材施教、分层施教策略；实施项目案例教学法，在情境中发展能力；全程实施赏识教育，尊重和重视学困生；采取优生差生结对帮扶策略，才能避免学困生的出现，甚至影响其毕业。

郑永进、吕林海[②]的研究认为：学生自身学习努力程度和学习满意度总体较高，学习投入度、学习满意度和能力发展在不同年级间存在显著差异，高年级学生优于低年级学生。且不同院校间存在显著性差异，国家骨干院校优于国家示范院校。地区差异是中部较强，东部次之，西部较弱。

陈爱民[③]通过对高职生学习困难的调查分析中指出，学习困难在于，学习意愿、学习目的、学习方法、学习成败的归因、学习困难的表现、学习环境的评价等。学生的选择比例是：学习基础差 31.6%，缺乏学习毅力和自觉性 21.7%，没有兴趣 20.2%，方法不适合为 13.4%等等。所以应该弥补学生先前不足（增强学习动机、提高自信、补充基础等）；优化学生学习环境等策略来实现高职生的发展。

陈昌芬[④]则用文献统计法从核心期刊对高职学情研究的状况统计来分析

---

① 苏海花：《新形势下高职学困生学情分析与突破策略》，载《才智》2014年第9期。
② 郑永进，吕林海：《我国示范和骨干高职院校学生学情的调查报告》，载《教育研究》2016年第11期。
③ 陈爱民：《建构主义视域下学习苦难高职生脱困方法初论》，载《教育与职业》2016年第1期。
④ 陈昌芬：《我国高职学习策略研究综述》，载《三门峡职业技术学院学报》2017年第2期。

高职生学情状况。结论是研究领域宽、研究类型多样化、数据采集多角度、数据分析多元化等较好态势，但是也存在学习策略领域研究不均衡、专业学习策略研究不丰富的局限性。从研究领域看，外语研究篇数最多；从学习领域看，主要涉及总体学习策略、自主学习策略、计算机辅助策略和外语学习策略等方面。

（一）高职生学业困难的理论模型分析

一般而言，只要讨论学习困难、学习成绩差等等，都离不开一些核心的关键的因素：一是心理、智力因素；二是环境因素；三是行为表现，等等。下面我们进行这方面的讨论。

1. 心智因素讨论

对高职学生心理智力等问题的分析与教育对策研究，有利于我们对高职学生专业教育工作的顺利开展，同时对培养符合新时代要求的、高素质的高职生这一目标具有重要意义。我们可以从高职生自身的生理特点和所处的年龄阶段特征、自我意识状态、情绪情感发展、意志力水平、人格特征、承受挫折力、学习状况、人际交往能力、就业状况等方面进行具体的分析和研究。还可以深入剖析高职生存在的心理问题及其原因，比如自身方面、学校方面、家庭方面和社会方面等四个方面对其心理有什么样的影响。然后综合地运用心理学、教育学及社会学的原理和方法，将影响高职生心理智力方面的原因，运用心理学的科学方法，解决高职生的管理。

总之，高职学生的心理智力方面，有强有弱，与本科院校学生相比，智力发展水平中的逻辑思辨、语言沟通能力稍差，但是心理健康水平、运动能力较强。他们在接受技能性内容方面强于本科院校的学生；在情绪智力方面有强于本科生的一面，因为他们在中学主要因成绩原因长期得不到认可和重用，能坦然面临挫折，能重新站起来做某件事情；但是又因为对失败的归因等心理特质的影响，高职生的情绪智力又有放任自流的一面。可以这样说，他们有远大的理想，没有实现理想的毅力；有良好的愿望，没有完全实现愿望的能力。所以，研究解决好高职生心理智力问题，才是解决高职生发展的根源问题。

2. 环境因素

高职生成才环境可以分为内环境与外环境。内环境是指与大学生的生理特点、意识与心理特征、学习动机及学习目的有关的一种内在体验。比如我今天觉得学习轻松，我今天学习觉得不舒服等体验性评价就是内环境。成才的外环境是指学习环境、校园环境、社会环境、家庭环境、信息环境等的综合影响，所谓："如芝兰之室，久而自芳也；入鲍鱼之肆，久而自臭也。"外环境是一种大的熏陶因素，有决定性影响，染苍则苍，染黄则黄。也可以说成"屁股决定脑袋"。即所处环境，决定他所做的哪方面事情。从影响高职生成才的内、外两个环境着眼，分析影响高职生成才过程的重要因素与内在规律，提出创造成才环境的途径与切入点才能解决好高职生发展的条件问题。

3. 行为表现

学习不良往往有一些行为表现。一般而言，"弱差生"有以下行为表现：注意力不集中，上课容易走神，爱有小动作；学习效率低，作业拖拖拉拉，做题慢；记忆力差，单词、课文记不住；不爱读书，或读书慢，理解能力差，缺少想象力；做题马虎，大题不会做，小题总出错。

高职教育属于高等教育的一种，有的老师教学有天马行空、自由奔放的一面，这就容易造成高职生因听不懂而走神、找人聊天、耍手机、睡觉等课堂注意力不集中的现象。正因为他们听不懂或者一知半解，所以学习效率低，作业完不成，拖拖拉拉，大量抄袭。当然这些现象的根源还是高职生的心智特点决定的，从小开始的训练和习惯造成了这部分学生普遍记忆力差，也是高职生的行为表现之一。记忆力是一种长期训练和习惯养成的心理问题，属于系统工程，但是后期的有意识地弥补和训练也是有效的。高职生另一行为就是不爱看书，现在有了智能终端服务器，更是少了看书的习惯。纸质书与网页的阅读差异还是很大的，纸质书阅读可以反复韵味，做笔记心得，网页最多可以复制下载，基本不能书写自己的心得。不善于写心得也是理解力差、缺乏想象力的表现。正因为如此，在做题时候，他们就会马虎大意，或者一知半解，表现为审题不明、做不完题、答半截题、干脆不答题等。也就是通常所说的大题不会做，小题总出错。

（二）高职生学业困难的表现

要提高高等职业教育质量，加强高职院校的质量内涵发展，就必须深入研究制约高职发展的各种因素，找出制约高职教育发展的关键所在。其中，"教"和"学"的关系是主要矛盾。一直以来，高职研究关注"教"的多，而关注"学"的少。事实上"教"和"学"的关系是相互制约的，它们之间相互影响，相互依存，相互促进。为了了解学情实际，为教育教学提供依据，使教师的教学改革有的放矢，学院的教学管理符合实际，有效地提高学生的学习积极性，提高人才培养质量，我们必须了解学生学业困难状况。

1. 学习目的不明确、态度不端正

在仝玉琴、席尚君、王博[①]的调查中,"你上大学是为了什么",有 50.93% 的学生选择"成为一名有技术的专业人才,为国家和社会做贡献";有 22.10% 的人选择"报答父母的养育之恩"。说明只有一半高职学生学习目的是明确的,想通过高等教育,实现就业,并与社会责任联系起来。近半数的高职生还不明确"有为才有位"的根本道理。在学习态度方面,大多数高职学生的学习态度是比较认真的,但还有不少于 20% 的学生态度不端正,上课注意力不够集中,学习的自觉性不强。

2. 没有良好学习习惯

高职生录取分数低,属于高考录取的最末端。多年来分数线一直在 200 分左右,甚至有的省份招不够学生,完不成招生计划,采取注册读书制度,又受不到社会承认。很多高职生没有学习意识,不喜欢长时间坐在教室里面,不能静心是其主要表现。

3. 学习起点参差不齐

高职院校中的生源主要是普通高中生源、职业中学生源及中专升高职生源。普通高中生源有较好的文化基础;在专业技能课程的学习上,职业中学生源有一定的基础。学生有多样化的学习起点

4. 上进心不足,厌学现象较为普遍

大部分高职学生学习基础较弱,学习能力不强,缺乏正确的学习方法,学习上独立性、自主性、探究性均低于普通大学生。学生偶尔或不预习课程,仅有少数学生在课堂中讨论发言,作业也习惯抄袭。学习纪律松弛,不爱看书,上课看小说、睡觉、玩游戏等等大有人在。高职大学生更加热衷于考证,对基础课程的学习重视程度不如专业课程。其实很多高职生并不缺乏学习的热情,但懒于学习,不能制定适合自己的学习计划并坚持下去,长期以来没有形成适合自己的学习方法,且容易受到周围环境的影响搁置学习计划。

5. 个人修养差、缺乏责任心

多数"90 后"学生是独生子女,在中学阶段的学习成绩及各方面表现处于中下游,思想深处有一种挫败感和自卑感,缺少志向和远大目标。他们没有养成良好的生活习惯和卫生习惯,自由散漫、举止盲目、缺少理智,理想

[①] 仝玉琴,席尚君,王博:《高职学生学情调查分析与对策研究》,载《陕西教育》2015 年第 6 期。

信念模糊。

6. 自控力差，存在心理问题

缺乏持久的自我约束和自我管理能力，娇生惯养、懒散放任、追求享乐，男生女生交往方式欠妥及不受纪律约束现象严重。卡特尔 16PF 测验显示高职生的心理健康水平及学业成就水平略低于全国大学生常模，SCL-90 测验中人际关系敏感、焦虑、抑郁的因子得分高于普通大学生。

7. 消费观念超前，贪图享乐

受网络、手机、电视、各类报纸杂志、流行书籍的负面影响，养成了不断追求新鲜事物的心理习惯。他们追求时尚，渴望突破传统，消费倾向存在受虚荣心理影响而攀比，脱离家庭实际，走入消费的误区，追求高质量，不考虑父母的辛劳、家庭的承受能力等。

（三）学业困难原因分析

影响学生学业困难的因素很多，主要体现在学生自身因素、教学关系处理因素、学校管理因素和社会环境因素等方面。

1. 自身因素

主要就是学习基础差，素质不高。高职录取最低分数线一般都在 200 分左右，那些出名的国家示范、国家骨干等名校要高一点。很多高职学生的实际录取线都在 300 分以下。学生基础差是很普遍的现象。这些学生在中学阶段就由于学习习惯不好、学习方法不当等原因，造成学习成绩及各方面表现处于中下游，高考成绩也不理想，思想深处或多或少有一种挫败感和自卑感，心智不太成熟，缺少志向和远大目标，缺乏毅力和自我约束、自我管理的能力。这种状况实际决定了要让绝大多数高职学生的学习状态正面向上，的确难度不小，必须在教师正面引导、学生积极配合的情况下才有可能实现。

2. 教学关系处理的问题

如前所述，影响学生成才的因素中，教学关系的处理是一个主要矛盾，平常研究"教"的问题处理较多，研究关系、教学矛盾的较少。实际上，教学关系处理中有如下方面需要克服。一是教学态度不端正。高职院校有部分教师因为种种原因，出现教学态度不端正，不认真备课、上课，或者上课随心所欲，脱离教学内容，海阔天空，漫无边际，而在讲教学重点内容时候却蜻蜓点水，浮光掠影。一些教师甚至于对教材内容都不熟悉。如此教学态度，背离人才培养目标，直接影响学生的学习积极性。二是教学能力不强。合格的高职教师必须具备深厚的文化基础，深厚的教育科学理论和能力，精深的专业知识和精湛的专业技能、技巧以及教学艺术，才能在教学中游刃有余，充分调动学生的学习积极性。然而，有些教师对自己所讲课程的教学目标不清晰，既不会也不能对教材内容进行加工取舍，更谈不上教学改革；有些教师的课堂组织松散、管理呆板；有些教师的普通话水平太差等都会影响教学效果。三是重教轻学、师道尊严，教法陈旧、学法呆板。部分教师特别重视传统的模式，对先进的教学理念知之甚少，即使知道也不会用、不能用，属于死读书、读死书那种。教学组织中他们也不能以学生为中心，以主体间性理论为指导，实现教学双主体的互动性，只好不顾学生对知识的理解和信息接受能力，教学方法陈旧、形式死板，照本宣科，内容空洞枯燥，过程乏味、没有吸引力。特别是忽视对学生学习方法的指导，教师在课堂上自始至终扮演了一个传教士的角色。这种传统的教学根本不适应对感性知识敏感的高职学生。四是教学没有情感。现代教育心理学认为，课堂教学是师生思维活动和思维碰撞的过程，也是师生情感交流的过程。积极的情感能振奋人的精神，有效地促进大脑工作。低落的情感则会使人的大脑受到抑制，使人的活动力和想象力降低为平时的 1/2。所以，教师在教学中不能无视情感的作用。但高职院校绝大多数教师是非师范类院校毕业的教师，对于教育学、心理学学习研究得比较少，不善于与学生沟通，对待学生的态度过于严肃冷漠，在课堂上不能营造具有活力的教学氛围，以至于学生不敢请教问题；有些教师在学生犯错时不是耐心地批评教育，甚至于不尊重学生等。

3. 学校教育管理问题

低层次的高等教育，是大家对高职教育的普遍认识。学校自身对教育教学以及对学生的管理等有不同的思路和办法。大家知道，学生管理是一门"艺术"，所遵循的必须符合高职学生的基础实际，符合高职生的心理特点，符合高职教育基本规律。特别是辅导员工作必须要具备"爱心、细心、耐心、责任心和事业心"，要懂得与学生进行情感交流，正面疏导。目前，由于电信的发达，有许多辅导员利用手机管理，加上许多辅导员就是大学毕业生，虽然贴近高职生，但是，许多人没有扎实的教育专业知识能力、管理经验，并不擅长学生管理。主要表现在对学生专业思想教育引导不力，对学生的学习状况了解不多，对学生课余时间的利用指导不够等；学校纪律、考试制度等执行不"严"也比较普遍，对学生的学业困难也有一定负面影响。

4. 社会环境因素问题

人的成长的最大影响还是他所处的环境。社会大环境中的负面因素如网络诱惑、游戏诱惑、观念诱惑、安全不稳、地理位置等不良因素都会对学生的成长也会起到不小的负面影响，很多在学校好不容易树立的正面观点、意识，可能会被社会中一件不起眼的小事件所改变，所以社会环境的影响力和责任不容回避。

二、高职生学业困难的对策

找准原因才能对症下药，如前所述的一些学业困难的表现及原因，就需要高职院校各环节的教学、管理、服务等做到"全员育人""全过程育人""全方位育人"。

（一）做好顶层设计、夯实育人基础

这方面的工作还是有很多事情需要宏观把控的，像学院的教学理念、管理理念等意识形态支配体系，人才培养方案的制定体系，教学设施设备等办学条件改善体系、师资培训体系、管理指挥体系，等等。

1. 明晰教育方针，树立人才理念

高职教育是我国特色发展的一类教育，它的立身之本是为国家经济社会发展服务，为中国特色社会主义事业培养建设者和接班人，必须与生产劳动相结合。为此，高职院校首先就要吃透教育方针，树立正确的人才观，也就是培养思想政治坚定、德技并修、全面发展，适应社会主义现代化建设需要，具有良好职业素养、团队意识、创新精神、工匠精神，专业精湛高素质劳动者和技术技能人才。以此人才培养理念指导专业的人才培养。

2. 强化教学管理，做好"三全育人"

人才培养是一个系统工程，需要各方面的支持配合。高职院校在指挥育人的过程中必须坚持"全员育人""全过程育人""全方位育人"的理念，学校工作紧紧围绕教学中心工作展开，强化管理"三全育人"。

3. 明确专业建设核心，制定人才培养体系

人才培养离不开专业建设，专业建设有许多工作要做，最核心的还是专业基础工作，包括教育投入、实践经费投入、师资队伍建设等硬件建设，人才培养方案、管理制度、课程建设等软件建设。其中，人才培养方案是核心工作。

4. 强化师资培训，加强执行力度

好的理念、好的方案要求有坚强的执行力，人才培养主要执行者是教师，

因此，加强师资培训是关键的保证因素。师资培训有多种模式，一是学校教育：① 教育类课程的价值：教育学、心理学、教学论、教育史、教育科研等主要课程；② 重视阅读、笔记与研讨的开展；③ 重视见习、实习及其作用。二是教学工作总结：在听课、评课、总结、反思各环节上面下功夫。三是加强校本培训：根据领导生命周期理论：任何个体将经历从不成熟到成熟的过程。有效的领导方式是随被领导者的成熟程度而更新、调整。还可以采取请进来、走出去模式，加强培训体系化、立体化、多样化。四是重视"传帮带"制度的执行，一个新教师有了好的基础，还离不开实践锻炼来成熟。所以，良好的青年教师"传帮带"制度必须严格执行。最后是教师的科研、论文正确引导：其基本做法在于选题与写作上的建议：前期要大题小做，不要小题大做。成熟上路后，要做前沿的，不做扫尾的；要小题大做，不要大题小做。

5. 加强制度建设、重视管理体系

大学章程是大学治理的基本依据，必须强化内部制度保障体系建设、质量监控体系建设，确保人才培养质量。

（二）严格课堂教学，强化教书育人

1. 落实立德树人的根本任务

高职院校必须坚持党委行政领导抓教育教学的体制机制。首先是院长亲自抓教学工作；院党委成员分工联系各院、系、部。坚决落实高等教育必须是坚持党的领导，坚持社会主义办学方向，全面贯彻党的教育方针，坚持为人民服务、为中国共产党治国理政服务、为巩固和发展中国特色社会主义制度服务、为改革开放和社会主义建设服务的宗旨。其次是落实立德树人的根本任务。坚持和建立"全员育人""全过程育人""全方位育人"的"三全育人"机制，充分采用现代化信息手段、大数据功能等方式方法，为全面提高教学工作水平和教育教学质量服务。再次是加强课堂教学纪律。根据教育部41号令（《普通高等学校学生管理规定》）制定自己的《学生管理规定》。最后是加强了课堂教学及管理研究。要涉及课堂教学研究、如何融入社会主义核心价值观于课堂教学、提高教学质量、规范教学管理。

2. 落实强化教学基础地位

主要措施：加强系部组织机构建设，招聘新教师；强化组织领导，培训各级管理者和教师，在经费安排上教师优先；加强系部实验条件建设，使实训条件改善；评职、晋级、评优向教学部门倾斜；加强校园信息化水平建设、智慧教室建设，服务于课堂教学。

3. 健全课堂教学管理体系

健全教学管理制度，通过"废、改、立"等措施，使教学管理制度体系健全；还要健全院长、教学督导室、教务处、各系部、教研室、学科教研组等各级教学管理机构和运行机制。同时，制定各级机构负责人深入课堂听课的制度，规定一定的数量和质量，同时，还要坚持高职称领导干部上课的制度。

4. 严守课堂教学纪律

要建立健全《全日制教学管理规定》《督导工作条例》《课堂教学管理规定》《教学事故认定与处理办法》等制度体系，保证课堂教学纪律。同时，必须号召广大教职工在教学中必须坚持弘扬社会主义主旋律，遵守法律法规、严禁反党、反社会主义、破坏安定团结等言论出现。严禁宣传恐怖主义、极端主义、分裂主义；反对宣传邪教、封建迷信、恶意毁谤他人、破坏公序良行的言行。

5. 健全课程教学大纲管理和教案评价制度

规定各专业的每门课程必须具备教学大纲（课程标准），并通过各系部的各专业教指委审核通过，教研室保存，任课教师必须带齐相关教学文件才能上课。且规定教师必须具备教学详案、讲义等才能上课，每学期开学前必须准备 1/3 的备课量才准上课，等等。同时，在教学评价方面，建立相互听课、评课制度。建立领导评课、专家评课、学生评课、同行评课、自我评课相结合的教学评价制度，其评价分数、综合分数等成为评职晋级的重要参考依据。

6. 建立教材选用制度

首先，严格按照招标制度。其次，在教材选用、订购管理和教材建设中，要严格四个原则，一是选用原则，二是统筹原则，三是规范性原则，四是计划性原则，确保教材征订、编辑、使用的规范。再次，开发校企合作深化教学改革的教材。

（三）深化教育教学改革、提高课堂教学质量

1. 推进课堂教学改革

根据高职教育教学特点，以理论够用为度、重视实践操作能力培养。规定人才培养方案中理工类专业理论与实践课程的设置比例为 4∶6，文管类专业的理论与实践设置比例为 5∶5。在课堂教学中，教师必须做到工学结合，以任务菜单式教学设计，针对工作任务、岗位需求进行教学培训。同时在教学内容上还要求贴近新社会、新生产、新工艺的新需求，重视学科成绩评定，采取学习态度（考勤）、平时成绩与测验、期末考试等的综合评定成绩评定方式。

2. 加强课堂教学过程管理

如前所述的经常性、制度性的相互听课、评课制度，院领导讲课、听课、评课作为年终考核指标之一。其次，开展好教学督导工作，与院领导、系部领导、同行们等组成对课堂教学的监督和引导的监评、考核体系。

3. 对课堂教学效果评价

建立质量监督评价体系，它包含政府、企业、学校、第三方机构互动的评价体系。学校内部也要建立起领导、教师、学生三级督导和评教队伍体系，加强网络评教评学工作。

4. 突出教师主体，完善课堂教学制度建设

一是严格教师资格制度和准入制度，严格把控各类教师的聘用、考核关，包括外聘兼职教师的资格把控、工作量把控、教学过程监管等；二是修订完善教学管理制度，加强教学督导；三是对外籍教师、外聘教师的聘请和管理。

5. 改革教师考核与评价

一是建立完善教师评职晋级的制度。重视课堂教学，教师的课堂教学基本任务量也作为年终绩效考核的重要参照依据。二是推行专业负责人、专业带头人、学术带头人、学科带头人、教学名师等制度。三是建立新教师的"传帮带"制度，严格师徒协议、过程管理、验收管理等环节。四是与政府、行业企业等深度融合建立"大师工作室"，促进专利转化、技术服务、提高培训等工作。

6. 建立健全教师培训进修制度

一是加大教师培训、进修的经费预算；二是各系部必须有组织、有计划地申报教师轮训、进修、挂职锻炼，甚至学历教育提升、海外培训等；三是校内专门组织各种培训、讨论、交流会等；四是开展学术大讲堂，进行各学科的前沿研究讲座、弘扬社会主义核心价值观、创新创业等培训与演讲。五是加强校本培训，由校内外专家进行有针对性的专题讲座、前沿学科建设等培训。

7. 加强教学管理队伍建设

主要是建立健全分管教学院长、督导室、教务处、各系部、教研室、教学干事、教师（实验师）等管理机构和队伍，并通过各种培训加强各级队伍的素质养成。

（四）针对学生实际，开展有效服务

如前所述，高职生的学业特点和学业困难表现，我们只有采取有针对性

的教育教学、学校管理才能有的放矢。

1. 改善学习环境，创造良好学习氛围

学生的学习积极性在很大程度上受学校的校风、班风、学风、课堂气氛和他人评价等的影响。一个人如果在形成了勤奋好学风气的一所学校或一个班级，就会产生一种很大的环境的陶冶力量，使学生不知不觉地受到熏陶和教育，并表现出高度的学习热情。具体来说，对学生的要求应该明确、具体，让学生入学时就应明确标准；学校要加强引导，经常开展一些公共知识竞赛、学风知识竞赛，以及专业间、班级间的相关竞赛活动，激发学生的学习热情、兴趣和学习动机，在对学习优秀、在各类竞赛中成绩优秀的学生要给予表彰和大力宣传，营造良好的学习氛围。对于优生的"奖勤助贷减"的宣传动员也要加强。学校领导、教师与学生中建立平等和谐的关系，营造温馨的课堂氛围，用良好的学习环境感染学生。

2. 教师角色转换，改变教学模式

各高职院校探讨和研究多种适合高职学生的教学方法，调动师生双方的积极性。如案例教学法，这种教学法激发学生的积极性、主动性和创造性。美国哈佛大学法学院一直都在用案例教学法作为主要的教学方法，教学效果十分显著。还有成果导向教学法，这种教学法改变了传统的师生角色，教师将从知识传授者与灌输者的角色转变为学生学习的促进者、课程的开发者、群体的协作者、学生的学术顾问等角色。心理学研究也表明，学习兴趣的激发水平、学习动机的强弱对学习效果能产生很大影响。一般来说，如果学生对所学的知识感兴趣，他就会深入学习这方面，并且广泛地涉猎与之有关的知识，遇到困难时表现出顽强的钻研精神。

还有就是要根据高职学生的特点来教育教学，以提高人才培养质量为目的。重点要抓好以下几个方面：第一，增强教师责任心。责任心是办好事情的基础，也是师德的具体要求。应通过各项规章制度和严密的教学质量监控体系，使教师增强教书育人的责任意识。第二，深化课程教学改革。以改革更新教学内容为核心，压缩、精讲理论，落实好实践教学环节，保证专业知识的广度和深度，使课程内容与职业行业标准对接。第三，更新职教理念，提高教师业务水平。教师的专业知识、教育科学知识、专业能力、教学能力和职业素质会直接影响到教学质量，高职院校要把教师更新职教理念、提高综合能力和业务水平放在突出的位置，使教师的教育教学能力能适应学生特点和行业发展的需要。要完善培训体制机制和体系，创造良好的外部条件，鼓励、促进教师成长和能力水平不断提升。要将教师个体培养和团队培养相结合，开展针对性强、贴合教师实际的培训；要打通校企共同培养专业教学团队的通道，按专业教师进工厂、能工巧匠进学校的思路，实行工学结合的双岗交替，互兼互聘，达到专兼结合，优势互补，共同提高业务水平。还严格落实教学规范和相关制度，规范管理。特别是要将教研活动制度、导师制落到实处，引导教师加强教学研究，推动教学改革。此外，实行教学方法的教学改革。传统的"粉笔加黑板"模式已不能适应新时代高职生身心发展，必须适合高职学生擅长动作思维、形象思维的特点。教学要从"授受"的双结合开始和结束，并采用"理实一体、教练融合"等丰富多样的形式，增加学生参与感，让课堂充满活力，充分调动学生的积极性。同时，改革考核机制，制定科学的考核标准，改进考核、考评方式和手段，加强过程因素加入考核，突出技能考核的比重，让考核真正起到督促学习的作用。

3. 加强人文科技训育，提高学生的综合素质

在深化专业知识学习的同时加强人文科技素质的训育，使学生深刻认识到自身存在的不文明因素，改掉一些坏习惯，养成良好习惯，同时，养成科技素质，改变不良认知。学校各方面还应对学生赋予爱心，关心他们的生活，在日常生活中更要强化思想品德修养教育，使他们从认知、做事、做人等方面提升。

4. 创新学生管理

高职院校的学生管理也要适应高职学生基础差、学习动机不强但是自尊心强、喜欢技能性活动的特点，教育学生学会认知、学会学习、学会做人、学会做事和学会与人相处。教师全员都要学会和学生交朋友，尊重学生的人格，及时发现学生的优点，鼓励、引导学生上进；帮助学生制订职业生涯规划，并且要经常关注其职业规划的完成情况；注意组织召开座谈会、报告会，用成功的案例对他们进行正面的激励；通过开展第二课堂和教育实践活动，培养学生的创新精神，使学生对所学专业树立信心；学生管理要做到有细心、耐心、责任心。在关心爱护学生自尊的基础上严格纪律，增强学生的自我约束能力。

5. 引导学生的社会认知

社会大环境对学生的影响是全方位的，其中的负面因素对学生的成长的影响是不容忽视的。所以，应加强对学生的教育引导。一要教育学生树立正确的世界观、人生观、价值观。通过思想政治教育课、专题报告等，弘扬社会主义核心价值观。二要培养学生的事非判断能力。组织对学生有说服力的

活动等各种主题活动来感化、教育、实践锻炼。帮助学生明确肩负的社会责任，使学生能分辨优劣、判断是非、明事理、识大体，自觉地与社会不良习惯做斗争。通过这些引导，使社会不良现象对学生的学习和成长的负面影响降低到最低程度。

6. 重视校园文化建设

高职院校要加强校园精神文明的硬件建设。其中，学校在改善学生的学习、工作、生活条件方面应该下功夫，创造一种高尚、优美、整洁的校园环境，以利于陶冶学生的思想道德情操，增强师生作为学校一员的光荣感和自豪感。良好的校园物质文化环境、自然环境、群体文化、方式文化，促进学生身心的健康发展，提高他们的整体素质，为今后的职业生涯的可持续发展打下良好的基础，养成健康文明的生活习惯。

总之，学业困难学生各有各不同方面的困难，需要我们做好个性化、针对性的方案，注意学生良好身心素质和行为习惯的养成，告诫学生"勿以恶小而为之，勿以善小而不为"。使每一个环节、每一个时刻都成为促进学生发展的因素。

第四节 高职教育教学的质量监控与评价

人才培养质量是高校办学的生命线，光埋头拉车，不抬头看路是不行的。只生产，不检验产品合格与否，也是浪费资源的。因此，建立高职人才培养质量保证体系是非常必要的。

一、建立高职人才培养质量监控体系的依据

任何事物的建立都要有其逻辑起点、根本依据。高职教育质量监控体系的建立有三方面的依据。

（一）理论依据

高等职业教育作为培养高素质高技能、德技双修的应用性人才的社会活动，其最根本的是教育的方向问题、质量问题和效益问题，其中质量问题是核心。从本质上说，教学质量监控活动属于质量管理范畴，必然遵循管理规

律。高等职业教育学在我国还是一门新兴学科，职业教育教学质量监控与评价的诸多理论与实践问题尚处在研究与探索阶段。借鉴并运用现代教育学、现代管理学以及相关学科最新理论成果，完善与优化高等职业院校教学质量监控体系，具有较大的理论指导意义和较强的探索实践意义。

1. 教育学原理

教育学是研究教育现象、揭示教育规律、指导教育实践的一门科学。教育学中关于教育的概念、本质、目的、教学的原则、方法论、德育的基本内容、原则、道德观、方法，教育的效益等的研究，揭示了教育与社会、教育与人最基本的规律，为开展高等职业教育教学质量监控与评价提供了理论依据。其中"教育适应并促进人的身心发展"和"教育适应并促进社会发展"的内在、外在规律，对完善与优化高等职业院校教学质量监控体系具有指导作用。

高等职业教育学作为教育学的一个分支，主要是研究高等职业教育领域的现象，揭示高等职业教育发展的规律，探求职业教育内部及其与经济、社会之间诸多方面的联系，指导高等职业教育的实践，促进高等职业教育的发展。按照"教育适应并促进社会发展"的规律完善和优化高等职业院校教学质量监控体系，就能使高等职业教育坚持正确的办学方向，培养的"产品"能够满足国家与社会对产业结构、人才结构的需要；按照"教育适应并促进人的身心发展"的规律完善和优化高等职业院校教学质量监控体系，使高等职业教育与人的发展结合起来，从而使高等职业教育坚持科学正确的质量标准；按照教育学促进社会和人的全面发展的理论，高等职业教育监控与评价可分为宏观、中观和微观三个层面，其中宏观层面主要是为国家进行高等职业教育决策提供科学理论依据，保证高等职业教育沿着正确的方向发展，促进职业教育的改革和发展。中观层面主要是为地方政府教育行政主管部门对高等职业教育绩效进行监控和评价。微观层面则主要是高等职业院校内部对教学过程和教学效果以及学生质量进行监控和评价。总之，教育学理论和研究成果对完善与优化高等职业院校教学质量监控体系具有指导作用。

2. 管理学原理

管理理论又是一个影响高职质量监控的重要方面。全面质量管理理论：全面质量管理（Total Quality Management，TQM）是指"一个组织以质量为中心，以全员参与为基础，目的在于通过让顾客满意和本组织所有成员及社会受益而达到长期成功的管理途径"。推行全面质量管理的基本要求，可以概括为"三全式"质量管理，即全过程的质量管理、全方位的质量管理、全员性的质量管理。教学全面质量管理是学校借鉴现代企业生产活动中的全面质量管理思想，在教学过程以及管理过程中建立的监控系统和管理制度，利用一系列科学的方法和手段，对影响教学质量的各因素进行的全过程育人、全方位育人、全员育人的全面管理活动。在高职院校的教学质量监控中，全过程育人指的是高等职业院校教学质量贯穿于人才培养的整个过程，即从市场调研、专业设置开始，直到招生过程、教学运行过程、辅助教学工作过程、考试过程、毕业教育、就业指导直至学生毕业后的跟踪调查的全程监控。全方位育人指的是高等职业院校人才培养的全部要素、各个环节，不仅仅是教学全过程，还包括与人才培养质量有关的所有工作的质量，如学生管理、第二课堂、社会调查、实践能力的培养、创新精神的形成、校园文化的形成等。全员育人指的是各个部门、各个单位的全体教职员工与学生都是教学质量的参与者。全面质量管理理论是完善高等院校教学质量监控体系的重要理论依据。

3. 系统科学理论

系统科学理论是从 20 世纪 40 年代产生的，包括系统论、控制论、信息论。系统论是研究一般系统的模式共同特征、原则以及规律，并对其功能进行数学描述的一门科学，强调整体原理；信息论是揭示信息的本质，用数学方法研究系统信息的输入、传递、变换、储存和处理的科学，强调反馈原理；控制论是研究各类系统的调节和控制规律的科学，强调有序原理。系统科学理论是在基础科学饱和，没有发展方向的情况下产生的；它的思路是把科学眼光回移、横移、交叉；它的作用就是把各学科融合、沟通；它的结果是造就了大量的边缘学科、交叉学科、新兴学科。系统科学理论为现代化管理提供了有效的方法。系统科学理论把管理活动作为动态系统，把信息作为分析系统内部和外部联系的基础，把控制作为实现系统优化的手段，形成整体优化、信息管理和过程控制的现代化管理。以系统论为核心的系统科学管理理论按照事实本身的系统性，把研究对象当作一个整体，为现代科学技术和现代管理技术的发展提供了新思路、新方法，也为高等职业教育的改革发展以及高等职业院校教学质量监控评价活动提供了基础理论和基本方法。

（二）现实依据

对高职院校人才培养质量的监控有其现实基础。一方面，国家有教育方针作为航标灯在指引高职的教育教学；另一方面，学校也有自身的管理系统、评价系统在监督教育教学的发展，这也是高职办学的基本要求，国家也有这方面的督导和监控评价体系，比如：高职人才培养状态数据平台的填报，年度人才培养质量报告的撰写与提交，教育履职情况的报告，等等。

1. 提高办学质量是社会对学校办学质量的基本要求

学校是社会的基本单位之一，它的运转有其内在基本规律，但是，它的运转也必须符合社会发展的基本要求，社会作为学校的"投资者"，必须要求学校有所回报，这就是经得起实践检验的社会各行各业所需人才的培养。行业标准、企业需要就是制约高职院校办学的基本要素。

2. 提高办学质量是学校自身的内在必然

任何学校都必须在人才培养上给社会一份满意的答卷。自身的内在运行也必须以教学为中心，以人才培养质量的考核为唯一标准。所以，做好"三全育人"工作是学校的内在必然。

（三）价值取向

主要是基于培养什么价值取向的人的问题。历史上关于教育培养人的价值取向问题有以下5种观点：

1. 神的旨意观

夸美纽斯认为，上帝由于忙不过来才造人的，造人的目的是代替他主宰世界，人要主宰世界就必须通晓世界万物，这就是教育的起源了。但是，人通晓万物可以使人正直高贵，但最终人和万物都皈依上帝。

2. 新托马斯主义

托马斯·阿奎那是中世纪最著名的神学家，其《神学大全》是所有学校、所有人必读的作品。他的关于人的培养的价值取向也是一种神学观点。目的是使人在拯救人类灵魂的宗教影响下，使人和万物都皈依上帝。

以上两种神学观点，现在基本没有市场了。

3. 个人本位论

个人本位论诞生于18和19世纪的西方资产阶级革命时期，一方面是为了满足资产阶级革命的需要，另一方面也得到了自然主义、功利主义以及新的国家学说的支持。以卢梭、洛克、裴斯泰洛齐、福禄贝尔等为代表人物。他们的主要观点是：

（1）教育目的是根据个人发展的需要而制定的。教育在于使人的本性得到最完善的发展，除此之外，教育没有其他目的。也就是说，教育目的不是根据社会的需要而制定的，如果按一定的社会要求来培养人，来规定教育目的的话，就会使教育成为一个强迫的、外在的过程。就会抹杀人的本性。

（2）个人的价值高于社会价值。社会的价值只在于它有助于个人的发展，评价教育的价值也应当以其对个人的发展所起的作用来衡量。有人说：社会是铸模，个人是所铸造的金子，金子的价值必然高于铸模。因此，应当由个人来决定社会，来决定个人。

（3）人生来就有健全的本能，教育的职能就在于使这种本能不受影响地得到发展。他们认为，如按社会要求去要求人，就会阻碍这种本能的健全发展。卢梭就提出，凡是出自造物主手里的东西都是好的，一转移到人的手里就都变坏了。人是被腐败的社会弄堕落的。因此，教育儿童要把他放在腐败的社会之外，远离文明，在自然怀抱中进行，必须把儿童从社会的影响下挽救出来。

个人本位论在教育上和社会上都具有一种革命的作用。个人本位论的教育提倡解放个性、尊重人的价值，对促进人的个性的发展是有积极意义的，但它忽视社会的需要，把"自然性"与"社会性"、"个性"与"共性"对立起来，把个人凌驾于社会之上则是不可取的。我们必须认识到，个人的个性化并不一定与社会要求一致，甚至存在一定的冲突，如果用个性化排斥社会对教育的制约和社会对人才的需求，就会陷入极端的个人主义泥潭。

4. 社会本位论

社会本位论主张教育要适应社会需要，体现教育的社会价值，培养符合国家根本精神的有用公民。社会本位论亦称"国家本位论"。这派理论主要以西方19世纪下半叶开始的"社会学派"为代表，理论基础是国家利益至上，法西斯主义、军国主义或狭隘的民族主义。其代表人物有孔德、涂尔干、赫尔巴特等。他们的主要观点是：

（1）教育的对象虽然是人，但人都是社会的人，个人的一切发展有赖于社会，都要受到社会的制约。所以，教育目的的立足点应是社会，而不应是人。

（2）教育除了社会的目的以外并无其他目的。他们认为，在教育目的的决定方面，个人不具有任何价值，个人不过是教育的原料，个人不可能成为教育目的。教育目的只在于把人培养成符合社会准则的公民，使人社会化，保证社会生活的稳定与延续。

（3）教育的结果只能以其社会的功能来加以衡量。他们认为，教育结果的好坏，只能以它能否维持人类的生存和社会的繁荣来加以衡量。离开了社会，就无从对教育结果做出衡量，为达到某种结果而提出教育目的也必然成为一种没有意义的东西。

社会本位论者主张从社会需要出发提出教育目的，强调社会的价值。社会本位论将对教育目的考察的角度从宗教神学转移到国家和社会事业上来，这是一个很大的进步，这种视角的转换在近代有助于教育与教会的分离，在当代有助于动员国家和社会资源来发展教育事业。但是社会本位论用社会要求压抑个体发展，否认教育目的受个体制约，忽视了个体的特殊性，否认了个体在社会和国家生活中的积极能动作用，违背了教育的人道主义原则。

个人本位论和社会本位论在处理社会和个人的关系上，都走向了极端，所以都是不正确的，只有将社会发展需要与个人发展需要统一起来，才是科学的、正确的。

5. 个人社会统一论

个人社会统一论就是教育要把个人需要和社会需要这两种价值取向统一起来的基本主张。这种思想古已有之。孔子为首的儒家在《大学》中提出了"三纲领""八条目"。"三纲领"就是大学之道，在于明明德、亲民、止于至善；"八条目"就是格物、致知、诚意、正心、修身、齐家、治国、平天下，深深地把个人和社会紧密结合。当今社会，职业教育广泛与社会各方面联系，更应该把人才培养与社会需求联系起来，做到人的发展需求与社会发展需求的和谐统一。

二、建立高职人才培养质量监控体系的目标

以提高人才培养质量、促进学院内涵发展为目标，按照国家对高职人才培养的要求，引入行业准入标准与专业国际化标准来构建学院各专业人才标准；与企业深度合作，制定凸显工学结合特点的监评制度；以毕业学生就业率、就业质量为评价核心，构建质量监评现代化信息平台；以"政、行、企、校"合作模式构建一支高水平的监评队伍，从而形成"四合作"模式下的质量监控与评价体系。总体目标是以工学结合为切入点，构建"政、行、企、校"四方联动的"合作式"教学质量监控模式，凸显高职特点的监控体系。具体来说，一要完善教学质量标准体系与学生质量考评标准；二要健全教学质量评价、考核、激励等制度；三要建设一支素质过硬、管理严格、内外结合的"四合作"式的监评队伍；四要建设信息化监控系统。

（一）监控体系建设

高职院校的质量监控体系源于政行企校、第三方专业机构、学生、家长等的共同需要，其基本框架如图4-1所示：

图 4-1 高职院校质量监控基本框架

（二）监控内容

建立一个监控体系框架：建立由控制要素系统，质量标准系统，信息采集、统计、测量与反馈系统，评价系统，组织系统和保障系统构成的一个监控体系框架。

建立两个质量标准：毕业生质量标准与各主要教学环节质量标准。

建立三套监评制度：教学工作检查制度，教学工作评价制度，教学信息反馈制度。

建立四级监评组织：院级（学院教学督导室）、系级（系教学督导组）、学生（学生教学信息中心）、社会（社会行业市场信息中心）的四级教学质量监控组织系统，如图 4-2 所示：

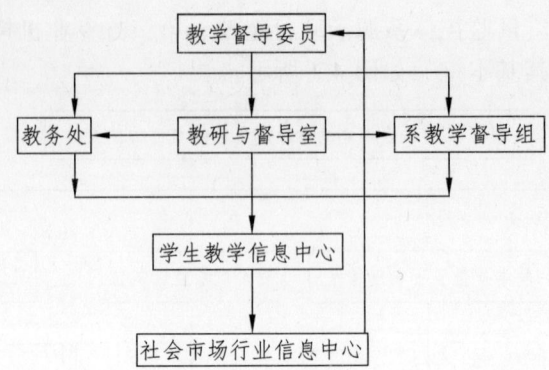

图 4-2　高职院校四级教学质量监控组织系统

建立五位一体教学信息反馈系统：建立了由学院领导、教务处、系（部）、师生、用人单位五位一体共同参与的教学信息反馈、调控体系，如图 4-3 所示：

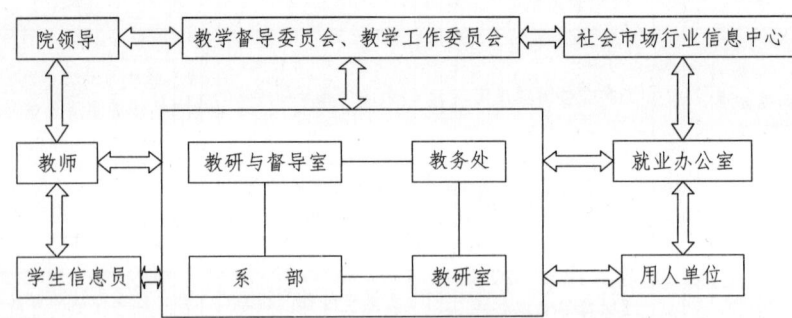

图 4-3　高职院校五位一体教学信息反馈系统

建立六种监评方式：质量检查、四评活动[教师评学、教师评教（教师自评、同行评教、系室评教、督导评教）、学生评教、学生座谈、信息反馈、运行纠偏、实施奖惩、质量跟踪等。

把握七项重点监控内容：人才培养方案的质量，教师教学工作规范，课堂教学质量，实践教学质量，教学管理工作规范及管理效果，毕业生质量，学院教学规章制度的制定与执行。

教学质量监控与评价体系的实施，促使教学管理更加规范，效果明显；教学秩序井然，学生评教、教师评学、师德师风评价的满意度高。

（三）运行机制

要紧紧围绕人才培养质量这个中心，由学院教学督导部门聘请"政、行、企、校"各方人员组成督导专家组,负责对学院的办学机制体制、方针目标、教学管理、专业体系建设等实施监控评价;由各专业(群)聘请相应"政、行、企、校"各方人员组成督导专家组,对本专业群各专业的建设发展实施监控评价;由在校学生、毕业学生代表构成教学信息反馈队伍,对教学质量水平进行学生评价;聘请专门质量评价公司对学院教学质量进行社会评价。

通过探索与实践,分析"政、行、企、校"各方的监评目的、功能与四方的联动关系,将教学质量监控评价体系由现在校方单一的监控评价模式扩展为"政、行、企、校"四方联动的外圆内方监控评价模式,将现有的校内监控评价拓展到人才培养全过程的监控评价。如图4-4所示:

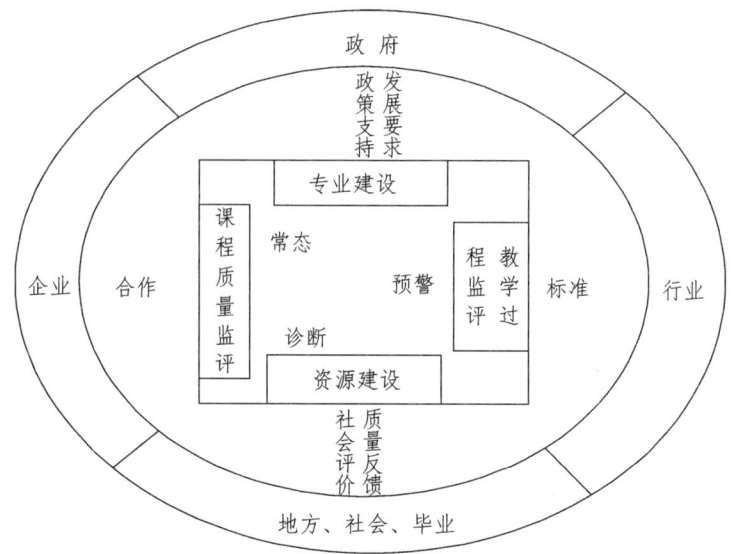

图4-4 四方联动监控评价模式

有了全方位的质量监控体系,就有高职的分类分层人才培养的保障。须不折不扣地执行下去。

第五章
高职分类分层人才培养的管理与服务

高职分类分层人才培养的过程是一个系统工程，在实施人才培养的过程中，必须加强管理和服务的研究和实施工作。首先是管理理论研究，主要从办学条件研究，比如资源配置不足、政策创新、体制机制研究、增大投入研究、壮大师资队伍和管理队伍研究、资源优化研究等等。其次是高职分类分层的人才培养实践研究，在教学实践、质量评估、教务管理、信息化建设等方面的研究。再次是高职分类分层人才培养服务体系研究，研究如何促进"三全育人"高职院校的建设。

第一节 高职分类分层人才培养管理研究

我国高职院校的分类分层人才培养还处于起步阶段，还没有哪所大学能够实施这种能够分类分层人才培养的教学和管理。一是中国的高等教育扩招，各高校基本都是人满为患，办学资源还不足以满足不同人的不同学习需求。二则是互联网、资源库等软件条件的开发和使用也处于初始阶段，资源不足，网络不畅，个性化学案制定容易，执行却难。

随着高职教育越来越受到各方面重视，高职的教育规模、内涵、质量等都有了长足的发展，特别是教育投入的增加，成了考核各地政府、行业、企业办学的硬指标。规模、质量的上升也引发了各方对高职管理研究的热情，都在探讨如何在提高质量、内涵、办出特色的基础上更上层楼，同时，关注不同类型的学生个性成长，关注不同层次学生的发展。

一、关于政策文件规划研究

国家出台许多政策、文件、规定等促进高职办学条件的改善，确保办学公平。这些保障可以分成许多层面，首先是法律层面，然后是政策、规划、规定层面。

（一）法律层面

（1）《中华人民共和国宪法》，1982年12月4日第五届全国人民代表大会第五次会议通过，1982年12月4日全国人民代表大会公告公布施行。在此基础上，1988年、1993年、1999年、2004年、2018年共进行了五次修正。《宪法》第四十六条规定：国家培养青年、少年、儿童在品德、智力、体质等方面全面发展。

（2）《中华人民共和国高等教育法》是为了发展高等教育事业，实施科教兴国战略，促进社会主义物质文明和精神文明建设，根据宪法和教育法制定的法规。由中华人民共和国第九届全国人民代表大会常务委员会第四次会议于1998年8月29日通过，自1999年1月1日起施行。

（3）《中华人民共和国职业教育法》是为了实施科教兴国战略，发展职业教育，提高劳动者素质，促进社会主义现代化建设，根据教育法和劳动法制定的法规。由中华人民共和国第八届全国人民代表大会常务委员会第十九次会议于1996年5月15日修订通过，自1996年9月1日起施行。

（二）在政策、规定、规划层面

1. 政策、规定层面

历年来，通过国务院、中宣部、教育部、人社部、财政部等多部委制定了许多关于职业教育发展政策、规定。比较宏观的有：

（1）《国务院关于大力推进职业教育的决定》（国发〔2002〕16号），主要针对职业教育的改革与发展面临一些问题做出了决定。这些问题主要是一些地方对发展职业教育的重要性缺乏足够的认识；投入不足，基础薄弱，办学条件较差；管理体制、办学体制、教育教学质量不适应经济建设和社会发展的需要；就业准入制度没有得到有效执行，影响了受教育者的积极性；地区之间、城乡之间发展不平衡。

（2）《国务院关于大力发展职业教育的决定》（国发〔2005〕35号），与2002年文件的出台有相似之处，更是处于发展职业教育、改善办学条件的紧迫感而提出的。

（3）《教育部关于全面提高高等教育质量的若干意见》（教高〔2012〕4号），是为了深入贯彻落实胡锦涛总书记在庆祝清华大学建校100周年大会上的重要讲话精神和《国家中长期教育改革和发展规划纲要（2010—2020年）》，大力提升人才培养水平、增强科学研究能力、服务经济社会发展、推进文化传承创新，全面提高高等教育质量而提出的。主要要求高等教育智力发展的30个方面的发展要求。对高职教育的内涵式发展、特色发展、完善人才培养质量标准体系、优化学科专业和人才培养结构、创新人才培养模式等有明确的指示。

（4）《国务院关于加快发展现代职业教育的决定》（国发〔2014〕19号），是在我国职业教育事业快速发展，体系建设稳步推进，培养培训了大批中高级技能型人才，为提高劳动者素质、推动经济社会发展和促进就业做出了重要贡献。同时也要看到，当前职业教育还不能完全适应经济社会发展的需要，结构不尽合理，质量有待提高，办学条件薄弱，体制机制不畅的前提下提出来的。加快发展现代职业教育，是党中央、国务院做出的重大战略部署，对于深入实施创新驱动发展战略，创造更大人才红利，对加快转方式、调结构、促升级具有十分重要的意义。它的指导思想是：以邓小平理论、"三个代表"重要思想、科学发展观为指导，坚持以立德树人为根本，以服务发展为宗旨，以促进就业为导向，适应技术进步和生产方式变革以及社会公共服务的需要，深化体制机制改革，统筹发挥好政府和市场的作用，加快现代职业教育体系建设，深化产教融合、校企合作，培养数以亿计的高素质劳动者和技术技能人才。

（5）《教育部关于开展现代学徒制试点工作的意见》（教职成〔2014〕9号），是为了为贯彻党的十八届三中全会和全国职业教育工作会议精神，深化产教融合、校企合作，进一步完善校企合作育人机制，创新技术技能人才培养模式而提出来的。

（6）《关于印发〈高等职业院校内部质量保证体系诊断与改进指导方案（试行）〉启动相关工作的通知》（教职成司函〔2015〕168号），是为了落实《教育部办公厅关于建立职业院校教学工作诊断与改进制度的通知》（教职成厅〔2015〕2号），推动和指导各地和职业院校分类开展职业院校教学诊断与改进（简称诊改）工作而提出来的。

（7）《高等职业院校内部质量保证体系诊断与改进指导方案》，是为了推动高等职业院校（简称高职院校）建立常态化自主保证人才培养质量的机制，引导和促进高职院校不断完善内部质量保证体系建设、提升内部质量保证工作成效，持续提高人才培养质量而提出来的。

2. 发展规划层面

在发展规划层面，也有多个文件出台，谋划职业教育的长远发展。

（1）《国家中长期教育改革和发展规划纲要（2010—2020 年）》（以下简称《纲要》），是根据党的十七大关于"优先发展教育，建设人力资源强国"的战略部署，为促进教育事业科学发展，全面提高国民素质，加快社会主义现代化进程而提出来的。《纲要》指出：百年大计，教育为本。教育是民族振兴、社会进步的基石，是提高国民素质、促进人的全面发展的根本途径，寄托着亿万家庭对美好生活的期盼。强国必先强教。优先发展教育、提高教育现代化水平，对实现全面建设小康社会奋斗目标、建设富强民主文明和谐的社会主义现代化国家具有决定性意义。当今世界正处在大发展、大变革、大调整时期。世界的多极化、经济全球化正在深入发展，科技进步日新月异，人才竞争日趋激烈。而我国正处在改革发展的关键阶段，经济建设、政治建设、文化建设、社会建设以及生态文明建设等的全面推进时期，工业化、信息化、城镇化、市场化、国际化深入发展，人口、资源、环境压力日益加大，经济发展方式加快转变，都凸显了提高国民素质、培养创新人才的重要性和紧迫性。

（2）《现代职业教育体系建设规划（2014—2020 年）》（教发〔2014〕6 号），是为贯彻落实党的十八大和十八届三中全会精神，贯彻落实《国家中长期教育改革和发展规划纲要（2010—2020 年）》《国务院关于加快发展现代职业教育的决定》，加快发展现代职业教育，建设现代职业教育体系，服务实现全面建成小康社会目标。由教育部、国家发展改革委、财政部、人力资源社会保障部、农业部、国务院扶贫办等联合组织编制的。

指导思想是：以邓小平理论、"三个代表"重要思想、科学发展观为指导，按照"五位一体"社会主义现代化建设总体布局和加快经济发展方式转变的总体要求，坚持以立德树人为根本，以服务发展为宗旨，以促进就业为导向，深化体制机制改革，统筹发挥好政府和市场的作用，系统设计现代职业教育的体系框架、结构布局和运行机制，推动教育制度创新和结构调整，培养数以亿计的工程师、高级技工和高素质职业人才，传承技术技能，促进就业创业，为建设人力资源强国和创新型国家提供人才支撑。

总体目标是：牢固确立职业教育在国家人才培养体系中的重要位置，到 2020 年，形成适应发展需求、产教深度融合、中职高职衔接、职业教育与普通教育相互沟通，体现终身教育理念，具有中国特色、世界水平的现代职业教育体系，建立人才培养立交桥，形成合理教育结构，推动现代教育体系基本建立、教育现代化基本实现。具体分两步走：

——2015 年，初步形成现代职业教育体系框架。现代职业教育的理念得到广泛宣传，职业教育体系建设的重大政策更加完备，人才培养层次更加完善，专业结构更加符合市场需求，中高等职业教育全面衔接，产教融合、校企合作的体制基本建立，现代职业院校制度基本形成，职业教育服务国家发展战略的能力进一步提升，职业教育吸引力进一步增强。

——2020年，基本建成中国特色现代职业教育体系。现代职业教育理念深入人心，行业企业和职业院校（中等职业学校和高等职业学校的统称，下同）共同推进的技术技能积累创新机制基本形成，职业教育体系的层次、结构更加科学，院校布局和专业设置适应经济社会需求，现代职业教育的基本制度、运行机制、重大政策更加完善，社会力量广泛参与，建成一批高水平职业院校，各类职业人才培养水平大幅提升。

（3）《高等职业教育创新发展行动计划（2015—2018年）》，（教职成〔2015〕9号），是在为贯彻落实《国务院关于加快发展现代职业教育的决定》和全国人大常委会职业教育法执法检查有关要求，推动高等职业教育创新发展基础上推出的，是今后一个时期高等职业教育战线贯彻2014年全国职业教育工作会议精神和落实全国人大常委会职业教育法执法检查有关要求，深入推进改革发展的路线图，各地要高度重视，优先保证落实。主要目标是：通过三年建设，高等职业教育整体实力显著增强，人才培养的结构更加合理、质量持续提高，服务中国制造2025的能力和服务经济社会发展的水平显著提升，促使高等教育结构优化成效更加明显，推动现代职业教育体系日臻完善。达到以下具体目标：体系结构更加合理——人才培养的层次、规模与经济社会发展更加匹配，专科层次职业教育在校生达到1420万人，接受本科层次职业教育学生达到一定规模，以职业需求为导向的专业学位研究生培养模式改革取得阶段成果；服务发展的能力进一步增强——技术技能人才培养质量大幅提升，高等职业院校的布局结构、专业设置与区域产业发展结合更加紧密；应用技术研发能力和社会服务水平大幅提高；与行业企业共同推进技术技能积累创新的机制初步形成；服务中国制造2025的能力显著增强；可持续发展的机制更加完善——公办高等职业院校生均拨款制度全面建立；院校治理能力明显改善；职普沟通更加便捷，升学渠道进一步畅通；支持社会力量参与职业教育的政策更加健全；产教融合发展成效更加明显；职业教育国家标准体系更加完善；职业教育信息化水平明显提高；发展质量持续提升——以专业为载体的优质教育资源总量和覆盖区域不断扩大，支持优质专科高等职业院校争创国际先进水平的机制基本形成；多方参与、多元评价的质量保证机制更加完善；基于增强发展能力的东中西部合作机制更加成型；融人文素养、职业精神、职业技能为一体的育人文化初步形成；我国高等职业教育的国际影响持续扩大、国际话语权不断增强。

二、办学基本标准研究

伴随我国高等教育各个方面的发展和各项改革的稳步推进，原国家教委1996年发布实施的《核定普通高等学校招生规模办学条件标准》和《"红""黄"牌高等学校办学条件标准》（教计〔1996〕154号）已不再适应当前普通高等学校发展的需要。为此，教育部在委托有关部门进行专题研究、充分征求有关教育管理部门和部分高等学校意见的基础上，对上述标准进行了重新修订，办不了《普通高等学校基本办学条件指标（试行）》（以下简称《基本办学条件指标》）这些新标准成了普通高等学校入行的基本门槛。但是，这个门槛执行过程中重视开办条件检查，不重视过程检查，导致一些不够条件的学校弄虚作假办学，不能保证办学质量。比如在师资不足方面，外聘的专家、兼职老师根本停留在口头上、纸质上，或者合同上，真正实施的很少。办学经费不足，生均实验条件不足等等，其他在管理规范等方面更不用说。

另一方面，该文件还规定了逐年增长的管理举措，确保职业教育正常发展。这方面的研究和规定就是办学条件的保证，具体到校舍、生均办公用房、生均教学面积、生均图书、生师比等等。

与此同时，高职院校还进行了办学工作状态数据管理平台的填报工作，随时监控高职院校办学水平、办学质量的状态。所进行的评估制度、红黄牌制度、进退制度都是为高职保驾护航的。

三、理论研究

随着高职越来越受重视，各方参与研究的力量和兴趣也在增强。不论政府，还是科研院所、高等院校、第三方机构（数据公司、咨询公司、技术服务公司等）都在积极参与高职发展的研究。一般来说，理论认识的高度决定政策的选择空间，而实践水平的提高和领导者的喜好等因素会影响政策的选择、管理模式的选择。在中国知网上面检索，主题词为"分类分层"的文章有1 065篇，如果检索主题词为"高职分类分层"的文章则只有50篇。综述起来看，主要集中在以下研究方面。

（一）关于高职的定位研究

职业是把高职当成一种高等教育的类型的理论。这种理论是我国比较占上风的理论，甚至有人将高等职业教育定义为"与研究型高校并行不悖的，以培养生产、建设、管理、服务第一线的高等应用型专门人才为目标的一种高等教育类型。是职业教育的高级形式和一种全新的教育形式，兼有高等性、职业性、教育性"①。这种类型的教育是以培养操作型、技能型、实用型高级人才为特征的，与研究型大学的培养目标不一样，即把培养那种善于用脑、纯理论研究、或学理研究的人才培养模式区分开。只有这样，高职教育才能准确把握教育实质，按照自身运行规律培养实务型应用人才。

但是，高职教育也被当成了低层次的、差生云集的高级技工的摇篮，被人们所误解、瞧不起。不论是中职还是高职人，都有一种羞于提及自己职业的倾向。这是由于职业教育起步晚、起步的形势又很尴尬造成人们不重视。

（二）深化高职教育教学认识，建立完善法规制度

当代的职业教育因为我国社会主义建设的中心已经转移到新时代中国特色社会主义建设了，是全面建成小康社会的关键时期，所以，虽然职业教育走向了"工学结合"，但是还有许多事情需要做。

1. 研讨建立工学结合、校企合作的长效机制

认准了道路，就得扎实做好这方面的工作。国家出台了《职业学校校企合作促进办法》，需要我们分析我们面临的时代，高职人和行业企业合作的必要性，而不是一种研究噱头、政绩噱头，停留在纸质上、口头上。刘代友②在《试论高职校企合作的问题与长效机制的建立》一文中指出，目前的校企合作存在的问题是：高职教育地位低下、身份尴尬，是在"夹缝"中"应运而生"的。"夹缝"表现为是在普通教育基础上产生的一种对高考不足的补充性教育，地位低、身份低。"应运而生"表现为，随着中国的改革开放，大量的民营企业、中小微企业产生，需要大量的技术工人，职业教育恰恰弥补了这一不足。所以，中国职业教育是在卑微中、艰难地、茁壮地成长。发展到今天，已经成为中国教育的半壁江山，探索出了自己的一定的规律和道路。在校企合作方面，已有不少示范性高职院校找到了一些路子，但是，有些路子还很幼稚，还在成长。目前的不足是：

（1）模式单调、版本较低。

0.0版本：有些高职院校虽然希望搞校企合作，但是都是做给领导看的，总结基本上都停留在合同上，雷声大，雨点小。这是不入流的版本，误国误

---

① 郑为超：《论高晓青年教师的培养》，载《安徽理工大学学报（社会科学版）》2004年第6期。
② 刘代友：《试论高职校企合作的问题与长效机制的建立》，载《四川职业技术学院学报》2013年第5期。

民误教育，典型的官本位思想，形式主义表现。

1.0版本：就是学生和企业搞的协议，比如：富士康问我们要多少人，我们不问专业、爱好、兴趣直接送过去就行了，这个基本上也不能叫"校企合作"。

2.0版本：课程嵌入式的"校企合作"，引入一两门课程，结果，学生到了企业仍然不听话，专业也不对口。什么原因？不能融入企业文化。

3.0版本：既搞课程嵌入，也搞两、三个工程师去讲讲课、指导指导实践。结果学生是迷茫的、老师是纠结的，校长是困惑的，企业是焦急的，到学校里面去找人才那是一个传说。很多学生玩了三年游戏就跑到企业里面去了。学生就业之后为什么会失业呢？发展后劲不足，身体差劲等。

4.0版本：引入工学结合，注重项目式管理、菜单式教学，可以说形是而神不是，仍旧造就了就业质量不高的学生群体，体现在工资起薪不高、专业不对口、一年半载内下岗者居多、工作晋升难等问题。

（2）高职办学模式单一。

虽然高等职业教育采取多种形式、多种机制、多种模式的原则办学。现阶段，举办高等职业教育的学校有：短期职业大学、职业技术学院、普通高等专科学校，独立设置的成人高校、本科院校内设立的高等职业教育机构（二级学院）、具有高等学历教育资格的民办高校等。但是除去个别民办院校外，他们基本上是传统意义上的大学——关门办学。在培养目标、体制机制、实现途径等许多方面都和普通高校没有什么两样。即使有一些创新，也和上面描述的差不多。

（3）合作的分歧。

"校企合作"的共同动力在于：67%的高职院校是"解决就业"与73%的企业是"物色员工"，这是合作的基础。在合作的目的上有诸多差别与分歧，表现在：第一，政策缺失障碍（包括制度体系、税收信贷支持、劳动准入制度等）；第二，有效的合作机制障碍（激励机制、指导机制等）；第三，行业企业与学校由于观念、关注点不同等原因，在实施合作过程中或因看不到现实利益、或因行企机密，或因学校对行业企业服务的能力不强，或因校园文化与企业文化难以融合等等诸多因素造成双方的合作难以为继。

（4）行企参与职教的环境问题。

有政府号召，无政府相关政策、法律法规的指导。《国家中长期教育改革和发展纲要（2010—2020）》《教育部关于推进高等职业教育改革发展的若干意见》等文件明确提出了各地要推进校企合作，完善制度，明确政府、行业企业和学校在校企合作中的职责和权益。这说明校企合作中，地方政府及其领导者的态度，决定了校企合作的质量。政府职责的越位或者缺位是影响行企参加职业教育的关键因素。但现实中，各地政府要么越位（受制于政府部门，主要是受其各方面的管理、而行企参与职业教育的平台、体制机制不够）要么缺位（主要体现在对职业教育的重视不够、经费投入不足、指导、完善职教体系不足等）。地方立法等更是不足。无专家指导也是一个原因。在已有的校企合作中，除了政策支持不够外，专业的指导机构和专家队伍缺乏，也是校企合作的障碍之一。德国有工商联合会来组织、指导、实施"双元制"职教模式；美国、澳大利亚等国有国家或州的标准的资格框架、培训包。标准统一、达到标准的路径可以完全不同。法国的"学徒培训中心"模式则是在政府、行业协会、培训企业主导下完成职业教育的。无利益保障、无服务跟进也是环境不好的表现形式。行企参与职教要涉及利益分配问题。除了吸引优秀毕业生外，还要利用职业院校的科技服务能力和平台，利用师资、设备设施优势来提高企业的生产力，以获得更高的经济效益。而职业院校是为了培养人才的需要，其目的更为关注社会利益、长远利益。由于没有相应的法律法规的约束，行企的责任和义务已取决于行企领导人的个人认识和远见卓识。另一方面，由于职业院校的师资水平、科研水平不高，服务社会、服务企业的能力不强。难以攻克企业的某些技术难关，企业也得不到如期的回报，在一定程度上影响了行企参与职业教育的积极性。此外，利益驱动机制的缺乏，劳动准入机制的缺乏，劳动力市场的供过于求，致使不少行企认为，目前参与职业教育似乎"无利可图"。

那么，如何建立校企合作长效机制呢？我们觉得有以下几方面工作要做：

（1）明晰校企合作的内涵，找准校企合作的逻辑起点。

在合作的内涵上，可以把它界定为互惠互利的战略伙伴式合作关系。当代中国面临产业升级换代，需求的不是简单劳动力，全球化、产业化标准下的高职人才是什么？"技术应用性+国际化+创新精神"是基本要求。在培养过程中，要坚持厚基础、宽口径、多方向的复合型人才培养标准，要坚持学生创新能力的培养，有人将创新人才在学校的学习概括为四个"学"：学做人（Learn to be）、学做事（Learn to do）、学求知（Learn to know）、学共处（Learn to live together）。这种人怎么成才？环境决定一切！要讲求环境、职业化大师化的导师、科学的方法。才能使学生沿着学校人——企业人——职业人——社会人的道路前进。

剩下的事情就是找准逻辑起点。我认为"发现需求、优势互补、互惠互利、共赢发展"是合作双方的共同逻辑起点。要做好这些，就得先有一定的规范，这些规范包括：国家法律、地方法规、管理政策、专职机构和指导人员等的参与等等。然后就是充分发挥校企合作双方的功能，充分做好创新体制机制、凝聚资源、凝练办学特色、拓展服务、建立信息的、师培的、技术练兵的交互平台等工作。

（2）摸准职业教育发展脉搏、吃透国家政策精神、创新体制机制。

职业教育是一个总体系统，它的两个重心在于尊重职业教育内在、外在发展规律和做好服务。职业教育发展的规律和普通教育的规律一样，一方面受制于社会政治经济和人的发展规律的制约，另一方面也应该促进社会和人的发展。同时，职业教育还有自己的发展规律和特色。主要体现在三个层面上：在社会发展层面上，职业教育遵从与经济社会发展的规律；在教育事业发展层面上，职业教育遵从与普通教育相一致的规律；在职业教育自身发展层面上，职业教育遵从自身的教育教学的规律的同时，还要探索保持与产业发展、行业企业需求、社会需要等相一致的规律。目前的体制机制创新方面主要体现为：董事会制度、理事会制度、职教集团制度、股份制等形式，逐步摸索出了以企业的生产发展方向确定职教的专业发展方向，以企业的生产流程确定各专业的课程体系，以企业的工作岗位要求确定课程内容和实训项目，以企业诚信意识、质量意识、服务意识、安全意识和职业道德体系，设计职业教育的综合素质教育等内容。把企业的人才需求标准和职业院校的人才培养的标准结合起来，改革教育教学工作，从而建立校企合作长效机制的基础。

在已经建立的"校企合作"模式中，按照"政府主导，市场运作，龙头带动，城乡联姻，校企结合，实现共赢"的指导思想和校企"自愿参加，优势互补，龙头带动，责权对等"的原则运作。建立以示范性院校为龙头、相关行业企业参与，以专业为纽带，发挥校企各自长处，共同建设特色专业、精品课程、实训基地，实现真正的"校企合作"。

（3）充分发挥政府职能。

高等职业技术教育同时也必须根据社会主义市场经济体制的环境，遵循教育、教学规律，走出一条有中国特色的、适应全球区域经济一体化时代要求的发展之路。首先是建立各级政府的职教法规，机构、队伍、评价体系和平台；升级合作版本，希望出 5.0、6.0 模式，也就是做好真正的体制机制创新。这种升级版本应该体现校企深度融合，即把学校的育人功能和企业的经营生产功能都结合起来，学校发挥以育人功能为主、生产经营为辅的职能，企业发挥以经营功能为主、育人功能为辅的职能，在市场、社会指引下完成高职人才的培养。其次是高校去行政化，不能老按照计划经济的规划办市场经济的事情。给院校长办学自主权，成为当前广大高职院校领导的共同呼声。

这就得政府部门要主动搭台，让高职院校与相关行业或企业有紧密的联系和合作；要充分释放高职校校长的办学能量，让高职校校长更多采用市场机制，从社会和市场出发，充分挖掘和利用各种社会资源并接受社会检验和评价；再次，要给学校自主办学提供各种政策支持，无论是专业设置、财政投入，还是师资队伍建设，都必须而且应该为高职院校创造宽松的环境。

（4）搞好继承与借鉴。

众所周知，教育与生产劳动经历了从教劳结合——教劳分离——教劳结合的回归之路。古今中外产生了许多职业教育的思想火花，我们要本着"去粗取精、去伪存真"的精神去继承和借鉴。比如，作为大众化教育，原始社会的教育直接与生产、生活相联系精神，对解决今天职业教育学生层次多（就四川而言，有普通文理学生、对口高职学生、藏区"1+2"、藏区、彝区"9+3"学生、五年一贯制学生、单招类学生），毕业标准不一、毕业难等问题有积极意义。至于借鉴外国的先进的高职发展模式问题，更是数不胜数。比如：法国的"学徒培训中心"制度、德国的"双元制"、美国的"学交替式"制度、新加坡"教学工厂"模式、日本"企业教育"模式等等。四川职业技术学院在省级示范专业"物流管理"中制订了"三进三出"的人才模式。它的精神主要是在高职三年内，第一年有一个月的企业教育课程，第二年有两个月的教育课程，第三年有三个月的企业教育课程，集中了"双元制""学交替式"的优点。新疆昌吉职业技术学院提出并实施的"一个系部要有一个行业，一个专业要有一个企业，一个教师要有一个师傅"的"三个一"工程，也体现了职业与教育的融合。

另外，学生学徒制的行动导向法、岗位需求决定教学需求等理念，虽然指导了部分"校企合作"，但是进入实质性运作的单位也不多。因此，国家社会对人才培养要求、学校的人才培养要求等，还要由社会文化、校园文化、行业企业文化等的共同孕育才能养成。

（5）改革招生制度、学生评价体系。

读书还是旅游？做规模还是做质量、做品牌？这是目前许多高职面临的共同课题。主要体现在：招生方面，我们的高职院校不论是招生网络还是招生简章、传单，都千篇一律地做了吸引人旅游冲动的策划和宣传，不是吸引人想去读书的冲动。介绍的是悠久的历史、灿烂的文明、漂亮的环境、优越的条件，而不是从专业特色、品牌、就业等角度诠释学校的优势与特点。再好的大学也有自己的不足，靠什么吸引人来读书，应该思考。同时，目前的高职院校也面临着做大还是做强的抉择。"大"是生存和发展的基础，"强"是生存和发展的保障。国家级示范性院校发展到了一个高原平台，有做"强"

的意识和能力，但是做"强"之路还很远，许多的普通高职院校还在关注做"大"的问题，对学生毕业、就业等方面的关注就顾不上了。

学生评价方面，还是停留在形成性评价，不是发展性评价。按照既定的人才培养方案，按照学分、品德、证书（外语、计算机、职业资格、等级证书等）等判断毕业与否。那么兼顾多层次毕业生需要、兼顾社会需要等就做得不好了，在麦可思数据公司历年的毕业生就业质量调查中，体现出了学生专业不对口、起薪不高、发展后劲不足、对所学专业课程、安排特别是实践教学安排等的评价不高。

（6）提升高职的科研水平、服务行业企业的能力。

"校企合作"中的科教结合是指高职院校根据通过应用开发研究与技术技能人才培养的有机结合、相互支撑、协同创新的过程，是指通过产学互动，把课堂教学、学生实践、教师参与行业企业研究的有机结合，行业企业提供高质量人才和技术支持。那么，体现校地依托、校企依托的紧密度就成了"政行企校"各方共同关注的话题。比如：贵州铜仁职业技术学院与铜仁市政府相互高依存度就是一个典范。政府的发展规划、产业规划等都与学校的专业发展、品牌打造、质量提高等都相互依托、共同发展。

2. 符合高职时代特色

全面建成小康社会中的职业教育，有两个重点要抓：引领性高职教育的建立和教育精准扶贫。

（1）建立引领性高职教育。

《国务院关于加快发展现代职业教育的决定》（以下简称《决定》）的精神实质就是创新职业教育理念。《决定》在指导思想中明确，职业教育要适应技术进步和生产方式变革以及社会公共服务的需要，为生产服务一线培养高素质劳动者和技术技能人才。第十四条提出，要强化职业教育服务国家技术技能积累与创新的作用。这就明确了职业教育人才培养的基本定位是技术技能人才，职业院校也包括应用技术类型本科院校办学的基本定位是为国家进行技术技能积累。这与以前相比，是一个全新的理念。

《决定》明确了职业教育发展目标：到2020年形成适应事业发展需求、产教深度融合、中职高职衔接、职业教育与普通教育相互沟通，体现终身教育理念，具有中国特色、世界水平的现代职业教育体系。同时，《决定》明确了多层次多类型职业教育科学定位：中等职业教育是现代职业教育体系的重要基础；高等职业教育承担着调整高等教育结构的重要任务；其中，本科层次职业教育要着力培养应用型和技术技能型人才。专业学位研究生教育要以职业需求为导向、以实践能力培养为重点、以产学结合为途径改革创新培养模式。职业教育与普通教育、继续教育相互沟通，建立学分积累与转换制度，推进学习成果互认衔接。

《决定》打通了"人人皆可成才"的上升通道。打破制约技术技能人才培养的"天花板"，为学生多样化选择、多路径成才搭建"立交桥"。通过深化考试招生改革，打通从中职、专科、本科到研究生的上升通道。加快职业教育与人力资源市场的开放衔接，为受教育者在职场和校园流动转换提供便利。

《决定》构建了以就业为导向的现代职业教育体系。按照习近平总书记提出的"牢牢把握服务发展、促进就业的办学方向""坚持产教融合、校企合作，坚持工学结合、知行合一"的指示要求，现代职业教育体系主要任务是服务发展、促进就业，基本特征是产教融合、校企合作，培养模式是工学结合、知行合一，培养目标是职业精神与技术技能高度融合。

《决定》提出了多元化办学的新格局。多元主体办学，引导行业企业、社会团体、科研机构、公民个人积极参与举办职业教育。多种形式办学，鼓励发展股份制、混合所有制职业院校，探索公办和社会力量举办的职业院校相互委托管理和购买服务的机制。多种渠道筹措资金，政府建立与职业教育特点相适应的财政投入制度。多种来源的教师队伍，学校编制内教师、政府购买服务岗位教师、企业兼职教师、社会聘用教师。多种分配形式，完善体现职业院校办学和管理特点的绩效考核内部分配机制；职业院校教师和学生拥有知识产权的技术开发、产品设计等成果，可依法依规在企业作价入股；允许以资本、知识、技术、管理等要素参与办学并享有相应权利。

在理论运用于实践中的引领就是建立新的高职起点、模式等。

一是实施国家的大众创业万众创新战略，建立高起点的职业教育。国家在《关于强化实施创新驱动发展战略进一步推进大众创业万众创新深入发展的意见》（以下简称《意见》）进一步系统性优化创新创业生态环境，强化政策供给，突破发展瓶颈，充分释放全社会创新创业潜能，在更大范围、更高层次、更深程度上推进大众创业、万众创新。大众创业、万众创新深入发展是实施创新驱动发展战略的重要载体。要进一步优化创新创业的生态环境，着力推动"放管服"改革，构建包容创新的审慎监管机制，有效促进政府职能转变；进一步拓展创新创业的覆盖广度，着力推动创新创业群体更加多元，发挥大企业、科研院所和高等院校的领军作用，有效促进各类市场主体融通发展；进一步提升创新创业的科技内涵，着力激发专业技术人才、高技能人才等的创造潜能，强化基础研究和应用技术研究的有机衔接，加速科技成果向现实生产力转化，有效促进创新型创业蓬勃发展；进一步增强创新创业的发展实效，着力推进创新创业与实体经济发展深度融合，结合"互联网+""中国制造2025"和军民融合发展等重大举措，有效促进新技术、新业态、新模式加快发展和产业结构优化升级。要坚持创新为本、高端引领、改革先行、精准施策，人才优先、主体联动，市场主导、资源聚合，价值创造、共享发展。《意见》提出了五个领域的政策措施。一是加快科技成果转化，重点突破科技成果转移转化的制度障碍，保护知识产权，活跃技术交易，提升创业服务能力，优化激励机制，共享创新资源，加速科技成果向现实生产力转化；二是拓展企业融资渠道，不断完善金融财税政策，创新金融产品，扩大信贷支持，发展创业投资，优化投入方式，推动破解创新创业企业融资难题；三是促进实体经济转型升级，着力加强创新创业平台建设，培育新兴业态，发展分享经济，以新技术、新业态、新模式改造传统产业，增强核心竞争力，实现新兴产业与传统产业协同发展；四是完善人才流动激励机制，充分激发人才创新创业活力，改革分配机制，引进国际高层次人才，促进人才合理流动，健全保障体系，加快形成规模宏大、结构合理、素质优良的创新创业人才队伍；五是创新政府管理方式，持续"放管服"改革，加大普惠性政策支持力度，改善营商环境，放宽市场准入，推进试点示范，加强文化建设，推动形成政府、企业、社会良性互动的创新创业生态。

二是做好真正的"工学结合"。像当年的陶行知一样，把学校建立在社会，把教学放到生活中去，使教与学在"做"上面统一。今天的校企合作就是要建立"校中厂""厂中校"，也就是把专业建立在生产线上，使专业人才培养水平紧紧联系行业企业第一线。

（2）教育精准扶贫。

教育精准扶贫也成了现代高职院校的基本任务和考核指标。社会主义小康社会是全中国的，不允许一个人掉队。我国的扶贫攻坚战略已近尾声，其中也有一些不和谐现象需要克服。贪腐、渎职等我们谴责，是政府管的事。另外就是贫困户评选问题出现偏差，也可归到渎职、以权谋私上面，仍然是我们谴责、政府管；此外，那种被评为贫困村、贫困户的人以此为荣，千方百计要保住这个"荣誉称号"的想法，以及纯属好吃懒做、等靠要、不上进的贫困户、贫困人现象就值得教育界特别是职业教育界的关注了。古人讲"救急不救穷"是有道理的。因为这是思想根源问题。共同富裕、共同进入小康社会虽是社会主义现阶段的理想，需要的是全体社会主义建设者共同参与、共同建设，不是以贫困为荣。所以，职业教育的作用就是针对这种人做好两方面的事情，一是解决思想认识根源，加强思想教育，让他们懂得"生产自救才是脱困之本"；二是发挥高职的职业技能培训优势，对他们进行职业技能开发和培训；三是可以派驻专家、领路人带领大家共同奔小康。

3. 探索互联网+时代的未来教育

一是针对""德国工业 4.0"和"中国制造 2025"的新的产业起点，探索未来的"高职教育 4.0"时代教育特点，建立新的教育模型和模式。

随着 2013 年德国汉诺威工业博览会的召开，德国教研部与联邦经济技术部表述了一个未来的高度智能化的"机机对话"产业时代，即人工智能对话人工智能的新时代。这是继蒸汽机时代、电力电子时代、电信技术等三次工业革命后的第四次工业革命。这次产业革命正好与中国经济转型、升级形成历史交汇。李克强在 2015 年的政府工作报告中也提出了实施"中国制造 2025"战略，该战略的核心是坚持"创新驱动、智能转型、强化基础、绿色发展"，加快中国从制造业大国向制造业强国的转型。高等职业教育从中应该扮演怎样的角色呢？怎样适应这场产业革命呢？从世界范围来看，"德国工业 4.0"概念引领了全世界制造业的发展方向。所强调的工业化和智能化融合发展，已被我国一些制造业发达的地区率先借鉴。中国要实现从"制造业大国"向"制造业强国"的飞跃，当然不能在这一波全球性的产业革命中落后。当然，这个过程也不是一蹴而就的，需要长时间的积淀。所以，李克强在视察工信部时，就提出了要弱化五年规划，做出更长远的中长期发展规划。但是，"中国制造 2025"这个规划也有它的优势和不足。优势在于：确立了制造业是国民经济主体和支柱，是实现发展升级的国之重器；确立了发展道路：创新驱动、智能转型、强化基础、绿色发展；确立了"三期叠加期"的中国制造业面临巨大压力时，为实现转型升级应确立的核心竞争力是什么——依托互联网+和智能制造、绿色制造为特色的技术集成和产品终端总成。它的不足在于：过多依托中国制造业占据国际市场的现状，对传统企业规划的突破不够；重点领域选择的现实性、本土性较强，对产业规划的前瞻性和革命性不足，更多地关注了现有优势和市场需求，没有关注未来产业发展的先导性理念的确立，没有着实谋划未来的中国产业发展格局，各地的发展靠市长去找市场，没有关注产业转型模式、经济发展模式的软着陆等现实问题和未来问题。在此背景下，高职教育也就有了不同的发展基础，他们依托的条件差异很大，在契合"工业 4.0"时，也就有不同的起点，不同的着眼点，不同的起步基础等。

先看"工业 4.0"对高职的冲击。新一轮的产业革命对科学、核心技术、网络等产生了冲击，会带动一系列关键技术的交叉融合、群体跃进，这对技术人才培养的能力、要素、过程、平台和网络提出了全新的要求。

根据优势资源绑架论的观点，我们可以清楚地知道，不同的工业革命模式下，有不同的教育革命来对应。比如："工业1.0"时代，绝大多数传统大学主要的理念是传统的心智训练，就算一些新型的大学开启了"洪堡式大学"传统，把科研引入大学，也只是纯理论的学术研究，旨在训练学生的心智，培养一种探索精神和掌握如何从事科研的方法。在"工业2.0"时代，强调从通才教育向专才教育过渡，以适应产业发展的需求。更多地强调专业设置、课程设置与工业需求、职业需求的适应。到了"工业3.0"时代，出现了半开放的专业教育与通识教育并重的局面。主因是信息革命提高了生产的自动化水平，传统的专门化人才培养受到了自动化生产的挑战，使得传统的学科细分、知识支离破碎的专业教育受到了批判，开始注重专业与打好基础的平衡。而到了"工业4.0"时代，以智能型智慧产业为主的研发、生产为核心，以信息技术、生化技术、新材料和能源技术为支撑，产生了智能化、个性化、定制化、绿色化、网络化等为特征的群体性技术革命。通识教育和终身教育成为大众共识。但是，目前的高职教育还没有很好地应对这种产业革命。主要体现在：

（1）职前准备的职业教育。高职教育就是为将来职业做准备的，教育还是一次性、消费性的，以知识够用为度、提高生存、生活技能。属于学历性、阶段性教育，已经远远不能适应自动化大生产。因此，联合国教科文组织的国际职业教育机构在多次大会上，多次提到了以终身教育思想去审视职业教育。在专业教育过程中，还没有体现出可持续性。即便是德国现行的"双元制"职业教育体系，也没有实现全民终身教育。它的完善的职业进修条例、联邦政府给提供职业培训企业的高额补贴政策等，仅仅使德国基本具备了"使所有谋职的年轻人都有可能接受双元制职业教育"的条件。我国的职业教育也处在职前准备，升级通道狭窄（专升本仅5%），进修、培训、终身教育等都没有完整的机构体系、质量标准体系、实施体系等来支撑。

（2）服务区域的战略眼光。以国家要求形式规定：每一个高职院校的发展定位都以为当地地方经济、社会发展和服务为宗旨。这也是考察高职院校办学质量的重要指标之一。眼光紧盯的是专业目标、行业企业需求、培训的社会效益和经济效益等。但是，相对于当今网络时代，全球经济一体化的趋势、高职教育发展在机遇与挑战面前没有找到自己适当的位置。胡碧玉等在《全球经济一体化给高职带来的机遇与挑战》一文中指出了高职存在的"加大国际交流机遇、重新调整与改革的机遇"，并进一步提出了可以迎接的挑战：人才培养模式的转变、院校设置、专业设置、体制机制创新不足、毕业生毕业质量评价机制、高职教育体系本身以及生源成分等诸多挑战。所以，服务区域经济社会的发展已经不适宜了，战略眼光必须紧盯全球。

（3）培养目标单一。长期受到的一个指导思想就是："以服务为宗旨、以就业为导向"。培养目标就主要根据行业、企业中的中小微企业的岗位需求来制定。培养的是应职岗位所需特定人才，专业的课程设置与教学也被要求必须与行业企业的生产实际、岗位特点无缝对接。所以一直以来，高职的就业率高于一般本科院校的就业率，也是他们引以为傲的地方。但是，随着第四次产业革命的到来，这种单一型人才培养模式就不适应了。因为现代产业，特别是"中国制造 2025"的规划，是要实现从要素驱动向创新驱动的转变，从低成本竞争向高质量、高效益竞争的转变，从粗放型制造向绿色制造转变，从生产型制造向服务型制造转变。主题就是体现信息技术与制造技术的深度融合后的智能化、数字化大产业。高职教育都还需要从各方面调整改革、整顿提高，学校要从"收容所"变成"智能所"，从复合型人才培养入手来解决问题。世界各国都还没有进入"工业 4.0"，职业教育也还没有进入"职教 4.0"。那么，今后的职业教育教学如何改革呢？先让我们来认识一下"高职教育 4.0"的课堂教育教学特征是什么。这就要从不同教学观的表现来入手。①"1.0 课堂"：那种以教师为中心、一讲到底的教学，可以称为"1.0 课堂教学"，注重教学效率但是造成两极分化。②"2.0 课堂"：那种在教学中注意师生共同活动，实施了分类分层教学、小组教学的形式，可以称为"2.0 课堂"，注重过程优化、注重学生差异，但是由于手段、方式等的落后，效率和质量难以全面保证。③"3.0 课堂"：那种注重工学结合、小组合作式教学可以称为"3.0 课堂"，注重外部推力和内在学习动力的结合，注重教学与职业岗位需求结合，实现工学结合、产学对接，但是不能适应后现代的知识、技能、观念等的更新速度，亦不能成为"4.0 时代"所需的高技能人才。④"4.0 课堂"：首先要适应集中控制与分散增强控制的结合的课堂教学组织形式，其次要在人工智能基础上实现机机对话，再实现人机对话，这种对话不以知识、技能的转移为目标，而以师生极强的创新思想、创新技能、创新意志为转移，实现学生心智训练、开发课程、科研创新能力，实现方法学习为目标。这种课堂以师生为共同活动主体（不论远程还是近程交往），以"超市化"单元活动为载体，以社会化职业人为目标，是一种反映了多元化教学理念、组织、方法、目标的一种现代课堂观。

4. 实施"教育信息化 2.0 行动计划"

《教育信息化 2.0 行动计划》由教育部于 2018 年 4 月 13 日发布，它的目标是通过实施"教育信息化 2.0 行动计划"，到 2022 年基本实现"三全两高一大"的发展目标,即教学应用覆盖全体教师、学习应用覆盖全体适龄学生、数字校园建设覆盖全体学校,信息化应用水平和师生信息素养普遍提高,建成"互联网+教育"大平台,推动从教育专用资源向教育大资源转变、从提升师生信息技术应用能力向全面提升其信息素养转变、从融合应用向创新发展转变,努力构建"互联网+"条件下的人才培养新模式、发展基于互联网的教育服务新模式、探索信息时代教育治理新模式。这一目标的实现主要通过以下方面来实现:数字资源服务行动;网络学习空间覆盖行动;网络扶智工程攻坚行动;教育治理能力优化行动;百区千校万课引领活动;数字教育规范建设活动;智慧教育创新发展行动;信息素养全面提升行动等来实现。

四、高职分类分层的管理研究

高职的分类分层人才培养中的管理,还处于起步阶段。虽然这种分类教育思想古已有之,从孔子的"有教无类"思想到"因材施教"原则,从董仲舒、颜之推的"性三品说"到孔颖达的"天生烝民,与之五常之性,使有仁义礼智信,是天降善于下民也。天既与善于民,君当顺之,故下传云,顺人有常之性,能安立其道教,则为君之道"。从张载、朱熹的变化气质、存天理、灭人欲的"性即理说"到陆九渊、王阳明的心、理、性合为一体的"心即理说"。从顺情导性到习行、习动的性习论,呼应了儒家的"性相近、习相远"的发展思想。再到近现代陶行知的"生活教育"理论、晏阳初的"平民教育"思想,无不浸透着因材施教的思想。

现阶段的分类分层研究集中在公共英语教学、自主学习策略、计算机辅助教学策略、自我效能理论、专业模块学习策略、教学策略等方面。出现研究领域多元化、研究类型多元化、多角度数据采集和多维度数据分析等趋势。

多数学者都从教学活动要以"学"为中心的角度提出教、学的完全融合性教育。首先,专业人才培养方案的制定要体现分类特点,目前主要体现在制定适应不同类别学生的人才培养方案上,计有普通高考类高职生人才培养方案、对口高职类学生人才培养方案、五年一贯制人才培养方案、藏区"1+2"类学生人才培养方案、中高职衔接类学生("3+3")人才培养方案等等,除此之外,还在人才培养方案的毕业条件部分分别规定不同类别、不同民族学生的毕业条件。

其次,在教学层次上,分别探讨学科教学、公共英语、高等数学、计算机基础、实训课分组教学、毕业设计、论文指导等方面。

第三,学校相关管理规定的制定、在教务、学籍管理上也采取区别性和补偿性相结合的策略，即针对不同类别学生，用可替代方法，以学分标准、品德考核、不足部分以替换学分、项目、高职阶段的学有所长的"艺术、技能"等来换取。

第四，在加强辅导员工作，促进学生成长方面，高职院校按照国家要求，配置品德过硬、业务熟练、人数足够的辅导员队伍，同时，加强辅导员队伍专业能力训练，能开展针对性强的个别学生工作。

第二节 分类分层人才培养的管理实施

有了分类分层人才培养的方案，就会有相应的管理实施。在资源配置不足、条件还不具备的情况下，高职院校可以采取的管理策略有以下举措。

一、高职生分类分层策略

所谓分类分层教学，就是教师在学生知识基础、智力因素和非智力因素存在明显差异的情况下，有区别地设计教学环节和进行教学，遵循因材施教原则，有针对性地实施对不同类别学生的学习指导。目的是"以学定教 分层教学 分类指导 整体提高的高效率课堂教学思路"。"以学定教"的核心目的是掌握学情 以学定教：是指把学生的预习和自主性学习放在教师的教学活动之前，改变传统的面面俱到式的授课方法，教师在正确诊断、准确掌握学生学情况的基础上，确定教什么、怎么教、教到什么程度，实施与学生需求相匹配的针对性教学。新课导入后，出示本节课的学习目标。第一步骤——先学（预习）。学生自学过程中要对自己自学成果和产生的疑问做适当的记录，以便展示、提问。学生的自学可以在课内也可以在课外进行。初期，先学必须在教师的指导之下，预习什么，怎么预习，出示明确的预习内容和方法。第二步骤——展示：在学生组内讨论的基础上，通过说一说、谈一谈、演一演、写一写，展示自学成果（也可通过问题设置进行检测），尽量让多数学生都有展示机会，教师通过学生的"展示"发现学生在自学过程中哪里有问题，知道讲什么，怎么讲，讲到什么程度（三讲：讲重点、讲难点、讲易混易错易漏点；三不讲：学生自己已经会了的不讲，学生自己能学会的不讲，老师讲了学生也学不会的不讲）。先学可以是教师的讲更有目的性、针对性。

不仅根据学生的不同实际选择教法、布置作业，还因材施"助"，因材施

"改"，因材施"考"，因材施"分"，使每个学生都能在原有的基础上得到发展，从而达到总体教学目标。信息技术上机辅导教学，其目的是在巩固所学理论知识的前提下，充分调动和发挥学生的学习积极性和主动性，激发、锻炼并提高学生的创造性思维，发展学生的动手能力和实践能力。

在教学过程中引入分层次教学手段，将学生分为好、中、差三个层次，符合学生身心发展的需求，有利于学生的全面发展和个性个发展，为培养学生的信息技术应用能力和信息素养提供了条件。所谓的分层教学，比较集中地被强调了几点：① 学生的现有知识、能力水平；② 分层次；③ 所有学生都得到应有的提高。综合各家观点，分层教学就是教师根据学生现有的知识、能力水平和潜力倾向把学生科学地分成几组各自水平相近的群体并区别对待，这些群体在教师恰当的分层策略和相互作用中得到最好的发展和提高。

分类分层教学的实施。一是学生分类分层。充分了解学生的实际情况，如录取来源、类别、民族等，结合各种测试手段，根据学生的知识基础、智力水平、兴趣水平和学习态度等，将学生大致分成三个层次：C层：知识基础、水平智力较差，接受能力不强，学习积极性不高，成绩欠佳；B层：知识基础和智力水平一般，学习比较自觉，有一定的上进心，成绩中等；A层：基础扎实，接受能力强，学习自觉，方法正确，成绩优秀。二是备课的类分层。在学生分类分层的基础上，根据教材和课标的要求，以及各层次学生的水平，对各层次的学生制定不同的教学目标。根据不同层次的教学目标，设计好教学内容，课堂提问，技能训练并注意层次和梯度，以使每一个层次的学生都能吃饱、吃好。对于学困生的目标是掌握基础概念、基本知识点、基本计算技能，重视情感目标，以维持这些学生的学习积极性为努力方向。对学习目标进行分层是实施分层教学的关键。对不同层次学生有不同的要求，同一知识点不同层次的学习目标也要有差异，而且目标之间应配备拾级而上的"台阶"。三是授课的分类分层。课堂活动要符合学生的实际情况，既要有统一要求，又要有区别对待。问题设计上要有梯度，能够让不同层次的学生都参与到教学活动中来，都能体验到成功的喜悦。后进生的"一次性成功体验"对于他们建立良好的"自我效能"有极大地帮助。授课中，实行答问分层次，提问注意让不同层次的学生参与。方式有三：① 简单问题由低层到高层。这种方式可以唤起低层次学生的参与意识，回答得对，自己受到鼓舞，思考问题的积极性得到更大激发；回答得不全面或不对，还有其他同学补充、纠正。② 有难度的问题先高层后低层。高层次学生示范性回答，中低层次的学生尝试回答。③ 有争议的问题各抒己见。根据备课要求，做到对C层学生则要求低，坡度小，放低起点，浅讲多练，查漏补缺，弄懂基本概念，掌握必要的基础知识和基本技能；对 B 层学生，则实行精讲精练，重视双基教学，注重课本上的例题和习题的处理，着重在掌握基础知识和训练基本技能上下功夫；对 A 层学生少讲多练，让他们独立学习，注重培养其综合运用知识的能力，提高其解题的技能技巧。对教学内容的难度进行适当调整，对 C 层次学生采用低起点、补台阶、拉着走、多鼓励，掌握最基本的基础知识。情景创设、问题设计、教学策略、作业布置等都要围绕 C 层次学生的学情来设计。课堂分层上我们可以借鉴复式班教学的做法，特备是数理化科目。四是训练的分类分层。作业，学生作业分必做、选做两类。必做作业全班统一标准，统一要求。这是教材的基本要求设计的、较基础的题。选做作业主要指拔尖提高题，根据优等生和中等生学习水平设计，要求优等生必做，并要求一题多解。鼓励中等生都能去做，并要求他们比一比谁做得多，谁做得好。对后进生一般只布置最基础部分的作业。教师在设计课堂练习或布置作业时，C 层学生作业应以知识的直接运用和基础练习为主；B 层学生作业应以变式训练题或简单综合题为主；A 层学生为综合题或探索性问题。这样可使 A、B、C 三层学生都有充分发展的余地，都能享受到成功的喜悦，因而提高学习的积极性。五是辅导的分类分层。学生训练时，要做好课堂巡视，及时反馈信息，利用早读、自习加强对 B、C 层次学生的辅导。对优生的辅导注重知识之间的联系和区别，注重思维的培养，充分开发其学习的潜能；对中等生辅导重在分析和解决问题能力的培养；对学困生辅导重点放在最基本的知识点的掌握和最基本的题型的解决上，以打好基础为目标。在辅导形式上，除采用教师个别辅导外，还可成立互助小组等，开展互帮互学，使学生整体优化。六是评价的分类分层。分层评价学生是实施分层教学的原动力。对学生的学习评价能使学生分析学习中的进步和存在的问题，了解自己在多大程度上实现了预期目标，了解自己的学习状况。课堂评价、作业评价、测试评价都要结合学生的实际。分层教学的管理 在教学管理中以备课为抓手，促进课堂的教学改革和教学质量的提高，加强对备课、授课、作业、辅导、测试五大教学环节的检查，坚持进行质量跟踪管理，发现问题及时调整和改进。

二、分类分层的教学及管理策略

实施分类分层人才培养方案需要各方的通力配合。

1. 审定人才培养方案

作为专业教学的总文件的人才培养方案，规定了人才培养的各个方面，构成高职生在校学习的主要材料,需要学校层面的认可。专业教指委和学校教指委对分类分层人才培养方案的审定问题,一旦审定,就要不折不扣地执行,谁也不得轻易更改。具体做法就是:要有先进的教学理念,实施以生为本、教学相长策略。课堂上,实施翻转课堂,讲练结合,再加上个别辅导,平时测验,成绩检测来辅助学生学业的完成。另外,在教学实施环节还要借助大数据管理,实施信息化教学手段。采用云班课、学习通、微课、慕课等信息化方式来加强教学的互动性、及时性,还可对教学效果进行大数据分析。找出教与学的问题所在,做好及时的教学调整。

高职生普遍存在文化基础差、学习困难大,目的不明确、动力不足,自卑,自理能力差等不足。这个群体的形成有长时间的、多方面的原因。刘华在《自我的体证与诠释》中写道:"自我意识是基于人的比人和动物都更加完善、协调、复杂和具有延展性的生理组织和神经系统。"[1]因此,针对高职生学习的弱点,做到回归本性、唤醒专业学习的自我意识、激发学习的自我效能感,这才是高职教育的起点。只有制定有区别性的、同值性的人才培养方案才能保证高职的分类分层人才培养。

各专业在制定人才培养方案过程中,充分调研,了解社会、行业企业的真实需求基础上,分析学生群体的真实构成和特点,制定出既有区别性、又有同质性的人才培养方案,体现出让人人都有人生出彩的机会的高职办学理念。这种方案的区别性和同质性的保证措施体现在针对不同学生群体的需求和实际区别对待,具体体现在:① 较难课程的要求可以不同。作业、考试中可以有区别不同类别学生的试题来作答,比如《高等数学》《大学英语》等,体现出掌握程度、层次的不同。在专业基础课、专业核心课等方面可以体现出在知识、技能要求上的不同;实在太难的、学不懂的课程可以申请用其他同学分的课程代替。② 毕业条件审核要体现出既有区别性又有同质性保障。在制订毕业条件时,体现以下几点:

弹性学分制。只要毕业学分符合毕业要求就行。个别必修课程没有修,只要有申请更换的、经专业管理部门审核认可的替代课程就行,其他不合格课程可以不必理会。

其他条件设置也可以有替代性。比如英语等级证、计算机等级证等针对某些群体可以不作硬性要求(比如:五年一贯制学生、藏区"1+2"、"9+3"学生等);职业资格证书或技能等级证书方面的要求只要具备某种质的规定性就行了,不需要强行要求考取、不与毕业挂钩。

---

[1] 刘华:《自我的体证与诠释》山东教育出版社 2012 年版,第 40 页。

2. 做好针对性教学任务安排

首先是在安排教学任务时，要先把有经验的老师安排在最需要的环节，排好课表。其次，做好教学资源分配，尽量满足教学的需要。再次，做好实践教学的保障。实践教学是高职院校学生最重要的环节，其实验、实训课程开设、所需耗材的保证、上课时间、地点的安排要尽量协调好。

3. 教学实施环节

一是要做好分类分层教育教学研究与管理。针对生源的复杂性和已有特点，在教育教学管理过程中，做好分类分层。在政策和管理允许情况下，在前一步所做的类别化人才培养方案基础上，搞好分层分类的教育、教学和管理：一是各学科的按能力分班、分组教学与管理。可以在《计算机基础》《大学英语》《高等数学》等部分公共课或者专业基础课上实施，目的在于解决"吃不饱""吃不了"等现象。也可以按兴趣分班分组教学。二是做好混合编班编组情况下的分层分类教学研究。可以要求、评价标准等不一定一致，采取分类指导办法进行，对各行政班中的学生进行学习分类；对生活、管理和活动等不必分层分类。比如：省教育厅要求对五年一贯制、藏区"1+2"和藏区"9+3"学生等采取混合编班政策下可采用此法。甚至普通文理考生和对口高职考生混合编班情况下也可采用此法。三是在毕业条件、标准审核的把控上面也可以、扬长避短。宏观上，运用人才毕业质量审核的大板块结构理论，按照学分制文件精神和人才培养方案的具体要求，通过考察毕业的软实力与硬实力等两方面表现来决定该生是否毕业。其中，专业基础与能力为硬实力，其他突出素质表现为软实力。不同类别毕业生体现毕业质量的方式应该不一样。比如：对口高职考生在技能操作、职业资格或者等级证书上面要强于其他毕业生；藏区等少数民族学生主要在解决能不能、会不会的基础上，考察人文素质发展状况，他们身上具备的高于其他类别学生的"艺、能"等素质也应成为毕业的重要参考条件，来淡化的《大学英语》《计算机基础》《高等数学》等学科的硬要求。

此外还要做好针对性别差异的教学和管理。对于不能毕业中的巨大性别差异状况，我们应该实施科学的分班、分类管理，做到扬长避短。不同性别差异的人可以有不同的完成学业的方式。比如：阅读笔记、实习实践作业、网络化作业、创新作业乃至创新产业等皆可作为某类学科的考核项目之一。

4. 做好教育教学与管理过程的共同性与个性化相结合的服务

首先，教育教学实施过程的共同性主要在于确保人才培养方案实施的公平性；个性化趋势在于充分利用现有教学手段、转变教学观念、促进学生的主动学习，变"要我学为我要学"，其办法是给予学生分层分类学习菜单和充分的学习压力（即明确的教学难度、目标考核要求等等），让他（她）们至少达到分层分类学习的起码标准。其次，要做到教师的教学与学校的管理等各方面的制度、服务等要与人才培养方案的实施合拍。

5. 吃透学分制文件精神，完善学分制管理

对于学分制文件的实施，各学校要充分尊重文件的要求和吃透文件的实质，做好学分制管理。利用好弹性学制，安排好学习进程和考核安排，促使学生能在规定的 2 至 5 年的弹性限度学制内完成规定学分。强调过程管理，体现在毕业审核方面的必修课、选修课、任选课的把控上。主要是必修课必须合格，但是针对某些特殊群体有可替代性。比如，对五年一贯制学生、少数民族学生等的《高等数学》《大学英语》以及个别完不成的专业核心课的学生，可以通过本人申请，修学其他可替代的专业课程或公共课程。这就需要各专业或学校能提供这样的课程。完成学分制评价。在具体实施中做好学分制预警，预警应该包括学业预警、出勤预警、操行预警等全方位角度的管理。在管理过程中就给予了学生充分的学习压力和被评价压力。现在的高校普遍反映大学生逃课、不爱学习等，究其根本原因还是学习动力、压力都不够造成的，其他理由都是借口。觉得整天没事干、考试能过关才是贪玩好耍的罪魁祸首。当然，也需要老师们转变教学观念，实施"双主体教学""翻转式课堂"，把课堂变成师生双方共同研讨、教学、进步的阵地才是治本之策。

6. 未毕业生的后续管理对策

（1）充分做好学分制预警机制是学分制管理的法宝。

对于学业预警，一定要及时，要请求家长配合，要提供补救措施。所以要设计好学业预警通知书，且包括《学业预警学生告知书》《学业预警家长告知书》，督促学生及时完成应修学分。在出勤预警、操行预警等方面主要根据各院校的管理规定及时、合理地处理学生存在的问题。不要出现较高比例的因处分未到期而不能毕业的现象，要注重平时教育，防患于未然，避免学生质变（退学、不能毕业等）、让家长不能接受。

（2）处理好退学、留级等不能毕业生的后续问题。

对于达到退学预警的学生，就应该劝退。但是，劝退前要提供义务性考证、技能培训等机会，使未毕业学生有职业技能、上岗机会。同时，基于人道主义和人性化管理，如果属于特殊原因，基于一次机会，可以经本人申请、家长同意、各级审核，休学一年，待来年复学再看。

对于达到留级学生，应及时处理好留级的相应手续，在弹性学制范围内，给予学生充分学习压力，安排好重修、补考与辅导，使学生迎头赶上，及时毕业。

第三节　分类分层人才培养的服务体系建设

学校教育的理想就是实现国家教育方针，实现学校的办学理念，锤炼了一支高素质的教学科研队伍，提升了学校办学水平和知名度、美誉度。这些成就的取得离不开良好的学校服务体系建设，包括教务部门的管理与服务；后勤的校园清洁美化、公寓管理、设施设备维护维修、医疗卫生服务；学生工作、团委会工作的学生会、心理咨询以及社团服务；财务部门的各项经费服务；保卫部门额安全保卫服务；教育技术部门的网络、智慧校园、信息化服务；招生就业部门的招生就业服务；各部门协同的创新创业服务；各二级院系的具体化服务等。

一、教务部门的服务体系

除了所述教务管理职责职能的发挥外，教务部门还有许多服务性事务，应该提供给学生一些快捷、方便的服务。

（一）资讯、咨询类服务

学生在校期间会遇到许多问题，教务部门要针对学生学习、实践、见习等方面的需要提供资讯、咨询服务。主要是在校园网教务部门主页上的公共信息服务。包括：管理规定、文件政策、职员职责分工、办事流程、公告公式、表格文件下载等服务。

（二）服务大厅的面对面咨询、问询服务

主要解答学业方面的咨询包括考勤服务、重修补考咨询、专升本咨询、疑难解答；成绩、学籍咨询服务等。

（三）资料、档案管理与服务

不能下载资料的提供服务；档案服务：包括档案接收、档案保管、档案填写规范、档案管理规范、档案寄送、档案归档等环节的服务，也是种管理。

（四）教材服务

主要是教材征订、发放、退订、调换、结账等服务。

（五）其他服务

主要是重修补考、学业预警、转专业、转学、保留学籍、专升本相关事务等服务。

二、后勤产业部门的服务体系建设

后勤产业部门是一个学校运转的保障系统，起润滑剂功能。正确认识后勤服务工作特点，有助于我们理解后勤保障工作该如何开展。

（一）后勤服务的特点和内容

1. 广泛性

后勤工作涵盖面较广，具体地说，后勤工作主要有以下几项内容：做好学校、学生宿舍的供水、供电、有线电视以及其他设备的维修管理和水电费的收缴结算工作；做好办公楼、宿舍楼的管理及维修工作；做好校车调度和管理工作；执行有关接待规定；协助保卫部门处理好与周边的关系；做学校行政、学生宿舍环境卫生；做好校园绿化管理及文明小区建设工作；做好资产公司的经营管理工作；水电管理、车辆管理、办公楼卫生、维护维修及其他日常性事务。后勤业务项目繁杂，涉及范围广，与各项工作及每位师生员工的工作、生活都息息相关。

2. 服务性

后勤工作是服务工作，从后勤工作的内容来看都是为学校工作的顺利开展而服务的。比如，车辆调度、车辆安全出行，电通水畅，房屋及各种办公设施的维修，庭院绿化、民事调解等都属于服务。为此，后勤工作者都需要热情、主动、耐心，还需要有能力、有技能，把两者结合起来，才能做好服务工作，才能得到支持和理解。

3. 和谐性

后勤管理工作事无巨细，头绪繁多，既有人与人之间的关系，又有人与物之间的关系，而人与物的关系处理不当，又会影响到人与人之间的关系。机关工作所需的交通、水电、等物资保障以及全体职工的生活样样都要细心考虑周全，精心安排，稍有疏漏，就会影响其他工作的正常开展和职工工作的情绪。其次是上下左右，纵横交错，涉及面广，既要处理好本单位内各科室、委的关系，又要协调好与外部的诸多方面的关系。因此，后勤工作是打造和谐稳定建设和谐安定汉江的重要组成部分。

4. 琐碎性

后勤管理工作常常是从一些不起眼的芝麻小事做起，然而这些被称为小事的工作切不可小看。具体工作中，水电的维修等，如果没有这些不起眼的准备工作，就无法保证大事的顺利进行；与驻地其他单位事务的商议等，若有不慎，将会直接影响上下、内外关系，有失单位形象。

5. 时效性

后勤管理工作是动态的活动，任何的工作都是在时间中进行的，任何工作的开始和结束都有合理的时效性，任何工作超出它合理的时效性都将变得毫无意义。后勤工作更是如此，每一项服务都有其即时性，如办公场所灯坏了需要及时修等，为此每一个后勤人员都要有很强的时间观念，办事必须做到果断、及时、合理、科学。

（二）后勤工作的要求

1. 要提升政治素质

要强化后勤人员做好本职工作的责任感和使命感，牢同树立"群众利益无小事"的思想，从被动性服务向主动性服务转变，增强群众意识和大局意识，做到政治坚定。

2. 要提升业务素质

要树立正确的服务观念，充分认识到后勤服务工作是单位整体工作中不可缺少的一部分，是学校事业发展的必不可少的保障。因此，必须消除后勤服务工作"低人一等"的想法，努力培养爱岗敬业、忠于职守、尽职尽责的良好职业素养。

3. 须提升管理素质

作为后勤工作的员工，要切实加强内部管理，用科学制度管理人，用岗位职责要求人，用工作成效考核人，在制度面前一视同仁，只有这样才能维护制度的严肃性,提高执行各项规章制度的自觉性。

4. 须提升廉政素质

后勤工作常与钱物打交道,为此必须加强廉政建设,增强法纪意识,,在思想上和行动上筑牢拒腐防变的"堤坝",把自我价值观与机关后勤工作价值观紧密结合起来,真正树立起淡泊名利、爱岗敬业的精神追求,抛弃个人私利,树立全心全意为人民服务的思想。

5. 还要提升创新素质

当前新的形势对后勤工作的服务质量、服务内容、服务方式等都提出了新要求,只有不断研究新情况,解决新问题,探寻新方法,实现"自我突破",才能使后勤服务工作达到管理到位、保障及时、服务规范。

同时,还可以从加强制度建设,提高后勤管理能力;加强奉献意识,提高服务能力;加强角色意识,提高专业能力;加强进取意识,提高创新能力;加强学习意识,提高思维能力等方面来保证后勤服务。

三、学生处、团委会的服务

学生处和团委会是负责高职学校的学生教育管理、资助、军训、国防教育、社区管理、和心理健康教育等工作的职能部门。人民武装部和学生工作部合署办公。党委学工部(学生处)一般下设大学生学生会等学生组织来协助开展相关工作。大学生自我管理与服务委员会具体包括:公寓管理、勤工助学、学风建设(学业促进)、心理帮扶、文艺宣传(文化宣传)等相应板块。团委会下设各种社团组织、群团组织。

各高校根据学生组织发展历程及发展程度不同,可能还会存在像学生自律会、勤工助学中心、学风督察部、心理帮扶团等早期的、松散的学生组织。

他们的业务工作如下:负责全日制高职学生政治思想教育和管理工作的宏观协调与业务指导工作;负责全校政治辅导员的业务指导与考评工作;负责全日制高职学生骨干队伍建设工作;负责全日制本科学生的奖励与惩处工作;负责全日制高职学生的奖、贷、困、补的评比、审核、发放以及贷学金的归还工作;负责全日制高职学生国家助学贷款、勤工助学活动的管理、指导工作;负责全校国防教育及本科生的军训工作;负责全日制高职生新疆、西藏等少数民族学生教育管理的协调工作;负责全校学生心理健康咨询的协调、管理工作;负责全日制高职学生就业管理工作;负责全日制高职学生招生工作;负责全校学生的宿舍安排及日常管理工作;负责制定年度学生军训工作计划并组织实施；负责国防协会、国旗护卫队的指导工作；负责全校大学生征兵、招飞工作；负责战时兵员潜力调查、民兵整组工作等。

他们主要负责学生除教学以外的几乎所有事务。必须做好相应的服务承诺，做好、做实学生思想工作。

四、财务部门的经费服务

高校财务处是在高职院校校党委、校行政领导下，为贯彻执行国家财经政策、财政法规和会计制度，结合学校情况，制定学校内部的财务规章制度、财务管理及会计核算等方面的实施细则，全面负责学校会计核算、财务管理、保证学校的资金运行以及进行会计监督等项工作的管理机构。其主要职责：一是贯彻执行《会计法》和国家有关法律、法规及财务制度，负责制定学校的财务管理制度和有关实施细则，参与制定学校的经济政策，参与学校重大合同的谈判等业务。二是按照"统一领导、集中管理"的原则，负责学校各项经费管理和监督。三是合理配置学校资源，负责编制单位部门预算和校级年度财务预算，并对预算执行过程进行全程控制和管理。负责组织编制学校年度决算、学校年度基本建设投资计划并完成基本建设项目竣工决算和基本建设年终财务决算工作。积极开展会计核算，增强服务意识，不断提高服务水平。四是严格控制各项开支，堵塞漏洞，减少浪费，实行成本管理，降低办学成本，提高资金的使用效益。五是依法多渠道筹集办学经费，合理调配使用资金，满足学校发展的需要。集中管理学校的财务收支，归口管理学校各部门的收费，积极组织收入，监督各项收入及时足额上缴学校。

学校财务部门与学生的交往主要是经费方面的服务。涉及学杂费收缴、学生资助体系的经费管理、学杂费结算。这方面的管理和服务要求必须做到"合规""精准""及时"。所谓"合规"，就是所有财务管理一要符合国家法律的相关规定，二要符合各级部门的财务管理制度和规定；所谓"精准"就是财务进出要计算准确、无漏算、无欺瞒、无假账；所谓"及时"就是财务账目做账及时，不拖欠等等。

五、保卫部门的服务

高职院校的保卫部门是在学校党委、行政的领导和上级公安机关的指导下，负责制定实施学校安全保卫工作发展规划、规章制度和年度工作计划，组织实施安全管理目标责任制，建设平安校园的部门。提供的主要职责与服务有：负责学校国家安全领导小组的日常工作，维护学校政治稳定及国家安全；负责收集、掌握影响校园政治稳定和国家安全的情报信息，预防和制止敌对势力的渗透和破坏活动，防范涉恐涉暴事件发生；做好影响校园稳定的群体事件和突发事件的先期应急处置，协助公安和国家安全机关制止危害国家安全和社会稳定的行为。协助公安和国家安全机关做好校内重点人员的管控和帮教工作，做好学校人民防线建设工作；负责学校治安综合治理工作，落实学校各项安全责任制和责任追究制的监督、实施工作；负责校园安全形势研判，做好校园治安防控工作和法制安全宣传教育，协助公安机关查处刑事、治安案件，调处内部治安纠纷及各类民事矛盾纠纷；负责组织开展校园安全检查，排查安全隐患，督促隐患整改；负责对校内各单位的消防安全工作进行指导、监督、检查和管理，组织扑救初始火灾，协助公安消防部门对各类消防违法、违规、事故的调查处理工作；负责校内治安、消防、交通等安全防范设施专项的申报、建设工作，完善校园立体化安全防控体系；统筹负责校园及周边环境整治，负责校园公共秩序管理工作。负责校门管理，维护校门秩序；负责校园道路交通和车辆管理，深入推进交通管理执法进校园工作，配合交警部门依法处理交通违章和各类交通事故，维护校园内交通安全秩序；负责制定学校技术防范建设规划并组织实施，负责技防设施的保养和维修及视频监控工作，指导各单位加强技术防范工作建设；负责校园 24 小时值班、值守及巡逻、巡查工作，负责校园 110 接、出警工作，有警必接、有难必帮、有险必救、有求必应，全天候为师生员工提供安全服务；负责校园活动的安全监管，协助相关部门做好大型活动和重要外事活动的安全保卫工作；协助公安机关做好校内师生及流动人口户政管理与服务工作，管理学校的户政资料；负责校园服务车的运营、维护、管理及财务工作，全天候全方位为师生员工提供安全、便捷的乘车服务；负责对服务外包安保队伍的指导、监督、管理及考核；承担学校治安总值班任务，协调应急处置校园突发性事件等等。他们是平安校园的创造者和守护者。同时，高职学生也和大家一样是平安校园的创造者和维护者。

六、建设好信息化智慧校园

现代高等职业教育由于有了良好的经济基础和信息技术基础，为了提高管理水平、管理效率、打通信息孤岛，建立庞大的信息交互的智慧校园。也是国家"校园信息化 2.0 战略"的目标。它将带来以下变化：一是教育资源观转变。过去，我们将知识资源数字化、平面资源立体化，现在，我们要更强调基于互联网的大资源观。这个大资源观既包括知识，也包括知识之间关系、即知识图谱；既包括填充学生头脑的，也包括点燃学生智慧的，教育不是把一杯水注满，更多是把一团火点燃；二是技术素养观转变。从过去的技术应用能力转向今后的信息素养能力，我们不仅要利用技术，更要利用信息素养和信息技术合作。三是教育技术观、信息观的转变。教育技术不能仅停留在学习环境，而要嵌入学习系统中去。四是发展动力观转变。以往我们非常强调教育系统的应用，但是，创新驱动发展的动力尚未得到充分体现。五是教育治理水平的转变。以往的教育治理是补救型的，先出现问题、后治理问题，没有强调教育治理现代化。今后是既补偿又扬长避短；六是思维类型观的转变。当今教育面临的问题之一是思维方式还停留在工业时代，今后我们的思维类型急需从工具型思维转向依靠人工智能思维的类型上去。

具体到高职院校针对学生服务的信息化建设，一站式服务大厅是最急需的服务平台。所谓的"一站式服务"其实就是只要客户有需求，一旦进入某个服务站点，所有的问题都可以解决，没有必要再找第二家。其本质上就是系统销售服务。就是商家备有充足的货源让消费者在一个商店里买到几尽所需的商品。其实质就是服务的集成和整合。与传统销售不同的系统销售服务是现代营销的新概念。它不仅提供产品的销售，还提供相关的技术服务、维修保养服务、使用培训服务、金融保险服务等系列服务。目的是扩大销售和从服务上增值。现已经发展为依靠互联网建立网络式 AI 服务系统，充分利用大数据功能进行管理。

总之，提高高职院校教学改革的质量，实施分类分层人才培养方案，尽一切可能实施个性化、个案化教学和管理，是完成教育目标、实现高职人才培养的根本保证。而高职院校对高职生的服务支持系统是教学质量的辅助保证体系，两者不可偏废。

第三部分

高职分类分层人才培养的案例解析

第六章
高职院校分类分层人才培养实践探索

根据高职教育人才培养目标和高职学生的实际，在因材施教教育思想的指导下，众多高职院校深入开展教育教学改革，聚焦高职学生的个性化发展，积极推行分类分层人才培养，为高职教育的改革创新积累了新鲜经验。四川职业技术学院在全面总结自身办学经验的基础上，深入研究新时期高职教育的特点、规律和要求，遵循规律，以人为本，大胆创新，立足人才培养质量的不断提升，在高职公共英语教学、数控技术专业教学、高职学生综合素质训育等领域开展差异化教学改革，取得了显著成效。

第一节　公共英语分类分层教学的实践
——以四川职业技术学院为例

为了满足不同英语水平学生的学习需求，四川职业技术学院自2010年起，对大学英语实行分层教学。经过多年的实践，积累了丰富的经验，达成了实施个性化教学的目标。

一、基于学生学习差异的英语教学分层

根据学生英语学习的基础和状况，将学生分为A、B、C三个层级，分别组建若干A班、B班、C班，按相应层级的标准组织英语教学。

（一）A班

学生的高考英语成绩在90分及以上，每个班的人数不得超过40人，根据历年经验，可组7~8个班，选派经验丰富的两位教师承担该层级班级的教

学。该层级学生基础较好，教学目标定位较高，相当部分学生将参加大学英语四级考试。

（二）C班

包括艺体专业学生，藏区彝区"9+3"、藏区"1+2"，五年制大专学生，单招学生等。该层级学生英语基础差，英语教学的目标定位于夯实基础，激发学生的英语学习兴趣，能进行最基本的日常交流。

（三）B班

除A班、C班以外的所有学生，学生数量大，一般可组70个左右的教学班。该类学生英语基础较差，教学目标定位于听说能力的培养及阅读水平的提高，难点在听力训练和学生词汇量的提升。鼓励部分学生参加大学英语四级考试。

二、不同层级的大学英语课程教学目标

英语课程教学以现代高职外语教学理念为指导，以英语语言知识与应用技能、学习策略和跨文化交际为主要内容，以现代教育技术和信息技术为支撑，集多种教学模式和教学手段为一体，实施开放式、交互性、立体化的教学体系，培养学生综合运用英语语言的能力，特别是职场交际能力；同时，帮助学生增强自主学习能力和综合文化素养，以适应未来事业发展和社会交流的需要。各层级的英语教学目标按专业能力、方法能力、社会能力分别定位。

（一）专业能力

1. A班

（1）词汇。

要求掌握5 500个左右的英语单词（其中复用式掌握的单词为3 000）以及由这些词构成的常用词组，对其中3 000个左右的单词能正确拼写，英汉互译。学生还应结合专业英语学习，并具有按照构词法识别生词的能力。认知400个左右的专业英语词汇，特别是涉及金融、会计、商务、营销、房产、物流等方面的专业词汇和习惯表达法。

（2）语法。

掌握基本的英语语法规则，在听、说、读、写、译中能正确运用所学语

法知识。掌握时态、语态和助动词的基本用法。

（3）听力。

能听懂日常和职业交际活动中使用的结构简单、发音清楚、语速较慢（每分钟120词左右）的英语对话和不太复杂的陈述。

（4）口语。

能用英语进行一般的课堂交际，并能在日常活动中进行简单的交流。要求会用英语进行一般职业活动交流，掌握一些固定口语表达法。

（5）阅读。

能阅读中等难度的一般题材的简短英文资料，理解正确。在阅读生词不超过总词数3%的英文资料时，阅读速度不低于每分钟70词。能读懂通用的简短实用文字材料，如信函、合同等。

（6）写作。

能就一般性题材，在30分钟内写出80-100词的命题作文；能填写和模拟套写简短的英语应用文，如填写表格与单证，套写简历、通知、信函等，词句基本正确，无重大语法错误，格式正确，表达清楚。

（7）翻译（英译汉）。

能借助词典将中等难度的一般题材的文字材料和对外交往中的一般业务文字材料译成汉语。译文达意，格式正确。

2. B班

（1）词汇。

掌握2 000个左右的英语单词（包括入学时要求掌握的1 000个词）以及由这些词构成的常用词组，对其中1 500左右的单词能正确拼写，英汉互译。

（2）语法。

掌握基本的英语语法规则，在听、说、读、写、译中能正确运用所学语法知识，掌握时态、语态和助动词的基本用法。

（3）听力。

能听懂涉及日常交际的结构简单、发音清楚、语速较慢的英语简短对话和陈述，理解基本正确。

（4）口语。

掌握一般的生活用语，并能在日常活动中进行简单的交流。

（5）阅读。

能阅读一般题材的简短英文资料，理解正确。

（6）写作。

能运用所学词汇和语法写出简单的短文；能用英语填写表格，套写便函、简历等，词句基本正确，无重大语法错误，格式基本恰当，表达清楚。

（7）翻译（英译汉）。

能借助词典将中等偏下难度的一般题材的文字材料译成汉语。理解正确，译文达意。

3. C 班

（1）词汇。

掌握1000个左右的英语单词，以及由这些词构成的常用词组，对其中单词能正确拼写，英汉互译。

（2）语法。

掌握基本的英语语法规则，在读、写、译中能正确运用所学语法知识。

（3）阅读。

能阅读简单题材的简短英文资料，理解正确。

（4）写作。

能运用所学词汇和语法写出简单的短文；词句基本正确，无重大语法错误，格式基本恰当，表达清楚。

（5）翻译（英译汉）。

能借助词典将简单题材的文字材料译成汉语。理解正确，译文达意。

（二）方法能力

A班：具有较好的听、说、读、写、译的能力，熟练掌握一定的英语语言学习技巧，具有较好的自主学习英语能力。

B班：具有一定的听、说、读、写、译的能力，，掌握一定的英语语言学习技巧，具有一定的英语自主学习方法。

C班：在教师的引导下，能较好地学习英语。

（三）社会能力

A班：具有较好的英语语言交际能力，能就熟悉的话题与英语国家人士进行较为流利的对话及交流。能将对话或讨论进行下去，并能接受或礼貌地拒绝对方的意见，在工作和社会交往中能用英语有效地进行口头和书面的信息交流。

B班：具有一定的英语语言交际能力，能用常用词汇和句型与同学进行讨论，能就所熟悉的话题经准备后做简短发言。在工作和社会交往中能用英语能进行一些简单口头和书面的信息交流。

C班：具有基本的英语语言能力，能进行简单的英语交流。

三、教学内容

（一）A班

该层级学生学习《实用大学英语》，分第一册和第二册，以精读综合教程和听说教程为主，语法和快速阅读穿插在精读教学中，其他泛读教材由教师指导学生课外阅读。《实用大学英语》每册共有8个单元，每个单元由7个项目组成（项目内容参见表6-1）。

表6-1　A班学习单元项目内容表

序号	题目	内容
1	Listening and Speaking	提供5个练习。要求学生根据会话内容做出相应的选择，然后进行口头表述
2	Passage 1	精选反映当代社会生活、科学技术、文教体育等各类主题且又贴近高职高专学生生活的原文作课文
3	Reading Skills	为学生自主学习提供指导，主要讲解基本的阅读技能
4	Passage 2	此篇为泛读材料，每篇短文后附有阅读理解练习题，旨在为学生提供与单元主题有关的更多语言输入并提高阅读理解能力
5	Grammar Review	以系统复习英语语法为主，重点在学生容易混淆、容易出错的语法现象
6	Writing	根据学生应试及实践需要而编写的实用写作训练，以帮助学生学习写作要点
7	Enjoy yourselves	每单元选配一篇短小精悍的幽默故事、文化背景知识或者一首好听的英文歌曲等，培养学生学习、体味与欣赏英语和英美文化的能力

（二）B班

该层级学生学习《实用大学英语》，分第一册和第二册。课程以精读为主，听力、语法和快速阅读穿插在教学中，其他泛读教材由教师指导学生课外阅读。《实用大学英语》每册共有8个单元，每个单元由7个模块组成，选择其中 6 个模块教学（模块内容参见表 6-2）。

表 6-2　B 班学习单元模块内容表

序号	题目	内容
1	Listening and Speaking	提供 5 个练习。要求学生根据会话内容做出相应的选择，然后进行口头表述
2	Passage 1	精选反映当代社会生活、科学技术、文教体育等各类主题且又贴近高职高专学生生活的原文作课文
3	Reading Skills	为学生自主学习提供指导，主要讲解基本的阅读技能
4	Passage 2	此篇为泛读材料，每篇短文后附有阅读理解练习题，旨在为学生提供与单元主题有关的更多语言输入并提高阅读理解能力
5	Grammar Review	以系统复习英语语法为主，重点在学生容易混淆、容易出错的语法现象
6	Enjoy yourselves	每单元选配一篇短小精悍的幽默故事、文化背景知识或者一首好听的英文歌曲等，培养学生学习、体味与欣赏英语和英美文化的能力

（三）C 班

该层级学生学习《实用大学英语》第一册，课程以精读、语法为主，听力和阅读穿插在教学中，共有 8 个单元，每个单元由 7 个模块组成，该层次仅选择其中 5 个模块进行教学（模块内容参见表 6-3）。

表 6-3　C 班学习单元模块内容表

序号	题目	内容
1	Speaking	提供 2 个练习。要求学生根据会话内容进行口头表述
2	Passage 1	精选反映当代社会生活、科学技术、文教体育等各类主题且又贴近高职高专学生生活的原文作课文
3	Reading Skills	为学生自主学习提供指导，主要讲解基本的阅读技能
4	Passage 2	此篇为泛读材料，每篇短文后附有阅读理解练习题，旨在为学生提供与单元主题有关的更多语言输入并提高阅读理解能力
5	Grammar Review	以系统复习英语语法为主，重点在学生容易混淆、容易出错的语法现象

四、教学安排

（一）A班

教学总时数120学时（不含第三学期开设的选修课），安排在第一至第二学期，每学期每周不低于4学时（具体安排参见表6-4）。

表6-4　A班学生大学英语课程学时分配表

教学内容	学期	理论课学时	视听训练学时	备注
实用大学英语 I	1	28	28	必修
实用大学英语 I、II	2	32	32	必修
实用大学英语 II	3	24	24	选修
合计		60+24	60+24	

（二）B班

教学总时数 120（不含第三学期开设的选修课）学时，安排在第一至第二学期，每学期每周不低于4学时（具体安排参见表6-5）。

表6-5　B班学生大学英语课程学时分配表

教学内容	学期	理论课学时	视听训练学时	备注
实用大学英语 I	1	28	28	必修
实用大学英语 I、II	2	32	32	必修
实用大学英语 II	3	24	24	选修
合计		60+24	60+24	

（三）C班

教学总时数120学时，安排在第一至第二学期，每学期每周不低于4学时（具体安排参见表6-6）。

表6-6　C班学生大学英语课程学时分配表

教学内容	学期	理论课学时	视听训练学时	备注
实用实用大学英语 I	1	28	28	必修
实用大学英语 I	2	32	32	必修
合计		60	60	

第二节 基于中高职一体化的数控技术专业人才培养总体设计
——以四川职业技术学院为例

中高一体化人才培养是推动中等和高等职业教育协调发展，系统培养适应经济社会发展需要的技术技能型人才的有效途径。四川职业技术学院依托遂宁市现代制造业职业教育集团和四川省人民政府教育改革试点项目"构建终身教育体系与人才培养立交桥，全面提升职业院校社会服务能力"，组织开展了数控技术专业中高职衔接人才培养试点工作。根据中职、高职人才培养特点，在中高职衔接人才培养工作中，对于中职学校升入高职学习的学生，积极实践了因材施教的教育思想理念，根据学生特点，推行分类分层教学，取得了良好的成效。

一、学生学情分析

纳入中高职一体化培养的学生，中职阶段主要开设了《机械制图》《极限配合》《车工技术》《电子电工技术》《钳工技术》《焊工》《机械基础》等专业基础及技能课程。总体来说，学生具有如下特点：

（一）具备一定的机械类专业基础知识

学生通过中职阶段的学习，能识读、绘制简单零件图形，掌握了机械工程材料、公差与配合、加工工艺等基础知识。但是，该部分学生为了能升学，强化了语文、数学、英语等文化课程的学习，因此专业理论基础较弱、学习深度及广度也不够。

（二）掌握了一定的机械专业技能

在中职阶段，学生初步掌握了车工、钳工、焊工、电工等工种的基本操作技能，能加工简单零件。但是，由于中职学校普遍存在教学实践设备少、设备档次低、实训指导教师水平有限，加之为了升学，实际实训时间较少。因此该部分学生只算是简单的技能入门，仅有个别学生为参加技能比赛进行了强化训练；技能训练在安全性、规范性上的也很欠缺。

（三）学生素质参差不齐

目前，就读中职的学生在个人素质方面主要存在以下几方面的问题：一是个人学习习惯差,主要表现在对理论课程学习枯燥、无兴趣,未养成良好的学习方法,导致成绩差;二是个人习惯较差,自我约束、集体意识等方面都存在较大的问题。

二、人才培养目标

(一)目标定位

面向机械产品制造企业,以数控加工等先进制造技术在机械生产中的应用为方向,针对数控机床操作、数控加工工艺设计、数控加工程序编制、机械产品设计、产品质量控制、数控机床维护维修、生产现场管理等岗位,培养具有良好职业精神、职业道德及职业素质,并能适应经济社会发展的高素质技术技能型人才。

(二)培养规格

1. 知识结构

(1)具有从事生产技术管理必需的政治、法律、道德知识;
(2)具有本专业必备的文化理论知识和工程专业基础知识;
(3)具有较高水平的机械制造工艺的理论知识;
(4)具有数控程序编制的理论知识;
(5)具有利用现代设计技术进行机械产品设计的知识;
(6)具有机械设备电气控制的理论知识;
(7)具有使用 CAM 软件进行数控加工工艺规划、程序编制及加工的知识;
(8)具有使用多轴加工中心等先进制造设备的理论知识;
(9)具有对现代制造企业进行生产现场管理的知识。

2. 能力结构

(1)具有较强的识图和绘图能力;
(2)具有熟练操作普通机床的能力,达到中级车工及以上水平;
(3)具有熟练编制工艺规程的能力;
(4)具有熟练的普通数控机床操作与编程的能力,达到高级数控车工(加工中心)水平;
(5)具有熟练的多轴加工设备的编程与操作能力;
(6)具有操作数控电加工设备的能力;
(7)具有较强的利用 CAD/CAM 软件进行三维数字化设计的能力;

（8）具有较强的机械设备电气控制线路设计的能力；

（9）通过国家计算机等级考试一级考试，具有使用微型计算机并为专业服务的能力；

（10）具有车间生产管理和技术管理的初步能力。

3. 素质结构

（1）树立正确的世界观、人生观，热爱社会主义祖国，坚持四项基本原则，有理想、有道德、有文化、有纪律；

（2）有顾全大局、吃苦耐劳、艰苦奋斗、乐于奉献的敬业精神；

（3）树立良好的社会公德和职业道德，具有法制观念和公民意识，正确行使法律赋予的权利，自觉履行法律规定的义务，遵守校规校纪。

（4）正确理解人与自然、人与社会、人与人的关系，树立环境意识，具有社会责任感和关心他人、团结互助的风格；

（5）养成文明的行为习惯和自尊、自强、自爱、守时、守信的优良品质；

（6）具有热爱本职工作和尽职尽责的职业道德；

（7）具有较快适应生产、管理第一线岗位的实际工作能力；

（8）具有初步的评价、吸收和利用国内外新技术的能力；

（9）具有创新精神和自我发展的能力。

（10）具有较强的心理适应能力，能正确处理自身的情感方面的矛盾，有克服困难的信心和决心，具有健全的意志品质。

三、人才培养的总体考虑

根据学生实际情况，结合行业企业的用人需求，人才培养方案设计主要强化了以下三方面内容：

（一）产品设计能力

产品图形设计是机械制造类专业的基础，从手工制图到计算机绘图是高职学生必须熟练掌握的操作技能。从 2D 绘图到 3D 设计是必然的趋势，从 3D 产品图到 2D 工程图也是必需的技能。因此在课程设计中，将主要的设计类课程贯穿到机械产品设计的过程。

（二）专业技能训练

技能是职业院校十分重要的培养目标。为了培养更多适应社会经济发展需要的技术技能型人才，课程设计涵盖了"从普通加工到数控加工，从通用数控加工到特种数控加工，从普通数控加工到多轴加工，从手工编程到自动编程"等四大方面的技能训练和专业能力的培养。

（三）综合素质培育

素质是体现专业人才培养十分重要的一个方面，机械制造业的快速发展对人才的素质要求也逐步提升。素质的培养围绕"强意识、重规范、讲安全、学文化"开设相应的课程。

数控技术专业（中高职衔接高职段）人才培养总体思路参见表 6-7。

表 6-7　数控技术专业（中高职衔接高职段）人才培养总体思路简表

思路	内容
设计线	产品设计：机械制图、CAXA、UG 产品设计、逆向工程 程序设计：数控编程、UG 自动编程、UG 多轴编程、特种加工编程 工艺设计：机械加工装备、机械加工工艺、数控加工工艺
技能线	加工技能：普通机械加工、数控车工、数控铣工、多轴加工、特种加工 设计技能：机械设计、工业机器人、机械设备电控、机械产品创新设计、毕业设计
素质线	文化素质：高等数学、外语、计算机、道德与法律、创新创业 职业素质：设备管理与维护、企业管理、智能制造概论、职业规划、顶岗实习

四、学分分配及学分要求

（一）各类课程学分分配

各类课程的学分分配参见表 6-8。

表 6-8　各类课程的学分分配

学分类别		各学期学分分配（提供学分）						合计	规定学分
		一	二	三	四	五	六		
各类课程学分分配	必修课程	24.5	27.5	19	23.5	19	10	123.5	123.5
	限选课程	1	0.5		1	1		3.5	3.5

续表

学分类别		各学期学分分配（提供学分）						合计	规定学分
		一	二	三	四	五	六		
各类课程学分分配	任选课程	1.5	1.5		3	3		9	6
	小计	27	29.5	19	27.5	23	10	136	133
理论与实践学分分配	理论教学	22.5	22.5		18.5	4		67.5	
	实践教学	4.5	7	19	9	19	10	68.5	
	小计	27	29.5	19	27.5	23	10	136	

（二）学分要求

（1）实行学业预警制，学生各学年获得的学分数不能少于规定的"标准学分"（具体学分要求参见表6-9）。

表6-9 学分要求表

学　　年	标准学分	预警学分	退学学分
第一学年	50～58	低于35	低于20
第二学年	96～112	低于70	低于50
第三学年	130～140	低于105	低于85

（2）人才培养阶段学分要求。

三年人才培养过程中，学生须完成不少于133学分的学习任务。

五、主干课程内容及要求

（一）普通机械加工

课程内容主要包括普通车工、钳工、铣工、焊工、磨工等基本知识及相应的操作技能。通过学习，学生达成以下能力水平：

（1）能使用普通车床加工普通台阶轴类零件，主要包括锥度、三角螺纹、切槽、圆弧、内孔等；

（2）能使用钳工工具完成零件制作；

（3）能熟练操作普通铣床、平面磨床、钻床等设备，并进行简单零件加工；

（4）能熟练使用电弧焊机焊接；

（5）能熟练使用常用量具进行准确测量。

（二）机械制图

课程内容主要包括机械制图的基本知识、投影作图、机械零部件的图形绘制等基本知识及相应的操作技能。通过学习，使学生能达到以下能力水平：

（1）能正确使用绘图仪器和工具；

（2）能利用正投影法的基础理论和基本方法图示空间物体；

（3）能徒手绘制草图；

（4）能绘制中等复杂程度的零件图和装配图；

（5）能熟练查阅机械零件手册和有关的国家标准。

（三）机械制造基础

课程内容主要包括机械工程材料、热加工基础等基本知识及相应的操作技能。通过学习，使学生能达到以下能力水平：

（1）熟悉常用的机械工程材料的基本性能；

（2）掌握合金的组织结构及对其使用性能的影响，为热处理工序的安排打下基础；

（3）掌握常用有色金属及非金属材料特性；

（4）能根据生产应用选择合适的机械工程材料；

（5）能掌握淬火、回火、退火、正火、调质以及表面处理的应用特点；

（6）熟悉铸造、锻造、焊接等热加工基本工艺，为热处理工序的安排打下基础。

（四）机械加工装备

课程内容主要包括金属切削原理与刀具、常用机械加工设备、机床夹具等基本知识及相应的操作技能。通过学习，使学生能达到以下能力水平：

（1）能理解金属切削原理，正确选择和使用车刀、铣刀、钻头、砂轮等常用刀具；

（2）熟悉常用机械加工装备，主要包括车、铣、刨、钻、磨等设备；

（3）掌握定位原理，熟悉典型的工装夹具；

（4）能正确对加工零件进行找正，并利用夹具对零件完成定位和夹紧。

（五）CAXA 绘图

课程内容主要包括计算机辅助制图软件（CAXA）在图形绘制、编辑、标注等方面的基本知识及相应的操作技能。通过学习，使学生能达到以下能力水平：

（1）能熟练使用 CAXA 进行平面图形的绘制、编辑；

（2）能熟练制作图块；

（3）能熟练进行零件图的标注，包括尺寸精度、形位公差、表面质量以及技术要求等；

（4）能绘制产品装配图；

（5）能熟练进行图幅设置；

（6）能熟练调用国标图库；

（7）通过 CAXA 软件的应用，能过渡使用 AutoCAD 软件，并能与 CAXA 软件进行数据交换。

（六）零部件测绘

课程内容主要包括机械产品测量以及图形绘制等基本知识及相应的操作技能。通过学习，使学生能达到以下能力水平：

（1）具备逆向工程的基础思维；

（2）具备进行三维产品设计的基础。

（七）机械加工工艺

课程内容主要包括机械加工工艺的制订方面的基本知识及相应的操作技能；通过学习，使学生能达到以下能力水平：

（1）熟悉机械加工工艺规程的制订过程；

（2）能制订典型零件的机械加工工艺。

（八）数控编程

课程内容主要包括 Fanuc 0i 系列数控车削系统、数控铣削/加工中心编程指令，并包括宏指令等基本知识及相应的操作技能。通过学习，使学生能达到以下能力水平：

（1）掌握数控车床、数控铣床/加工中心操作的一般步骤，重点在坐标系建立、刀具补偿设置等方面；

（2）能熟练编制轴类、箱体、板类零件的加工程序，主要特征包括台阶、槽、孔、锥面、圆弧、三角螺纹等；

（3）能对公式曲线零件进行程序编制，主要包括椭圆、抛物线、双曲线等；

（4）能达到中级数控车工程序编制的水平。

（九）数控机床

课程内容主要包括数控车床、数控铣床、加工中心等数控设备基本知识及相应的操作技能。通过学习，使学生能达到以下能力水平：

（1）掌握数控车床、数控铣床的结构及运动原理；

（2）掌握数控设备伺服系统传动路线；

（3）掌握数控设备主轴系统结构；

（4）掌握数控设备刀具交换系统结构，包括电动刀架、回转刀台、塔式刀库、链式刀库、换刀机械手等；

（5）熟悉数控设备常用附件的功用，如排屑机、热交换系统等。

（十）数控车工实训

课程内容主要是按照中级（对于获得省市竞赛一、二等奖的学生按高级标准）数控车工的标准进行训练。通过学习，使学生能达到以下能力水平：

（1）能熟练操作数控车床进行程序编制，并进行零件加工；

（2）能达到中级（高级）数控车工程序编制的水平。

（十一）UG 产品设计

课程内容主要包括 UG NX 软件实体特征建模、参数化草绘、曲面建模、装配及干涉检查，以及工程图的建立、标注及输出等等方面的知识与技能。通过学习，使学生能达到以下能力水平：

（1）能熟练使用软件的各项造型功能；

（2）能对中等复杂的机械零部件进行造型设计；

（3）能对机械产品进行自顶向下的设计，并能进行零部件的装配；

（4）能对零部件进行工程图的输出、调整及标注等。

（十二）机器人技术

课程内容主要是典型的传动机构，并通过慧鱼机器人套件进行机械运动机构的组装及模拟。通过学习，使学生能达到以下能力水平：

（1）能根据不同的运动需求，选择合理的传动方式；

（2）能使用慧鱼机器人搭建运动模型；

（3）能根据运动模型使用 UG 软件进行模型数字化设计，并能进行运动模拟。

（十三）机械产品创新设计

课程内容主要是教师开发设计项目，学生综合应用所学知识独立完成产品创新设计。通过学习，使学生能达到以下能力水平：

（1）能根据不同的应用需求，设计 2~3 种方案；

（2）能对各种设计方案在制作工艺、成本、可靠性等方面进行对比分析，选出合理设计方案。

（十四）产品制造

课程内容主要是学生根据《机械产品创新设计》课程设计的内容，进一步优化并细化产品零件图（主要包括装配关系、尺寸公差、形位公差、表面质量等），完成整个所有零部件的选用（加工）及装配，通过加载运动源控制整个产品完成实物运动演示。通过学习，使学生能达到以下能力水平：

（1）能根据不同的应用需求，选择零件合理的公差；

（2）能根据不同类型的零部件，选择合理的加工方法，安排合理的加工工艺过程；

（3）能选择并计算加工工艺参数；

（4）能熟练操作各类加工设备进行零件加工；

（5）能合理选择常用的标准件、常用件等，如螺栓、轴承、齿轮、丝杠等；

（6）能进行简单的控制电路设计，并能完成电路连接；

（7）能完成零部件的组装及运动展示。

（十五）UG 数控编程

课程内容主要是利用 UG 软件对中等复杂平面类、箱体类、空间曲线曲面类等零件的数控加工工艺安排及程序编制。通过学习，使学生能达到以下能力水平：

（1）掌握 UG 软件进行数控编程的步骤；

（2）能根据不同的零件进行数控加工工艺安排；

（3）能合理进行数控加工工艺参数的选择与计算；

（4）能对生成的刀具路径进行优化及编辑；
（5）能根据不同的数控系统进行后置处理；
（6）能根据系统差异对生成的程序进行修改，并能导入数控系统。

（十六）机床设备电控

课程内容主要是常用电气、液压、气动元件，以及典型机械加工设备的电气控制回路等方面的基础知识和基本技能。通过学习，使学生能达到以下能力水平：

（1）能认识常用的电气、液压、气动元件，并掌握其主要功用及用法；
（2）能识读分析电气控制图；
（3）能根据设备运动规律设计电路图。

（十七）设备管理与维护

课程内容主要是机床机械部件维护保养、数控系统的维护保养、设备电气控制的维护保养等方面的基础知识和基本技能。通过学习，使学生能达到以下能力水平：

（1）熟悉普通机械加工设备、数控加工设备维护保养的主要项目及要求；
（2）能对机械传动部件进行维护保养；
（3）能对数控设备的电动刀架、刀库、机械手、排屑机等进行维护保养；
（4）能对数控设备的电气控制回路进行维护保养；
（5）能对数控设备进行安装、调试；
（6）能对数控设备进行精度检测及验收。

（十八）企业管理

课程内容主要包括工业企业经营管理、生产组织和计划、技术管理、物资管理、设备管理、质量管理、财务管理等方面的知识和技能。通过学习，使学生能达到以下能力水平：

（1）熟悉现代制造企业经典的生产管理经营理念及生产组织模式；
（2）熟悉现代制造企业在生产组织方面的关键技术；
（3）理解企业在仓储物资管理、设备管理、质量管理方面的实际需求，能分析典型的管理流程；
（4）了解企业在人力资源管理、财务管理方面的需求。

（十九）机床设备电控实训

课程内容主要是训练学生常用电气、液压、气动元件的安装连接，并能根据运动特点设计、连接控制回路。通过学习，使学生能达到以下能力水平：

（1）能安全、正确地安装连接各类控制元件；
（2）能根据运动特点设计控制回路；
（3）能根据控制回路图正确连接控制电路；
（4）能对电路进行检查、调试。

（二十）数控加工工艺设计

课程内容主要是训练学生对典型零部件的数控加工工艺进行设计的能力和技能。通过学习，使学生能达到以下能力水平：

（1）能综合应用数控车床、数控铣床、加工中心，制定轴类、箱体类、盘盖类零件的数控加工工艺；
（2）能进行工序尺寸的计算；
（3）能根据工序安排选择合适的刀具、夹具；
（4）能进行工序切削参数的选择及计算。

（二十一）数控铣工实训

课程内容主要是训练学生熟练操作数控铣床/加工中心，并能对平面、轮廓、孔等零件进行程序的手工编制及加工，以及采用 UG 软件对复杂零件进行造型、编程及加工的技能和能力。通过学习，使学生能达到以下能力水平：

（1）掌握数控铣床/加工中心加工工件的一般过程；
（2）能根据不同的零件进行数控铣削加工工艺安排；
（3）能合理设计数控铣削工艺，并能熟练选择合适的刀具、夹具，进行切削参数的选择与计算；
（4）能熟练使用 UG 软件进行工艺安排、程序编制、仿真及加工；
（5）能安全操作设备进行零件加工。

（二十二）逆向工程

课程内容主要包括三坐标测量机、3D 扫描仪、ImageWare 数据处理软件等。通过学习，使学生能达到以下能力水平：

（1）能使用三坐标测量机对机械产品进行测量，包括尺寸精度、形位公差等；

（2）能使用 3D 扫描仪进行实物数据采集；

（3）能使用数据处理软件对采集的数据进行拟合、优化及拼接等。

（二十三）UG 多轴编程

课程内容主要包括车铣复合加工中心、四轴/五轴加工中心的编程与加工。通过学习，使学生能达到以下能力水平：

（1）能熟练操作车铣复合加工中心、四轴/五轴加工中心；

（2）能熟练应用 UG 编程软件编制多轴加工程序；

（3）能熟练配置 VeriCUT 进行多轴加工仿真；

（4）能使用车铣复合加工中心、四轴/五轴加工中心加工合格的零件。

（二十四）特种编程与加工

课程内容主要包括数控电火花机床、数控线切割机床、激光雕刻机等设备的操作与编程。通过学习，使学生能达到以下能力水平：

（1）能操作电火花机床加工及电参数的调整，并能使用其他设备进行放电铜电极的制作；

（2）能熟练操作线切割机床，并能编制线切割加工程序；

（3）能操作雕刻机雕刻文字、图案等。

（二十五）毕业设计

课程内容主要是学生综合应用所学到知识，完成机电相关产品设计、工艺设计与制造、发明制作等创新项目。通过学习，使学生能达到以下能力水平：

（1）能应用现代信息技术进行资料查阅、收集、整理；

（2）能根据设计需求进行自学；

（3）能综合应用机械、电气、计算机、信息技术等知识进行设计。

六、毕业条件

（1）符合德育培养目标和大学生体育合格标准要求。

（2）完成本专业规定的所有课程和实践教学环节学习任务，总学分不低于 133 学分。

（3）通过国家一级或二级考试，至少获得中（高）级数控车工技能等级证书、中（高）级数控铣工/加工中心技能等级证之一。

第三节　高职学生综合素质训育的实践
——以四川职业技术学院为例

为全面提升人才培养质量，四川职业技术学院根据全面素质教育的思想和理念以及高职学生的特点，立足于学生成长和个性化发展，深入研究高职教育"为谁培养人、培养什么人和如何培养人"问题，结合用人单位对"高素质"的高职毕业生的迫切需要，针对传统素质教育重表象、轻理念，重局域、轻体系，重形式、轻内容，重说教、轻训育，重培养、轻监测，重氛围、轻质量，重实施、轻管理等七重七轻的普遍现象，通过实施四川省2013—2016年高等教育人才培养质量和教学改革立项的"高职学生综合素质训育体系构建研究与实践"省级教学改革项目，提出了"素养培育人、技能锻造人、素质成就人"学生综合素质训育理念，按照"树观念、建体系、创模式、强管理、显实效"的思路，通过多年探索实践，创建了"五柱一平台"高职学生综合素质训育体系、"四化一体"素质训育模式、"三全两为主"素质训育手段。出版《高职院校学生综合素质提升研究》等4部专著，《心理学教程》等6部教材，《高校学生综合素质训育体系构建研究》等33篇论文；建成省级社科素质训育基地1个；形成全国职教人文素质特等奖案例1个；师生受益面达97%，用人单位及毕业生满意率分别达95.4%、96.7%；学院被评为全国"文明单位"，连续五次被省教育厅评为"就业先进单位"。成果产生较大辐射影响，共接待广东番禺职业技术学院等省内外40余所职业院校、地方政府、企事业单位及外宾考察1 800余人次；成果于2016年在中国职业技术教育学会人文素质教育研究会年会上做专题报告，辐射15个省市、100多所院校；《中国教育报》等多家媒体对其建设成果进行了30余次报道推广。

一、高职学生综合素质训育体系的构建

基于传统素质教育"重局域、轻体系，重形式、轻内容，重培养、轻监测，重氛围、轻质量"等现象，深入分析高职学生人才培养的现状与需求，更新学生综合素质训育认识观念，强化学生综合素质训育的目的动机和指导引领作用。构建了"五柱一平台"高职学生综合素质训育的内容和质量保障

体系，强化学生综合素质训育的科学性和可靠性

"五柱一平台"的具体内涵是：以"思德、文化、艺术、心理、科学"五大内容体系为支柱，以"学校考核为本位""家长评价为辅位""第三方评价为主位""三位一体"学生素质监测平台（见图 6-1）。弄清学生综合素质训育"做什么"的内容体系和"怎么样"的质量监测措施，制定完善《四川职业技术学院学生综合素质评价标准》，确保素质训育的科学性和可靠性。

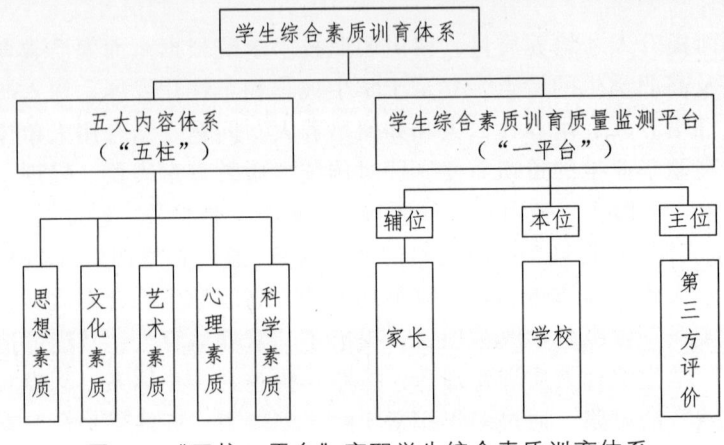

图 6-1 "五柱一平台"高职学生综合素质训育体系

二、训育模式和训育手段的创新

基于传统素质教育"重说教、轻训育"现象，创新"四化一体"训育模式和"三全两为主"训育手段，强化学生综合素质训育的针对性和实效性。

（一）"四化一体"训育模式

1. 突出载体基础作用，推进课程建设通识化

将课程建设作为推进素质训育活动的基本载体，构建形成"外引内建"素质训育课程体系（见图 6-2）。

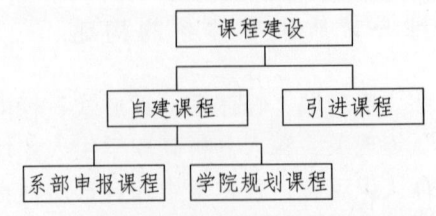

图 6-2 学生综合素质训育课程体系构建框架图

制定完善《综合素质训育课程建设与管理办法》《综合素质训育课程建设评价标准》等系列管理制度，把学生综合素质训育课程建设纳入《人才培养方案》，推行学分制管理，给出6个学分。以"通识化"为基点，采用"引进"与"自建"、"必修"与"选修"相结合的方式，引进《论语》处世智慧"等网络视频课程50门，自建《机械与人生》等素质训育课程15门，出版教材6部，编写讲义实践手册50余册。加强开课管理，将所有素质课程纳入学院教务管理系统集中统一管理，每期开课750学时，开课率达93%。

2. 突出引领指导作用，推进队伍建设专业化

以专设机构人文与科技训育中心为主，学生工作部、团委、宣传部三个职能部门为辅，院内12个系部为支撑构建形成"一主三辅十二支撑"的院内学生综合素质训育专兼职队伍体系（见图6-3），建立健全素质训育师资队伍管理制度和激励机制，形成"全院、全员"素质队伍新格局，为成果的形成提供队伍保障。

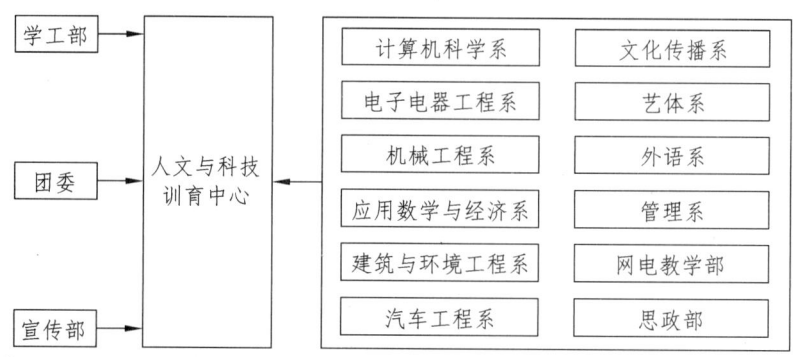

图6-3 学生综合素质训育专兼职队伍体系机构图

3. 突出平台支撑作用，推进基地建设现代化

立足"训育结合、理实一体"的训育理念和"传统与现代，人文与科学，理论与实践，学院与社会，育人与服务，培养与训育，当前与长远""七个结合"的建设原则，重点打造院内25个实践实训、感悟体验室，充分利用现代数字媒体和网络技术推进学生素质训育基地建设现代化，将声、光、电、书、艺等现代技术融合一起，通过时间跨越、空间拓展、情景再现等功能，解决训育过程中受时间空间局限的难题，着重突显训育功能，突出实用效果。每期平均开出课时达560学时，使用率达97%，先后被授予"全国高职高专院校创新发明基地""四川省社会科学普及基地""高校诚信文化教育基地""遂宁市科普活动中心"遂宁市"税收教育基地"等。

同时，院地、校企共建综合素质拓展训育基地 13 个，企业文化训育基地 15 个，以此拓展校内基地的训育实践空间，满足学生开展素质训育活动的需要。

4. 突出课外延伸作用，推进活动建设品牌化

一是创建"川职院大讲堂"，建立健全专家讲座管理制度，有效延伸课堂内容，提升训育效果，于 2015 年被四川省社科联纳入全省"天府人文讲堂"范畴，在全省范围内引起了良好反响。

二是承办、参与全国高职高专"发明杯"大学生创新创业大赛，覆盖面达 76%，获奖 81 人次。

三是打造"涪水红帆""校园电视""微创电影"等校园文化展演活动品牌。定期开展大学生社团艺术节、少数民族学生艺术节、金秋音乐会等系列素质训育活动。学院现有规范化学生社团达近 40 个，每个专业群均成立有 1 个以上的专业性学生社团，每年定期 4—6 月开展学生社团文化艺术节，形成了学生社团独特魅力和影响力。学院结合学生身心特点，建设了思想教育活动——学生党员示范岗和基层团组织示范单位建设活动、社会实践活动——科技下乡志愿服务活动、文化艺术活动——校园歌手大赛、文化艺术活动——少数民族文化艺术节、"涪水红帆"文化艺术节、学风知识竞赛、社团文化艺术节、健美操大赛、校园影视文化活动、川职大讲堂等 10 项特色活动。

四是广泛开展校地、校企双向文化活动，先后承办安东石油技术有限公司新员工培训；四川省普通高中、职业中学（中专）党组织负责人示范培训；四川省第二届"导航名师"大学生创新创业指导课程教学大赛等社会服务活动 13 项次；形成校园文化活动品牌近 20 个，还与遂宁地方及行企广泛开展科普巡展、"现代征信学"教育研究、税收知识竞赛等系列活动，有力促进了学生素质训育效果和品质品位。

（二）"三全两为主"学生综合素质训育手段

针对长期以来学生综合素质培养方式手段都以"育"为主，偏重于宣讲灌输而脱离实践训练的弊端，创立"三全两为主"学生综合素质训育方式，从顶层设计到推进实施，全面践行"全员、全程、全面""三全"的思想观念，指导思想上坚持"学校教育，以育人为主"；路径方式上推行"训育结合，以训为主"，把"训育"活动重心转移到"训"上，强调素质培养的实践训育，把"训"的比例提升到 40%以上，在"训"的过程中渗透"育"，在"育"

的过程中强化"训","训育结合,理实一体,贯穿三全",把"育"的各种观念理念用"训"的方式加以强化固化,真正把学生素质训育活动落到实处,突出实效。

三、学生素质训育工作机制建设

基于传统素质教育"重实施、轻管理"现象,专设学生综合素质训育组织管理的单设机构,建立健全运行机制,强化学生综合素质训育的组织管理和规范性、长效性。吸取学院及其他院校多年开展素质教育简单对接、多头多点管理效果不佳的教训,单设学生综合素质训育的组织管理中层机构——人文与科技训育中心,专职全程负责全院学生综合素质训育工作,建立健全管理规章制度和奖惩激励机制,突出素质训育活动在育人工作中的地位作用。

四、高职学生综合素质训育的基本成效

(一)为人才培养质量提升提供了有力支撑

学生综合素质训育体系建设以实现学生在校期间思德素质、文化素质、艺术素质、心理素质、科学素质得以全面提升为目标,与各专业着力培养学生专业技能与专业素养相得益彰,共同打造学生综合素质,为实现学院育人质量的全面提高提供了有力支撑。

(二)为学生素质提升夯实了坚实基础

在学生综合素质训育体系的建设中,课程建设是支撑,队伍建设是关键,基地建设是保障,活动建设是载体。"四化一体"的学生综合素质训育体系建设成果,让校内外教育资源得以优化和整合,确保了学生参与综合素质训育课程有规划、师资有团队、场地有保障、活动有特色,为专业学生素质提升夯实了坚实基础。

(三)为学生素质提升搭建了广阔平台

学生综合素质训育体系项目致力于"四化一体"建设,即通过课程建设科学化、队伍建设专业化、基地建设规范化、活动建设特色化,实现学生综合素质训育一体化,为学生素质提升搭建了广阔平台(见图6-4)。

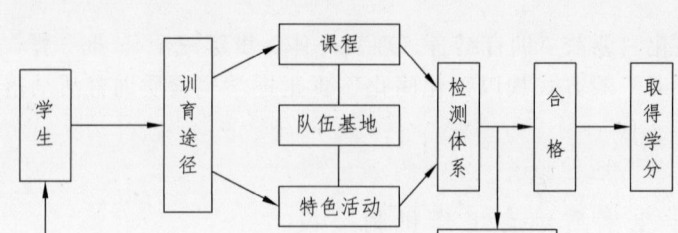

图 6-4 学生综合素质训育体系运作机制图示

五、经验的推广与应用

（一）院内深入实践

学院探索形成的高职学生综合素质训育模式积极在院内实践，涵盖全院 12 个系部 38 个专业及全院教职工，师生受益面达 97%。通过前后比照分析，师生素质训育意识增强 20.9%；参与素质训育活动率增加 53.9%。以艺术素质培养为例，项目实施前学生自愿选择艺术特长训练的比例不足 15%，发展到 47%以上学生都不同程度地选学了 1~2 项艺术技能；愿意和能够参加社会公益服务活动的学生由项目前的 27%，上升到 63%以上，学生参加全国各类艺术比赛，项目前不足 200 人次，到项目后年均 700 人次以上，2012—2016 年年均所获各种艺术比赛奖励 20 余项次，是项目前的 3 倍强。全院学生违纪率减少 5.6%；弱差生转换率增加 12.1%。教师的教风、学生的学风和学校的校风"三风"有了根本好转，人才培养质量、办学水平明显提升，社会认可度显著提高。近年来，全院学生"双证书"获取率达到 98.86%；学生参加省级以上技能竞赛获奖 410 余项；毕业生年底就业率在 98.2%以上；新生报考率达到 230%，报到率达到 91.3%，就业率连续五次被省教厅评为"就业先进单位"，用人单位及毕业生满意率分别达 95.4%、96.7%，2015 年学院被评为"全国文明单位"。

（二）院外推广交流

学院利用各种机会加大对项目成果的宣传推广，在充分利用案例、专著、论文、课题、媒体、座谈等多种形式、多种途径进行大力宣传的同时，学院于 2016 年 6 月在中国职业技术教育学会人文素质教育研究会年会上做了题为"高职学生综合素质训育的理论与实践探索——基于四川职业技术学院全面素质训育的报告"的主题报告，辐射影响来自全国 65 所高职院校、26 所中职院校 200 余名素质教育工作者，光明日报、中国青年报、中国教育报、浙江教育报、浙江工人日报、杭州日报等多家媒体进行了现场采访报道。

2013 年 6 月，为全省普通中学、职业中学（中专）党组织负责人示范培训班来自全省各地的普通中学、职业中学（中专）校长、党支部书记 235 人开设题为"关于高职院校素质训育体系构建研究与实践的几点体会"主旨讲座，以我院为例，系统阐述了学校开展素质教育的认识观念、方式举措和问题难点等系列问题，引起了全体学员共鸣，并对我院的素质训育模式表示赞赏，其中广元、大英、会理职业技术学校等 7 所职业中学（中专）专程学习和借鉴了我院所开展的学生综合素质训育模式。

学院应邀参加教育部西南高校师资培训中心在云南昆明组织召开的中高职教育衔接内涵建设与一体化人才培养模式经验交流研讨会，面向来自全国 80 余所中高职院校及职教研究院所的 100 余名专家教授和管理人员，做了题为"中高职衔接一体化素质培育模式构建的实践与探索"的大会交流报告，收到来自全国的咨询信函 30 余件。

学院高职学生综合素质训育的成功经验，吸引了广东番禺职业技术学院等 40 余所省内外专家、同级同类院校及地方政府、企事业单位、学校以及外宾来访考察年均达 1 800 余人次。

教育部原副部长、中国高等教育学会会长、中华职业教育社副理事长周远清莅临遂宁，听取了项目负责人、学院党委书记王金星教授就项目情况所做的专题汇报之后，高兴地说："高职院校着力于素质训育活动是一种新思维、新路子，做法很好，意义重大。"

新西兰坎特伯雷大学教育学院副院长 David Small 博士于 2015 年莅临学院，在听取介绍，现场参观了素质训育基地后，非常赞赏地说："素质教育，Good!"

学院高职学生综合素质的训育成果获得四川省第八届高等教育教学成果"一等奖"。

参考文献

[1] 周建松. 高等职业教育的逻辑[M]. 杭州：浙江大学出版社，2011.

[2] 葛道凯. 职业教育办学模式改革[M]. 北京：高等教育出版社，2012.

[3] 王前新. 高等职业技术院校发展战略研究[M]. 武汉：华中科技大学出版社，2005.

[4] 祝洪章. 对高校"大类培养"模式下"个性化"人才培养问题的思考[J]. 教育探索，2015（3）.

[5] 姜大源. 职业教育学研究新论[M]. 北京：教育科学出版社，2011.

[6] 皮连生，刘杰. 现代教学设计[M]. 北京：首都师范大学出版社，2005.

[7] 廖策权，刘进. 新时期高等职业教育内涵建设研究[M]. 成都：西南交通大学出版社，2018.

[8] 任虎虎. 确定最近发展区的方法探讨——从实用主义角度[J]. 物理教学，2015（5）.

[9] 张夏雨，吴睿. 高职院校个性化人才培养模式的改革与创新[J]. 职教通讯，2016（2）.

[10] 陈锦阳. 谈高职教育与个性化培养模式——以商务英语专业为例[J]. 职业教育研究，2013（10）.

[11] 张文姗，洪婷. 三年学制的内扩式突围——高职创新人才个性化培养模式试构[J]. 四川教育学院学报，2010（11）.

[12] 李婧崴. 大学生个性化培养模式探析[J]. 吉林工程技术师范学院学报，2015（5）.

[13] 刘延胜. 终身教育背景下成人高教的发展出路[J]. 中国成人教育，2013（3）.

[14] 崔铭香. 终身教育与个性化教育[J]. 河北师范大学学报，2013（9）.

[15] 甘玲. 基于人才评价体系的高校人才培养模式研究[J]. 中国成人教育，2015（2）.

[16] 王英，陈新亮. 大学生"双服务"素质教育模式研究与探索[M]. 长沙：湖南人民出版社，2013.

[17] 徐美娜. "最近发展区"理论及对教育的影响与启示[J]. 教育与教学研

究，2010（5）.

[18] 杜琳. 最近发展区理论及其在教学中的局限性[J]. 陕西学前师范学院学报，2014（1）：21.

[19] 方华舟. 以人为本在高职教育中的内涵与实践[J]. 中国电力教育，2007（11）.

[20] 巫春英. 我国"因材施教"教育思想价值取向演变评析[D]. 桂林：广西师范大学，2007.

[21] 华国栋. 差异教学论[M]. 北京：教育科学出版社，2001.

[22] 刘鲜君. 科学发展观与高等教育发展[J]. 高等教育研究，2004（5）.

[23] 廖策权. 教育性和职业性是定位职业教育本质的应然视角[J]. 教育与职业，2017（3）.

[24] 郭健. 从世界职业教育趋势论我国职教改革方向[J]. 继续教育研究，2010（6）.

[25] 高彤彤，任新成. 多元智能理论与情境教育的发展[J]. 上海教育科研，2015（3）.

[26] 欧阳琼. 多元智能理论视角下高职院校教学改革的路径[J]. 湖北成人教育学院学报，2016（2）.

[27] 郅庭瑾. 多元智能理论与个性化教育：诠释、悖离与超越[J]. 上海教育科研，2013（4）.

[28] 李彦，王丽雅，李娜. 基于多元智能理论的高职学生成长评价体系研究[J]. 中国劳动关系学院学报，2015（5）.

[29] 何敏. 多元智能理论视阈下的高职素质教育[J]. 辽宁高职学报，2014（10）.

[30] 周成霞. 论高职院校核心竞争力——内涵建设[J]. 黑河学刊，2009（3）.

[31] 鲁伟. 课程论视阈下高职院校学生素质教育课程体系的构建[J]. 中国职业技术教育，2012（20）.

[32] 刘智勇，赵前斌. 对高职教育"高等性"和"职业性"的再认识[J]. 高教探索，2011，（4）.

[33] 张雪黎. 论高职教育中个性化教育与创新能力的培养[J]. 职教论坛，2007（2）.

[34] 罗成龙. 以专业群为基础构建高职学分制课程体系[J]. 深圳职业技术

学院学报, 2011 (2).

[35] 周劲松. 基于专业群的高职"平台+模块+方向"课程体系开发[J]. 职业技术教育, 2013 (8).

[36] 沈建根, 石伟平. 高职教育专业群建设: 概念、内涵与机制[J]. 中国高教研究, 2011 (11).

[37] 郭健. 从世界职业教育趋势论我国职教改革方向[J]. 继续教育研究, 2010 (6).

[38] 张田林, 唐迪, 洪欣. 高职院校公共基础课程分层、分类教学探索[J]. 江苏高教, 2013 (2).

[39] 窦新顺, 付俊薇. 德国"双元制"核心阶梯式课程模式探析[J]. 中国冶金教育, 2004 (6).

[40] 乔海燕, 王显成, 王家庆. 能力本位教育 (CBE) 整合模块式教学在高级能旅游人才培养中的思考[J]. 农村经济与科技, 2011 (05).

[41] 聂玲, 黄日强. 澳大利亚 TAFE 学院职业教育课程的实施[J]. 黄河水利职业技术学院学报, 2011 (4).

[42] 涂尔干, 马塞尔·莫斯. 原始分类[M]. 上海: 上海人民出版社, 2005.

[43] 潘懋元, 陈厚丰. 高等教育分类的方法论问题[J]. 高等教育研究, 2006 (3).

[44] 林崇德. 发展心理学[M]. 北京: 人民教育出版社, 2009 (1).

[45] 戴小红. 高职大学生学情分析的实证研究[J]. 黑龙江高教研究, 2014 (1).

[46] 苏海花. 新形势下高职学困生学情分析与突破策略[J]. 才智, 2014 (9).

[47] 郑永进, 吕林海. 我国示范和骨干高职院校学生学情的调查报告[J]. 教育研究, 2016 (11).

[48] 陈爱民. 建构主义视域下学习苦难高职生脱困方法初论[J]. 教育与职业, 2016 (1).

[49] 陈昌芬. 我国高职学习策略研究综述[J]. 三门峡职业技术学院学报, 2017 (2).

[50] 仝玉琴, 席尚君, 王博. 高职学生学情调查分析与对策研究[J]. 陕西教育, 2015 (6).

[51] 郑为超. 论高晓青年教师的培养[J]. 安徽理工大学学报 (社会科学版),

2004（6）.

[52] 刘代友. 试论高职校企合作的问题与长效机制的建立[J]. 四川职业技术学院学报，2013（5）.

[53] 刘华. 自我的体证与诠释[M]. 济南：山东教育出版社，2012.